语法理论

高名凯 著

商务印书馆
2011年·北京

图书在版编目(CIP)数据

语法理论/高名凯著.—北京:商务印书馆,2011
ISBN 978-7-100-07671-5

I.①语… II.①高… III.①语法学—研究 IV.①H04

中国版本图书馆 CIP 数据核字(2011)第 021383 号

所有权利保留。
未经许可,不得以任何方式使用。

语 法 理 论
高名凯 著

商 务 印 书 馆 出 版
(北京王府井大街36号 邮政编码 100710)
商 务 印 书 馆 发 行
北京瑞古冠中印刷厂印刷
ISBN 978-7-100-07671-5

1960年2月第1版　　开本 850×1168　1/32
2011年3月北京第2次印刷　　印张 11 3/8
定价:26.00元

重 印 说 明

高名凯先生(1911—1965),北京大学中文系教授,是我国著名的理论语言学家、汉语语法学家和文学翻译家,曾为中国现代语言学的开拓与发展做出了重要贡献。为纪念高名凯先生诞辰100周年,我馆重排出版高名凯先生语言学著作系列,包括《汉语语法论》、《语法理论》、《高名凯语言学论文集》和《语言论》等四种。

《语法理论》初版于1960年。全面论述了普通语法学的一些重大理论问题,提出了应区分语法形式学和语法意义学的观点,并应用于词法和句法的研究,学术价值较高。本次重印依据商务印书馆1960年版,改用简体字排印。

虽然半个世纪过去了,高名凯先生的著作对今天的语言学研究仍具有重要参考价值。本书写于上个世纪五、六十年代,限于当时的学术环境,使用了一些政治性的和批判性的话语,留下了那个时代的印记,但这与著作本身实际的学术价值关系不大。这一点读者是可以理解的。相信本书的出版一定会对语言学研究者和爱好者有所帮助。

序

解放以来,在党的领导下,我国语言学家们对汉语语法的研究已经有了巨大的成就。我们不但编有许多汉语语法教材之类的书籍,同时也就某些汉语语法的理论问题进行了初步的讨论。在这种发展的情况下,汉语的语法问题要提高到理论的水平来进行探讨,这是必然的趋势。要对汉语的语法问题进行理论的探讨就不能不对普通语法学的理论进行研究,作为解决汉语语法问题的借镜了。

语法学是语言学中较早被人们所注意到的一个部门。历代的语言研究者都对语法问题做过一些理论性的探讨。近代语言科学建立以来,随着历史比较语法学、静态分析法和普通语言学的发展,普通语法学(即普通语言学中的语法部分,亦即简称为语法理论的部分)的研究也走上了一个新的阶段。近年来各国语言学家对普通语法学中的理论问题都曾提出许多新的见解,特别是在苏联,由于马克思主义观点、立场、方法的指导,普通语法学的理论问题已经随着斯大林的《马克思主义与语言学问题》的出版,而得到了广泛的研究和讨论。欧美的结构主义者的论点也在普通语法学中引起了强烈的争论。在这种情形下,普通语法学的理论系统也就渐渐地随着马克思主义者和非马克思主义者之间的斗争、马克思主义者内部的百家争鸣而逐步地形成。但是在发展的目前阶段上，我们也不能否认还有很多问题没有得到彻底的解决，特别是在欧美结构主义论点广泛传播的情况下，普通语法学界中正呈现着一些混乱的现象。最近，苏联科学院的《科学通报（语言文学部）》在社论里提出：要对存在于苏联一部分语言学家中的，由于盲目接受欧美结构主义的论点而形成的语言学中的修正主义倾向进行斗争；这一口号正是在这场混战中给我们敲打的警钟。所以，在普通语法学中怎样建立起马克思主义的语法理论，是目前普通语法学中的一个重大的任务，因为只有这种正确的语法理论的建立，才能发挥理论指导实践的作用，从而帮助我们解决汉语语法问题的研究。

但是，正确的语法理论系统的建立并不是一朝一夕所能做到的。它需要通过对非马克思主义的论点的斗争，马克思主义者内部的百家争鸣，才能得到彻底的解决。我国语言学家们也曾就汉语语法的某些理论问题进行过争论，一般人总以为这些问题已经得到解决了；然而科学的实践却证明了这些争论还是不够彻底的，因为它还不能帮助解决学习汉语的实践问题。可见，许多汉语的理论问题还需要经过大家彻底的争鸣，才能起理论指导实践的作用。

就是在这种情势之下，我企图以我所能理解的马克思主义的观点、立场和方法，就国际上各语言学家对普通语法学的重大问题所提出的意见，进行讨论、批判和争鸣，并提出我对这些问题的看法。应当指出，我的学识有限，我的马克思主义的修养还很差，我在本书中所提出的看法也只是一种意见而已，我的目的无非是引起语言学家们的争鸣，而使马克思主义的普通语法学的理论系统能够更进一步地建立起来。所以，我殷切地希望读者们能够对我的见解提出批评,进行讨论。

在著述本书的过程中,徐通锵、殷德厚、赵世开三位同志曾为我搜集一些资料;周定一、宁榘两位同志在本书的加工和出版方面给予许多帮助;我应当在这里一并向他们表示感谢。

本书定稿时正是伟大的祖国建国十周年纪念的前夕,同时因为本书正是在党所提出的"敢想、敢说、敢作"的口号的鼓舞下写成的,我愿意拿它来作为我向伟大的祖国建国十周年纪念的献礼。

高名凯

1959 年 10 月 30 日

目 录

第一章 语法学简史 …………………………………… 1
第一节 古代印度人和希腊人的语法研究 ………… 1
第二节 中世纪的语法研究 ………………………… 5
第三节 近代的语法研究 …………………………… 6
第四节 现代的语法研究 …………………………… 14
第五节 苏联的语法学 ……………………………… 20
第六节 我国的语法学 ……………………………… 23

第二章 语法是什么？……………………………………… 25
第一节 语法学在语言学中的地位 ………………… 25
第二节 语法学与横序语言学 ……………………… 33
第三节 对语法的正确理解 ………………………… 38

第三章 语法形式学和语法意义学 …………………… 51
第一节 什么是语法形式学和语法意义学？ ……… 51
第二节 划分语法形式学和语法意义学的必要性和
合理性 ……………………………………… 58
第三节 语法形式学和语法意义学的不可分割的联系 … 65

第四章 词法学和句法学 ……………………………… 68
第一节 语言结构中的语法成分 …………………… 68

2　语法理论

　　第二节　词法学的研究对象 …………………………… 71

　　第三节　句法学的研究对象 …………………………… 74

　　第四节　划分词法学和句法学的重要性 ……………… 75

第五章　形态 ……………………………………………………… 81

　　第一节　各语言学家对形态的不同看法 ……………… 81

　　第二节　对形态的正确理解 …………………………… 88

　　第三节　形态的结构方式 ……………………………… 96

　　第四节　汉语的形态问题……………………………… 107

第六章　语法范畴……………………………………………… 114

　　第一节　各语言学家对语法范畴的不同看法 ……… 114

　　第二节　对语法范畴的正确理解……………………… 120

　　第三节　语法范畴与逻辑范畴的关系………………… 129

　　第四节　语法范畴和语法形式的关系………………… 139

　　第五节　语法范畴的一般内容………………………… 142

第七章　词类…………………………………………………… 154

　　第一节　对词类的正确理解…………………………… 154

　　第二节　词类的物质标志……………………………… 165

　　第三节　汉语的词类问题……………………………… 173

　　第四节　虚词的词类问题……………………………… 182

第八章　造词学………………………………………………… 185

　　第一节　词和造词学…………………………………… 185

　　第二节　词素分析法…………………………………… 191

　　第三节　构词法………………………………………… 201

第九章　词组 ················ 213
第一节　句法中的词组 ················ 213
第二节　词组的特点 ················ 220
第三节　词组的语法意义和语法形式 ················ 226
第四节　复合词组和固定词组 ················ 231

第十章　句子 ················ 239
第一节　各不同学派对句子的不同理解 ················ 239
第二节　对各派句子理论的批评 ················ 245
第三节　对句子的正确理解 ················ 249

第十一章　句子的结构 ················ 267
第一节　主语和谓语 ················ 267
第二节　语法主语和"逻辑主语" ················ 286
第三节　宾语、定语、状语和补语 ················ 293
第四节　直接结构成分和间接结构成分 ················ 297
第五节　汉语的主宾语问题 ················ 299

第十二章　句子的类别 ················ 306
第一节　不同性质的句子分类 ················ 306
第二节　有关句类的问题 ················ 321
第三节　有关句型的问题 ················ 328
第四节　有关句模的问题 ················ 335

第十三章　句法形式学 ················ 343
第一节　句法形式学的意义 ················ 343
第二节　作为句法形式的形态变化 ················ 346
第三节　作为句法形式的虚词 ················ 348

第四节　作为句法形式的词序 …………………… 350

第五节　作为句法形式的重音 …………………… 353

第六节　作为句法形式的停顿 …………………… 355

第七节　作为句法形式的语调 …………………… 359

第八节　作为句法形式的语从音变 ……………… 366

第一章 语法学简史

第一节 古代印度人和希腊人的语法研究

科学的语言学尽管是于十九世纪初年成立的,但是人类对语言的研究却已有相当长的历史,而人类在对语言的研究中,语法的研究是较早的,并且有相当的成就。在人类的科学历史中最初对语法加以分析的是古代的两个富有哲学思想的民族,即印度人和希腊人。印度人和希腊人不但是不约而同地曾经建立过高度发展了的哲学系统,而且也不约而同地有过对语法的比较深刻的研究。印度人称语法为 vyākaraṇa,意思就是"分离,分析",即对语言的各种语法形式加以分离或分析。希腊人则称语法为 γραμματική,意思是"与书写的文字有关的艺术"。现代欧洲各语言中指明这一门学问的术语,例如俄语的 грамматика,英语的 grammar,法语的 grammaire,德语的 grammatik,意大利语的 grammatica 等都是承继希腊语的 γραμματική 的。我国的学者马建忠在《马氏文通》中所说的"葛琅玛"也是间接吸取希腊语的这个术语的。印度人和希腊人之所以研究语法,最初是有特殊的实践目的的。他们的目的在于运用这种知识去理解已不为一般人所理解的更古的宗教经典或文学作品,例如印度的《伏陀》(Veda),希腊的荷马诗章等。

2 语法理论

我们今天还能看到的印度的最早的语法著作是纪元前第五世纪的 Yāska 所著的《Nirukta》(解释)，这部书是对《黎俱伏陀》(Rig-veda)中已不为一般人所理解的词所加的注解。不过，印度古代压倒一切的语法著作还要算是纪元前第四世纪末叶的班尼尼(Pānini)的《笺书》(Sūlras)，即一般人所说的《班尼尼语法》。这部书对梵语雅言的语法结构有过详细的分析，一直是后代印度人所奉为权威的。这部书包含有四千条对语言现象的简单的陈述，其中大部分是由所谓"字标"来加以指明的，例如 l 这个字母标明动词的一切人称收尾，ṭ 标明第一级时制(现在时、完成时、将来时)，ṅ 标明第二级时制(未完成时、无定时)，a 标明直陈式，e 标明虚拟式，于是 laṭ 所指的就是现在时直陈式，laṅ 所指的就是未完成时直陈式，leṭ 所指的就是现在时虚拟式。有的"字标"甚至于是比 Yāska 更早为人所用的。这些"字标"甚至于可以指明班尼尼语法的基本理论系统，例如 dhātu-(基本成分、构成成分)，kṛt-(第一级规定者)，taddhita-(第二级规定者)等。这种《笺书》事实上是不容易理解的，于是就有纪元前第二世纪下半叶(?)的 Patanjali 的《大注》(Mahābhaṣya)。这部书标志着印度语法学的成熟时期，后世的印度的语法著作都不外是对它的注解而已。印度语法学的系统在音位和形态方面有极其详细的分析，而很少接触到句法的问题。印度的语法学完全是以分析和描写的研究为中心的。这种特点也同样表现在印度人后来对梵语俗言(prākrits)的研究上。公元第二世纪(1088—1172)的 Hemacandra 所著的《Siddahemecandra》的第八卷和公元第七世纪以后的巴利文语法学家 Kaccāyana 所著的《Vyākaraṇa》(语法)都充分地表现出这种特点。

希腊人的语法理论是欧洲语法学的主要根源。希腊的哲学家,如普洛泰哥拉斯(Protagoras——纪元前 485—411)和柏拉图(Plato——纪元前 429—347)[①]都曾对希腊语法有过研究,他们把希腊语中的词分为 ὀνόματα(名词)和 ἐῆματα(动词)。但他们的工作没有多少语法学的价值。真正成为希腊语法学的奠基人和欧洲语法学的鼻祖的,是柏拉图的学生阿里斯多德(纪元前 384—322)。阿里斯多德认为语言是大家所公认的一套习惯的系统,他研究希腊语的词类,把希腊语的词分为名词、动词、连词(σὐνδεσμοι)和冠词(αεδεα)。[②] 他所说的名词包括体词和形容词;他所说的动词实际上只是谓语;他所说的连词和我们所说的连词也不一样,一切有联系作用的词,如我们今天所说的连词和前置词,都属于连词的范围;他所说的冠词包括许多不易分类的虚词。他还对"格"和"性"的语法范畴、单纯词和复合词等加以研究,并以希腊语的实例建立逻辑范畴的学说,成为后世的语法范畴这一概念的滥觞。

在阿里斯多德之后,画廊学派和伊壁鸠鲁学派的哲学家们都对语法有过理论上的见解和研究。画廊学派的哲学家们虽然在哲学的理论上是柏拉图的信徒,并与阿里斯多德不同,但在语法的问题上却在阿里斯多德的范畴论的基础上建立起他们的学说,发明"格"的术语,而对动词加以详细的研究,尽管他们在柏拉图观念论的影响下,认为词和词义的存在是先天的。他们之中的克里西普斯(Chrysippos——纪元前 280—206)对于语法的研究更有突出的贡献。伊壁鸠鲁学派的哲学家们同意阿里斯多德的理论,认为语

[①] 柏拉图的语言学理论见其所著的对话《克拉提洛斯》(Kratylos)。柏拉图所说的名词就是主语,所说的动词就是谓语。

[②] L. H. Gray 在其所著的《语言之基础》(Foundations of Language,423 页)里认为阿里斯多德把希腊语的词分为三类(名词、动词和连词),其实是四类。参阅 Brödal《Les parties du discours》(词类),哥本哈根,1928,224 页。

言是大家所承认的一套习惯的系统,也做了一些希腊语法的研究。其后,由于类推论者(analogists)和不规则论者(anomalists)的对立,希腊语法的理论就呈现出复杂的情形。类推论者认为语言的结构中有对应的情形,相当于我们今天所说的语音对应。这一学派的代表人物,纪元前第二、第三世纪之间的阿里斯达尔科斯(Aristarchos)认为,语言是由相似的形式来指明的相似的范畴,并由一定的规律制约在一个调和的系统。这就给语法规律的理论奠定了基础。以纪元前第二世纪的画廊学派的克拉提斯·德·马洛斯(Cratès de Mallos)为首的不规则论者认为,语言是以无系统、不受规律制约的不规则性为特点的。不用说,这种理论实际上就是取消了语法学的存在;现代的学者,除了朱查特(Hugo Schuchardt——1842—1927)和渥斯勒尔(Karl Vossler——1872—)以外,已经没有什么人同意这种理论了。

阿力山大利亚学派对于语法有进一步的研究。纪元前第三、第四世纪之间的色诺多托斯(Zenodotos),纪元前第二、第三世纪之间的阿里斯达尔科斯,纪元前第二世纪的阿波仑·戴斯科(Apollonis Dyskolos)和他的儿子赫洛地安(Herodian)都曾对语言做过全面的研究,包括语法范畴、句法和希腊各方言的分析。其中阿波仑·戴斯科奠定了希腊句法学的基础,使希腊的语法学比印度的语法学多了一项特殊的贡献,即研究了印度人所忽视的句法问题。与此同时(纪元前第二世纪),地恩尼·退拉斯(Dionysios Thrax)则集希腊语法学之大成,给我们留下一部《希腊语法》。这部书虽然篇幅不大(只是一本大约四百行的通常希腊文的书),但它对欧洲语法学的影响则是巨大的。这部书在公元第五世纪被翻译为阿尔明尼亚文和叙利亚文,事实上已经成为了西方各语言的语法书的"蓝本",并且是罗马人、阿尔明尼亚人、阿拉伯人和犹太人的语法学的根源,甚至于通过了罗马人而成为了我国语法学的滥觞。

第二节 中世纪的语法研究

继希腊人之后的是罗马人的语法研究。罗马人的语法祖师应当说是发郎(Varro——纪元前116—27)。发郎的《拉丁语言》(De lingua Latina)是一部二十四卷的巨著,可惜我们现在只能看到其中的六卷。发郎的语法理论事实上是以希腊的画廊学派和类推论者阿里斯达尔科斯的语法为本的。发郎之后,由于罗马政局的动荡和罗马帝国的衰微,语法学的研究也受到影响,只有第四世纪中叶的唐那杜斯(Aelius Donatus)所写的《小术》(ars minor)曾经于二百年的时间中被视为权威的著作。

罗马时代之后,继之而兴的是拜占庭时代。在这一个时代里,普里西安(Priscian——512—560)曾经写过八卷本的《语法注释》。这本书是根据阿波仑·戴斯科和赫洛地安的理论写成的,它是中世纪的"标准"语法。其中六卷讨论词类,称为《大普里西安》(Priscianus major),两卷讨论句法,称为《小普里西安》(Priscianus minor)。

在公元第十一世纪到第十五世纪之间的经院学派的时期里,语法成为了学校里三种必修课程中的一种(其他的两种是修辞学和逻辑学),是每一个知识分子都要学习的课目。不过,在这一个时期里,语法学只是一种传统的学科,而没有什么重大的发展,虽然这时期也有两部特殊著作出版,一是圣安塞尔姆(Saint Anselm——1033—1109)的《语法论》》(De grammatica),一是斯各特(Dnus Scotus——1274—1308)的《意义形态论》(De Modis Significandi, sive grammatica speculativa)。学校中所用的语法书主要是以普里西安的语法著作为蓝本,或是普里西安的语法著作的缩本。

第三节 近代的语法研究

近代的语法研究起于文艺复兴时代。文艺复兴时代,由于重新研究希腊文化,又由于新的土地及语言的发现,语法学的研究又逐渐地活跃起来。这已经不只是对希腊语或拉丁语的语法的研究,而是对许多语言的语法的研究;不过,这时期的语法研究大部分是对各语言语法所加的描写。远在十一世纪,埃尔费力克(Alfric)就写过一部《拉丁语—撒克逊语语法》(Grammatica Latina-Saxonica)。十三世纪的时候,金舌埃德林(Ederyn the golden Tongued)也写过一部威尔兹语的语法(Dosparth Ederyn Davod Aur),无名氏的爱尔兰语法(Auraiceptnan-éces)也差不多同时出现(但不知其确切时代),而意大利语的语法也于朋宝(P. Bembo——1470—1547)的《散文》(Prose)中得到论述。自十五世纪到十七世纪之间,各重要的语言都有其特殊的语法书出版。例如,无名氏于 1451 年所写的《德语语法》(Tractatus dans modum teutonisandi casus et tempora),雷茨林(J. Reuchlin)于 1506 年所写的《希伯来语语法》(De rudimentis Hebraicis),无名氏于 1516 年所写的《古代教会斯拉夫语法》(Grammatis Slavonica),埃尔德西(J. Erdösi)于 1539 年所写的《匈牙利语法》(Grammatica Hungoro-latin in ueum puerorum),埃田(R. Etienne)于 1569 年所写的《法兰西语法》(Traité de la grammaire française),吉尔赤尔(A. Kircher)于 1653 年所写的《汉语语法》(China illustracta),鲁道尔夫(H. W. Ludolf)于 1696 年所写的《俄语语法》(Grammatica Russica)等。

由于欧洲人认识了许多新的国家,比较语法学也就渐渐地成立起来。早在十六世纪,诺曼地人波斯特尔(G. Postel)就曾计划写一部有关各语言的亲属关系的著作。曾经于 1583 到 1588 年间居留在印度的意大利人萨塞迪(P. Sassetti)早在十六世纪末年就观察到梵语语法和意大利语语法的相似之点,可惜他的《通信录》(Lettere)一直到十九世纪才出版。十八世纪初年(1702),鲁道尔夫就宣称语言的亲属问题必须就语法(形态)的对应关系来加以决定,不能只根据词汇的相似之点,而且认为在词汇方面,只有简单的词,例如指明身体部分的词,可以拿来说明语言的亲属关系。十七世纪末年十八世纪初叶的德国著名哲学家兼语言学家莱布尼兹(G. W. von Leibnitz——1646—1716)虽然没有根据具体的语言历史的材料,却对语言的亲属问题感到兴趣。他假设说,世界上的许多语言都是从一个"原始语"发展出来的,并且把世界上的许多语言的亲属关系加以语族的分类。尽管他的思想缺乏历史的根据,但他所提出的假说却引起人们的注意,使语言学家们有了语言亲属关系的观念。此外,耶稣会会徒赛伊诺维克斯神甫(P. Saijnovics)也于 1770 年在他的《匈牙利语和拉普语举例》(Demonstratio idioma Ungarorum et Lapponumidem esse)里说明匈牙利语和拉普语的关系,吉耶尔马提(S. Gyármathi)也于 1779 年在他的《语法例证中所见到的匈牙利语和芬兰语的亲属关系》(Affinitas linguae Hungaricae cum lingnis Fennicae Originis grammatice demonstrata)里说明匈牙利语和芬兰语的关系。这些著作都是历史比较语法学的先驱。

另一方面,以理性主义语法学相号召的所谓"普通语法"或"一般语法"的学派就于1660年在巴黎建立起来。这一学派的第一部著作就是波特—罗耶尔修道院(Port-Royal)的郎西洛(C. Lancelot)和阿尔诺(A. Arnauld)等人所著的《一般和理性的语法》(Grammaire générale et raisonnée contenant les fondements de l'art de parler, expliqués d'une manière claire et naturelle),也就是世人所称的《波特—罗耶尔语法》。这一派的语法著作,还有十八世纪的百科全书派刚迪额克(E. B. de Condillac——1715—1780)的《论感觉与逻辑》(Traité des sensations et de la logique),①保西(N. Beauzée)的《一般语法》(Grammaire générale, ou exposition raisonnée des éléments nécessaires du langage pour servir de fondement à l'étude de toutes les langues, 1767)和哈利士(J. Harris)于伦敦出版的《一般语法的哲学探讨》(Hermes, or A philosophical Inquiry concerning Universal grammar, 1786—1805)等。这一派语法学把语法引到和逻辑相混淆的地步,是其缺点,但是却给普通语法学奠定了基础。"一般语法"的发展就成了十九世纪前半叶的"逻辑语法"。这一学派的主要人物就是恩格斯在《反杜林论》中所批评的培开(B. Becker)。培开于1841年出版

---

① 这部书虽然是哲学的著作,但是详细地谈到语法,这部书的内容共有四部分:《语法》(grammaire),《写作的艺术》(art d'écrire),《推理的艺术》(art de raissonner),《思维术》(art de penser)。

他的《语言的机构》(Organismus der Sprache),主张表现同样一些逻辑范畴的同样一些语法范畴是一切语言所共有的。这是一部把逻辑和语法相混同的典型的著作。

由于欧洲人对各具体语言的研究,语言亲属关系的问题已在十六、十七、十八世纪间为学者们所注意;不过这时期的学者,甚至于像莱布尼兹那样的一位大学者,都还不免只是用猜想的方式来解决语言亲属关系的问题,不能给这问题做出科学的结论。以历史比较语法的方法来解决语言的亲属关系,是十九世纪初年的事。上面已经说过,意大利人萨塞迪早就于十六世纪发现梵语和意大利语的相似之点,可是由于对梵语的研究而正式提出梵语和欧洲语言有亲属关系的问题的则是英国人庄士(Sir William Jones)。庄士是英国驻印度的官员,他是孟加拉的威廉要塞的首席军法官。他于1786年宣称印度的梵语和希腊语、拉丁语有许多相似之点,他说:"无论梵语是如何的古老,它却有一个奇异的结构;它比希腊语更为完美,它比拉丁语更为丰盛,它比这两种语言都更为精致;然而它和这两种语言的亲属关系,无论在动词的词根方面或是在语法的形式方面,都已超过可能的偶然结果的程度;的确,它和这两种语言是这样的近似,没有任何一个语文学家会在研究这三种语言当中而不相信它们是从同一个也许已经不再存在的来源发展出来的。同样的理由,虽然不是这么样强有力,我们也可以假设,峨特语和凯尔特语虽然是和一种极不相同的语言融合在一起的,却和梵语有同样的来源。我们也可以把古代波斯语加在这一语族上,如果这里是讨论古代波斯的问题的地方的话。"但是,"比较语法学"这个术语则是施莱格尔(F. von Schlegel)第一个提出来的。施莱格尔在1808年出版的《印度人的语言和智慧》(Über die

Sprache und Weisheit der Inder)里说:"能够在这里指明一切东西〔即指明梵语和其他语言的关系〕的,就是这些语言的内部的结构,或能够象比较解剖学指明更高的自然历史似的,给我们有关语言发生学的完全新颖的知识的比较语法学(Vergleichende grammatik)。"不过,"比较语法学"或"历史比较语法学"的正式成立应当说是肇始于博布(F. Bopp)和拉斯克(R. K. Rask)。[①] 1816年,博布于福兰克府出版他的《梵语助词变化的系统》(Über das conjugationssytem der Sanskritsprache in vergleichung mitjenem des griechischen, lateinischen, persischen und germanischen Sprache)。1818年,拉斯克于哥本哈根出版他的《古代北方语或冰岛语的来源》(underögelse om det gamle nordiske eller islandske Sprogs oprindelse)。这是历史比较语法学,同时也是奠定近代科学的语言学的基础的两部著作。博布的著作虽然没有说到语言的演变规律,但是正确地说明动词的屈折,尽管他企图证明一切以 s 收尾的动词都是以 es(系词)为基础的。拉斯克的著作说明语音对应规律的必要性,提出了后来为格林姆所证明的日耳曼语的语音交替规律。自此之后,语法学初步运用了历史主义的观点,探讨了语法发展的内部规律,而语法学也就脱离了希腊、拉丁时代的"艺术"的范围,而进入了科学的领域。历史比较语法学是十九世纪欧洲语法学的主要潮流。其中主要的著作有以规定日耳曼语音演变(格林姆定律)为世人所知的格林姆的《日耳曼语法》(Deutsche grammatik,1819,柏林出版第一卷,1822 年再版第一卷,1826 年

[①] 拉斯克的著作于 1812 年写成,博布的著作于 1814 年写成,但拉斯克的著作于 1818 年出版,而博布的著作则于 1816 年出版,较拉斯克的书早两年出版,因此,世人称博布为历史比较语法学的始祖。

出版第二卷,1831年出版第三卷,1837年出版第四卷,1840年出修订本),迪兹(F. Diez)的《罗曼诸语语法论》(grammatik der romanischen sprachen,共三卷,1836—44,波恩,1882年第二版),古尔提乌斯(G. Curtius)的《希腊词源学的特点》(grumdzüge der griechischen Etymologie),米克罗西茨(F. Miklosich)的《斯拉夫诸语比较语法论》(Vergleichende Grammatik der Slavischen Sprachen,共四卷,维也纳,1874—79),楚伊斯(J. K. Zeuss)的《凯尔特语语法论》(Grammatica Celtica,柏林,1853,1871第二版)。但更重要的可以作为历史里程碑看待的著作则是博布于1833—61年所出版的巨著《梵、辛、希、立、斯、德诸语比较语法论》(Vergleichende Grammatik der Sanskrit, Zend, Griechischen, Lateinischen, Lituanischen, Altslavischen und Deutschen)。博布在这部著作里详细地比较了印欧各语言的形态。与博布同时,博特(A. F. Pott)也于1833—36年间出版了他的《印欧诸语词源研究》(Etymologische Forschungen auf dem Gebiete der indogermanischen Sprachen)。① 他特别强调语音的演变规律,制出语音对应表,并且提出重音的作用。后来,霍尔茨曼(A. Holtzmann)在他的著作《音变论》(Ueber den Ablaut)里特别注意到重音对元音变化的影响,第一个提出重音对"语法变化"所起的作用。这些有关印欧语比较语法的学说后来就于1861年由施莱哈尔(A. Schleicher)在他的《印欧诸语比较语法纲要》(Compendium der vergleichende grammatik der indogermanischen Sprachen)加以总结。施莱哈尔在这部著作里介绍了假设的重拟的方法,并发明了以 *

---

① 这里所说的 indogermanischen Sprachen 直译起来是"印度—日耳曼诸语",因为后来的人,特别是德国以外的欧洲人称这些语言为印欧语,现改译为印欧语。

符号来表明假设的重拟形式的办法。

第二阶段的历史比较语法学是以维纳尔(Karl Verner)于1875年所发表的论文《第一个音变的例外》(Eine Ausnahme der ersten Lautverschiebung)及布律曼(K. Brugmann)于1876年所发表的论文《印欧原始语的鼻化次元音》(Nasalis sonans in der indogermanischen Grundsprache)为开端的。历史比较语法学家们以往大多相信梵语是印欧语中最原始的语言,到了这个时候,大家渐渐地认为梵语并不是那样的原始。阿斯各里(G. Ascoli)于1870年在他的《语言学教程》(Corri di glottologia)里认为梵语的k和s都是从原始的软腭音发展来的,汤姆森(V. Thomsen)于1877年宣称印度—伊斯兰语有一个元音e-,比梵语的a-(ka"谁")更接近于原始印欧语的 * que。在汤姆森的发现之后一年(1878年),德·苏胥尔(F. de Saussure)在他的《印欧诸语的原始的元音系统》(Mémoire sur le système primitif des voyelles dans les langues indoeuropéennes)里确定了印欧语的元音系统的大略。

这时候,布律曼和他的老师古尔提乌斯发生了学术意见上的龃龉,他和他的同学奥斯托夫(H. Osthoff)就自行编印一种丛书《形态研究》(Morphologische untersuchungen,共六卷),而在序里说:"一切音变,只要是按照机械的方式进行的,都是没有例外的和语音演变定律相符合的。"这句话是布律曼和他的朋友奥斯托夫等"新语法学家"的基本论点,也和维纳尔定律的发明家维纳尔的见解以及勒斯基恩(A. Leskien)在1876年所出版的《斯拉夫—立陶宛和日耳曼语的名词变格》(Declination in Stavisch-Litanischen und Germanischen)一书中的见解相同,不过,因为是和古尔提乌斯争论,布律曼和奥斯托夫等提得更为尖锐罢了。于是,布律曼、奥斯托夫和古尔提乌斯的其他不满意老师的学生们就随着他们自己的宣言《新语法学方向》(junger-grammatische Richtung)，而被称为"新语法学家"(Junger grammatiker)。其后，布律曼又和德尔布律克(B. Delbrück)合著《印欧诸语比较语法纲要》(Grundriss der vergleichenden grammatik der indogermanischen Sprachen——1886—1890)。

历史比较语法学一直是欧洲语法学的一个重要潮流。二十世纪初年，德·苏胥尔的学生法国人梅耶(A. Meillet)在他1903年出版的《印欧诸语比较研究导论》(Introduction à l'étude comparative des langues indo-européennes)里修改和补充了布律曼的理论。

历史比较语法学是以历史语法为语法研究的主要对象的。它在语法学中建立起历史主义的观点，给各语言的语法发展的内部规律做出科学的整理，给语法理论提供重要的见解和材料。

但是，历史比较语法学并不是近代语法学的唯一的潮流。我们已经说过，自从《波特—罗耶尔语法》提出"普通语法"或"一般语法"的理论之后，尽管"普通语法"这一概念是错误的，但它却促进了普通语法学的发展。自从历史比较语法学成立以来，普通语法学在这一学派所提供的历史事实和比较结果的影响下，也就更进一步地发展了。尽管"普通语法"或"一般语法"的概念在历史比较语法学的发展下已被证明是错误的，但是，根据各种语言的语法特点来给语法做出综合的、理论的研究，却反而因此得到进展。于是，语法学家们就采用了新的材料和新的方法来对普通语法学进行新的研究。

第四节 现代的语法研究

现代的语法学除了承继十九世纪的历史比较语法学和一般的语法理论的研究之外,是以新的描写语法学为特点的。自从印度人和希腊人开始进行语法的研究之后,人们为了实用的目的,一直在做描写语法学的研究,对各语言的语法加以描写,定出规范;而波特—罗耶尔的语法也正是在这种影响下企图给一切语言定出一个一般的规范的。这种企图在历史比较语法学的发展下受到了严厉的批判。于是在十九世纪这一世纪内,除了给具体的语言编著语法之外,描写语法学的理论的研究就不多见。然而历史比较语法学实际上是历史语言学,它的研究对象只是语法的演变,它也没有包括语法学的全部内容,而描写语法学也有其实际上的用途。因此,在历史比较语法学的兴盛之后,新的描写语法学的理论的研究又被提到日程上面来了。德·苏胥尔曾经有过一段话,他说:

> 自从近代语言学存在之日起,我们可以说,它就整个地被吸引到纵序语言学(按:即历史语言学)上面去。印欧语的比较语法学运用了手里所有的材料去假定的重新拟构前期的语言的一种类型;对它说来,比较只是重新拟构过去的语言状态的一种手段。……这就是博布所肇始的研究方向;所以,他对语言的看法是混乱的,犹疑不定的。
>
> 另一方面,那些在语言学建立之前研究语言的人们,即在传统方法的熏陶下的"语法学家们",他们是如何进行研究的呢?奇怪的是,在我们所关心的问题上,他们的观点却是绝对无可非议的。他们的工作清清楚楚地告诉我们,他们要描写状态;他们的计划是属于严格的横序语言学的范围的。……
>
> 人们曾经责难过经典时代的语法学,认为这种语法学不科学,然而,和博布所肇始的语言学比,它的基础却更没有可加批评的地方,它

的目的却是更明确的。……

给历史的研究让出过大的地位之后,语言学就要转过头来,朝着传统语法学的静态的观点看去,但是这一次它却应当带着新的精神,其他的步骤,而历史方法也将要使它返老还童,由于反作用,历史方法正可以使人们更好地了解语言的状态。古代的语法学只看到横序的事实;近代的语言学却给我们揭露现象之间的新的秩序;但这是不够的;我们应当使人们感觉到这两种秩序(按:即纵序与横序)的对立,而从中获取其所提供的一切结果。①

德·苏胥尔对历代语法学的评价和他的历史语法学与描写语法学的对立的理论之是否恰当,暂且不提;但是他却说出了语法学发展的历史事实。印度人和希腊人的语法研究显然是以描写的研究为中心的,他们没有做过语法历史的研究。历史比较语法学则以语法发展的历史为其研究的中心。现代的描写语法学,即以德·苏胥尔为始祖之一的现代语法学则又以新的方法和观点重新走上描写语法学的道路。不过,这一次,它在许多地方都和历史比较语法学有关系,尽管主张描写语法学的人可能反对历史比较语法学。

现代的描写语法学肇始于瑞士人德·苏胥尔,俄罗斯人特鲁别茨可伊(Н. С. Трубецкой)和波兰人包都安·德·古尔特内(Бодуан де Куртенэ)。德·苏胥尔在巴黎讲学多年,他事实上已经成为了法兰西—瑞士语法学派的始祖。特鲁别茨可伊本来是一个白俄,因为在捷克讲学多年,事实上也成为了捷克学派或布拉格学派的始祖。包都安·德·古尔特内虽然是波兰人,但是在俄罗斯讲学多年,他事实上已经成为了俄罗斯学派的始祖之一。德·苏

---

① 《Cours de linguistique générale》, pp. 118—119.

胥尔晚年(1891—1913)在日内瓦大学讲授《普通语言学》,提出了许多见解。他死后,他的学生巴里(Ch. Bally)和塞齐伊(A. Séchehaye)加以整理,于1916年第一次在巴黎出版,书名为《普通语言学教程》(Cours de linguistique générale)。德·苏胥尔的普通语言学理论不但对现代资产阶级的普通语言学理论有影响,而且对现代资产阶级的普通语法学理论有影响。德·苏胥尔不但认为语言学应该分为纵序语言学和横序语言学两者,不但认为这两种语言学彼此是对立的,并且认为在这两种语言学当中,横序语言学(即描写语言学)是更重要的,并且认为语法属于横序语言学的范围,认为语法就是语丛(syntagme)的结构,就是语言的系统。[①] 这种见解是许多现代语言学中的结构主义理论的滥觞。德·苏胥尔的学生丹麦人叶尔姆斯莱夫(L. Hjelmslev)于1928年出版了《普通语法原理》(Principes de grammaire générale),于1935—1937年间前后出版了《语法范畴"格"》(La catégorie des cas, E'tude de grammaire générale)的第一卷和第二卷,又于1943年出版了《语言理论概述》(Omkring sprogteoriens grundloeggelse,有1953年怀特费尔德[F. J. Whitefeld]的英译本《Prolegomena to a theory of Language》),企图以所谓客观的分析来研究语言的语法结构。另外一个丹麦语言学家布龙达尔(V. Brödal)曾于1928年出版过《词类论》(Partes orationis),他于1939年在他和其他的语言学家所创办的语言学杂志《语言学动态》(Acta Linguistica)中正式提出"结构主义"(linguistique structurale)这个名称。布龙达尔又于1943年出版他的《普通语言学论文集》(Essais de linguistique générale)。《语

---

① 《Cours de linguistique générale》, pp. 185—188.

言学动态》事实上是许多结构主义者的"机关刊物"。这些结构主义者认为结构主义的任务就是把语言理解为结构,这种结构就是德·苏胥尔所说的"系统"。他们甚至于认为有建立一种超时间的语言结构系统的必要,这就无异于建立一种共同的一般的语法系统,抹煞语法的民族性和历史性,和波特—罗耶尔语法犯了同样的错误,但是结构主义者提醒人们注意研究语言的结构系统,对语法学的发展则有其不可磨灭的贡献。自从《语言学动态》正式提出"结构主义"这个名称之后,"结构主义"几乎就成为了一切主张语法系统的研究为语言学的中心任务的学说的代名词。

结构主义在现代的描写语法学中有其特殊的地位。在欧洲除了叶尔姆斯莱夫和布龙达尔等人之外,德·苏胥尔的瑞士的学生也建立一种特殊的结构主义流派,就是以巴里、塞齐伊和福莱(H. Frei)为代表的功能学派。这一学派认为语言的功能使语言在不同的范围内分化为不同的系统,也就是说有不同系统的结构,包括语法结构。就在这样的观念之下,巴里发明了风格学。远在1905年,巴里就出版了他的《风格论》(Précis de stylistique),又于1909年出版了《法语风格学》(Traité de stylistique française)。巴里的风格学理论带有许多唯心主义的色彩,但风格学这一门学问的建立则是有用处的。于是,语法的风格作用或表风格作用的语法手段就成为了现代语法学中的一个专门研究的对象。

布拉格的结构主义,一方面是受了德·苏胥尔的影响,一方面则是特鲁别茨可伊所建立的。特鲁别茨可伊的音位学说所要说明的虽然只是语音的系统,或语音在结构系统中的作用,但是由此观点而引申出来的自然就是语法结构的问题了。布拉格学派的一个特点在于他们着重主张语法系统的类型性,认为各语言的语法系统可以分属于几种类型,这种类型论在某些语言学家的著作中渐渐地发展成诬蔑弱小民族的语法系统,反映弱小民族的低级文化和低级思想能力的谬论。特鲁别茨可伊曾经运用波兰语言学家乌拉辛(Henryk Ulaszyn)所发明的"词素音位"(morphonewa)这个概念而提倡词素音位学(morphonologie),这是就语音的结构来讨论语法结构的一种学说,这种学说也就成为了结构主义的另一种表现。

包都安・德・古尔特内虽然没有提出"结构主义"这个名称,但是他的系统的学说和他的音位的学说都使他带有结构主义的色彩。在包都安・德・古尔特内的影响之下,俄罗斯和苏联的语言学家也有注意语法系统或描写语法学的研究工作的。俄罗斯的语言学传统一向偏重于斯拉夫诸语比较语法的研究,但在包都安・德・古尔特内的影响之下,音位学和描写语法学的研究也很有成绩。特别是在巴里的风格学创始之后,苏联语言学家对语言风格学和风格的语法手段的研究有着显著的成绩。1954年第一期到1955年第一期的《语言学问题》(Вопросы языкознания)所发表的有关语言风格学的讨论论文及维诺格拉多夫院士的总结,标志着苏联语言风格学的更进一步的发展。当然,语言风格学的范围很广,但其中有关风格的语法手段的部分则是现代语法学中的一个新兴的学科。不过,这已经超出了一般所了解的结构主义的范围,维诺格拉多夫院士甚至于极力反对结构主义。

结构主义语法学在美国也很盛行。美国的结构主义肇始于保乌埃斯(Franz Boas)。保乌埃斯本来是一个人类学家,因为研究印第安种族,对这些种族的语言发生兴趣,因之就于1911年发表他对语言研究的看法。他认为印欧语的研究方法不适用于印第安语言的研究,并且说,学者们应当摆脱印欧语研究中所采用的"格"、"时制"、"变位"等语法范畴的名称,创立一个新的描写语言结构的方法。由于保乌埃斯的倡议,加上西欧结构主义的理论的影响,美国的语言学家就发展出了另一支结构主义语言学,虽然他们之中有的人自称这种学派为"描写语言学"(Descriptive Linguistics)。美国的结构主义语言学家应以布龙菲尔德(L. Bloomfield)、派克(K. L. Pike)、哈里斯(Z. S. Harris)和葛礼桑(H. A. Gleason)为代表。布龙菲尔德于1932年出版他的《语言论》(Language)。这部书对美国的语言学有极大的影响。派克本来是一个传教士,因为长年在印第安人中传教,为了实际的目的,就研究印第安人的语言和语言学,在第二次大战期间,他非常活跃地从事语言学的研究工作,已经变成了美国语言学界的重要人物。当然,他的侵略印第安人的企图,是应当加以批判的。他曾经写过四部重要的著作:《语音论》(Phonetics),《音位论》(Phonemics),《接近语言》(To Languages),《美洲口说语言导论》(Introduction to spoken American Languages),主张并制拟他所说的新的方法,根据语言的语法结构来做描写的分析。哈里斯于1951年出版了《结构主义语言学方法论》(Methods in Structural Linguistics),他在这里用了欧洲所通行的"结构主义"这个名称。葛礼桑于1955年出版了《描写语言学导论》(Introduction to Descriptive Linguistics),认为描写语言学是以语言的内部结构为研究对象的学科,可知"描写语言学"只是结构主义在美国的一种别称。

结构主义事实上是普通语言学的一个流派,但是,因为这一个学派的学者们都以语言的结构(主要是语法结构)为研究的中心,他们的理论大部分是属于语法学的范围的。不过,他们往往把语法看成语言结构的全部(包括语音)。他们的语言学的理论大部分就是他们的语法学的理论,另一方面,从我们的角度来看问题,他们的语法理论又超出了一般所了解的语法学的范围,并且带着反历史主义的倾向。

在现代的语法学中,直接继承希腊人和印度人的传统而加以发展和修改的,则有德国的洪保特(W. von Humboldt)、法国的布律诺(F. Brunot)和丹麦的叶斯柏森(O. Jespersen)等人。洪保特于1870年出版了《人类语言结构的各种式样》(Ueber die Verschiedenheit des Menschlicben Sprachbaues),提出理论,说明各语言都有各自的语法结构。布律诺于1922年出版了《思想与语言》(La pensée et la langue)。尽管他宣称他要打破传统语言学的方法,要从语法所表达的思想来研究语法,但是,他所要研究的问题,却仍然没有离开传统语法学的范围,只是采取不同的方法来解决这些问题罢了。叶斯柏森于1924年出版了《语法哲学》(The Philosophy of Grammar),他在这部书里以他自己的见解讨论了传统语法学中的种种问题。另一方面,语法学家也还承继十九世纪的传统,更进一步从事历史比较语法学的研究,例如波兰著名语言学家古里罗维索(J. Kurylowicz)于1956年出版的《印度语的元音变化》(L'Apophonie en indoeuropéen),就是其中的一部重要的著作。

第五节 苏联的语法学

在苏联方面,俄罗斯语法学的优良传统也得到了发展。俄罗斯人早于十六—十七世纪就有他们的语法著作,但是第一部完整的俄语语法则是罗蒙诺索夫（М. В. Ломоносов）于 1755 年出版的《俄罗斯语法》。在西欧的"一般语法"理论盛行的时候，俄罗斯的语法学家波铁夫尼亚（А. А. Потевня）就和西欧的斯坦泰尔（Steinthal）共同反对逻辑语法的原理。十九世纪末叶，弗尔土那托夫（Ф. Ф. Фортунатов）在语法学里奠定了形式体系的基础。他的学生沙哈马托夫院士（А. А. Шахматов）为俄罗斯的语法做了很多专门的研究。在目前，维诺格拉多夫院士的语法理论也给苏联的语法学标志着更进一步的发展。自从历史比较语法建立以来，俄罗斯的语言学家曾在斯拉夫语的历史比较语法学方面有过极大的贡献。俄罗斯的语言学家就在十九世纪初年历史比较语法学开创的时候从事于斯拉夫语历史比较的研究。例如敷斯多珂夫（А. Востоков）于 1820 年就出版了《论斯拉夫语》。其后，俄罗斯的语言学家，如弗尔土那托夫，保科洛地茨基（В. А. Богородицкий）等也在历史比较语法学方面有过极大的贡献。苏联的语言学家继承了这个优良的传统，能够吸取希腊人的语法学的优良传统而加以发展，能够把历史比较语言学的历史主义的观点和描写语言学统一起来，不像西欧的历史比较语法学家们那样孤立地研究语法的历史发展，而不顾及描写语法；也不像现代西欧和美国的结构主义语言学家们那样只顾研究语法的系统，而排斥历史比较语法学（除了马尔学派之外）。尽管苏联的语言学家也曾批判地吸收和发展结构主义的论点，如音位学和词素音位学的论点，但他们都大半遵守历史主义观点的精神，并不因为研究系统而排斥历史主义观点（例如谢尔巴）。自从斯大林的语言学著作出版以来，苏联的语法学的发展更是有了明确的路向。当然，斯大林的语法理论还需要加以发展，苏联的语法学家也不是在一切的问题上都有一致的看法。但是，一般地说，苏联的语法学之有一个共同的趋势，则是明显的。他们是在历史主义的观点之下来继续研究语法的历史发展，并在历史主义的观点的指导之下来从事语法的描写的研究的；他们是在分析具体语法结构的基础之上来从事语法历史的研究的。苏联的语言学家们曾经对现代欧美的结构主义语法学进行过批判，因为结构主义者是反历史主义的，但是经过批判之后，苏联的语言学家们就进一步地提出如何吸收结构主义的优点的问题。这说明了苏联的语法学是在健康的道路上发展的。尽管德·苏胥尔的纵序和横序语言学的对立的学说是有某些缺点的，但是语言研究之可能和必须分为两种各有特点的研究则是不可否认的，问题在于不能错误地割裂这两者之间的联系。换言之，语法系统的研究和语法历史的研究都是必要的，而且是互为作用的。希腊人和印度人只知道对语法加以描写的研究，因为缺乏历史主义的观点，这种描写的研究只能成为一种"术"，而不能成为"学"，这正是古代的语法学不成为科学研究的原因之一。十九世纪的历史比较语法学一反希腊人和印度人的路向，强调语法的历史的研究，这是一个进步，而且是语法学所以成为科学研究的因素之一。然而，历史比较语法学忽视了具体语言的语法结构的分析，忽视了描写语法的理论，也有它的严重的缺点。西欧结构主义的兴起也有其历史的必然性。然而结构主义，在唯心论哲学的影响之下，割断了历史，以为可以脱离历史来研究其"超时间"的语法结构，这是它的一个重大的错误和缺点。苏联的语言学家们能够在马克思主义的指导之下，运用辩证唯物论的方法，把历史比较语法学和描写语法学统一起来，一方面继承了希腊人和历史比较语法学的优良传统，一方面吸收了一些现代结构主义语法学中的有用部分，把它们融化起来。当然,随着人类文化科学的发展,苏联语法学的成就将不只于此,但是,我们可以相信,在马克思主义的指导之下,苏联的语法学之将有更加远大的前途,则是可以肯定的,而全世界的语法学(包括我国在内)将随着苏联语法学的发展而发展,也是可以预想得到的。

第六节　我国的语法学

在我国方面,我们的古代学者,如郑玄、许慎等就曾在解释经书或文字意义的时候,注意过一些语法工具(即虚词)的作用,并加以解释,可以说是已经有了语法学的研究。唐宋时代的训诂学家们更进一步地研究汉语的语法问题,例如"实字"、"虚字"等语法术语就是宋朝人所发明的。不过,古代学者所以研究语法,为的是解释经书,不是为了研究汉语语法的规律及其系统,他们所研究的对象也只限于书面语言,并且只是零星的研究。清代的训诂学家,如刘淇、王引之等则曾大规模地研究汉语的"虚字",比较有系统地论述汉语的某些语法现象,但他们的研究也还限于见诸经书的书面语言的"虚字",没有把整个的汉语语法系统整理出来。自从1898年马建忠的《马氏文通》运用欧洲的语法学来解释汉语语法之后,汉语语法的科学研究开始在我国奠定了基础。其后,杨树达、黎锦熙、王力、吕叔湘等人也曾对汉语语法做过比较全面的研究。不过,由于资产阶级学术思想的影响,我们的语法学还没有发挥指导实践的作用,而这些研究也很少提高到普通语法学的范围。自从解放以来,在党的领导和斯大林语言学著作的影响下,我国的语法学已有长足的发展,有关汉语语法的著作有如雨后春笋在各报刊上发表或印成专书,普通语法学的研究也有了萌芽。但是由于以往资产阶级学术思想的遗害,我们的语法学还存在着许多问题,我们正应当进行对语法学中的资产阶级学术思想的批判,同时从实践中来建立汉语语法学和普通语法学的理论,来指导我们进行语法的科学研究。预料经过这一批判,我国的语法学将一日千里地向前发展,给我国的社会主义文化的建设做出贡献。

第二章 语法是什么？

第一节 语法学在语言学中的地位

"语法"这个词的来源是希腊语的 grammatike。"语法"这个概念在历史的发展过程中也有所变化，它所指的内容前后也有所不同。希腊语 grammatike 的意思是"与书写的文字有关的艺术"。那时候，人们把"语法"理解为帮助人书写文字和运用语言文字的法术，把语法学看做研究与文字有关的语言现象的规则的学问。虽然那时代的人们还不能够很好地解释和规定语言现象中的一切规则，但是为着实用的目的，人们却企图全面地解释和规定语言中的一切规则，所以那时代的语法学事实上就等于语言学，它所要研究的问题涉及语言要素的全部内容，只要有规则可寻。在这样的理解之下，古代学者的语法研究，事实上还涉及我们现在所理解的语法范围以外的语音现象和词汇现象，甚至于文字现象。这种情形甚至于保留在我们今天的某些学校语法教学里。现代各国的某些学校语法教学的课本名义上叫做语法，事实上还谈语音和词汇。古代希腊的学者甚至于也把词源学列入语法的范围。印度的语法学家也是同样的情形。班尼尼的语法所谈的极大部分是语丛音变(Sandhi)和词的来源。就是因为这个道理，历史比较语法学家们谈的是语言各要素的发展规律，甚至于是整个语言的历史发展，然而施来格尔及后世的学者都管这种学问叫做"比较语法学"或"历史比较语法学"。现代欧洲语言学家们所说的"历史语法"事实上就是指的历史语言学。马露佐(J. Marouzeau)在他的《语言学词典》里只给历史语法学(grammaire historique)下一个定义说："历史语法学研究语言的发展及其演变"，[①] 又只给比较语法学(grammaire comparée)下一个定义说："比较语法学研究存在于同族语言之间的对应关系"。[②] 高本汉(B. Karlgren)所著的《Grammata Serica》指的是汉语的古音，与现代人所理解的"语法"不同，有人把它译为"汉语语法"或"中国文法"，显然是一种误解。其实高本汉所用的 grammata 这个词就是古代人对 grammata 这个词的理解来运用它的。

但是另一方面，由于科学的分化和严密化，近代语言学家的一般趋势，已经把语法学看成语言学诸学科之中的一个独立的学问，与语音学、词汇学、词义学、词源学各不相同。契科巴瓦在他的《语言学概论》里说："所以任何语言的具体实质就限于语言词汇和语法构造上。对语法构造和语言词汇全面的研究即创造出语言学知识的许多部门。如像：形态学、句法学、词汇学、语义学、词源学、修辞学和语音学"。[③] 列弗玛特斯基也在他的《语言学概论》里说："对语言结构的叙述可以分为下列诸部门：1)词汇学，2)语音学，3)语法学，4)文字学。[④] 西方的语言学家，如方德里耶斯(J.

---

① J. Marouzeau:《Lexique de la Terminologie Linguistique》, p. 88.
② 同上书。
③ 契科巴瓦:《语言学概论》，第一编，上册，高等教育出版社，1954，124页。
④ А. А. Реформатский:《Введение в Языкознание》, 1955, p. 32.

Vendryès)和萨皮尔(E. Sapir)等也都是把语法学看做语言学诸学科之中的一个独立的部门的。[1] 语法学之所以成为独立的科学不是偶然的,因为在语言的结构里,语音或词汇的特点及其所起的作用显然是和语法不同的。换言之,语法有其特殊的特点,可以成为专门的科学的研究对象。

然而,在现代的语言学著作里,"语法学"这个术语,往往有被广义或狭义运用的情形。马露佐在他的《语言学词典》里有这一段话说:"语法学是对一种语言的组成成分的有系统的研究:声音、形式、词、结构和程序。狭义地说,有的时候,人们把语法学特别理解为形态学和句法学,而把其他的部门(词汇学、语义学、风格学)排斥在外"。[2] 广义的说法是继承传统的说法的,狭义的说法是近代语言学的发明。但是,在现代的语言学潮流中,特别是在某些结构主义者的著作里,"语法"或"语法学"这个术语多半是被运用在广泛的意义上,即依照传统的见解,把语法看作语言结构的全部的。西欧结构主义语言学的始祖德·苏胥尔在他的《普通语言学教程》里说:"静态语言学或对语言的一个状态的描写可以叫做'语法'……语法学把语言当做表达工具的系统来加以研究。"[3]他又明确地说,把词汇学排斥于语法学之外是不正确的。[4] 美国的结构主义者布龙菲尔德也在他的《语言论》里把"语法"这个术语运用在广泛的意义上,他甚至于把印度语言学家所说的梵语的语丛音

---

[1] 见 Vendryès 所著的《语言论》(Le langage,巴黎,1921),Sapir 所著的《语言论》(Language,纽约,1921)。

[2] J. Marouzeau:《Lexique de la Terminologie Linguistique》, pp. 87—88.

[3] F. de Saussure:《Cours de linguistique générale》,巴黎,1931,p. 185.

[4] 同上,186—187 页。

变现象(Sandhi)列入句法的范围,认为是语法学的研究对象之一。[①] 这种理论,在我们看来,显然是不恰当的。语言是人们以表达思想的方式来使彼此能够达到互相了解、交换意见、传授知识的交际工具。语言并不是纯粹的声音,它是以声音为物质外壳的一种音义结合物,离开了它所要表达的思想或意义,纯粹的声音就不是语言,它只是物理现象。当然,离开了声音这个物质外壳,思想或意义也就不能存在,但是作为语言的声音的确必须有其所要表达的思想或意义为其内容,才能成为语音,语音和声音是两个不同的概念,不能混为一谈。语言的物质外壳虽然是声音,但声音却不一定都是语言的物质外壳,自然界的声音固不必说,就是人们嘴里发出的声音也不见得都是语音,只有在人们嘴里发出的声音包含有意义或和一定的意义相结合的时候,这音义结合物中的声音部分才是语音,才是语言的物质外壳。语言虽然要运用人类嘴里发出的声音来做为它的物质外壳,但没有和意义相结合或没有成了语言的物质外壳的时候,声音也还可以存在。两个事物相结合而成为一个统一体的时候,在某种范围内或程度内,它们都可以有它们的相对的独立性。夫妻两个人结合在一起,成为家庭的成员时,男女双方在某种范围内还可以有各自的相对的独立性,丈夫所做的事情,在某些情形下,无须妻子来负责,也不一定就会影响到妻子。声音和意义相结合的时候,声音还有它的相对的独立性,它在不妨害表达同一意义的情形下,可能纯粹由于和其他声音的结合,而产生一定范围内的变化,正如丈夫在保持其为某一家庭的组成成员的条件下,还可以由于他和其他男人的接触,而产生其一定范

[①] L. Bloomfield:《Language》,纽约,1938,pp. 186—187.

围内的变化。这正是同一个音位而能有不同变化的原因之一,也正是梵语的一部分语丛音变作用所以产生的一个原因。这些语音的变化和语法不生关系,因为它的变化并不产生语法功能上的变化,也没有产生语法形式上的变化,它只是某一语法形式在某种声音环境下所产生的声音的变体而已。因此语音学有它自己的特殊的范围,不一定都和语法的现象有关。例如汉语中的 tɕin pi(金笔)可能产生语音上的变化,tɕin pi 变成了 tɕim pi,但是这种变化既不使词发生变化,也不使语法发生变化,因为 tɕim pi 并不是不同于 tɕin pi 的词,也没有不同于 tɕin pi 的语法作用。当然语法和语音是有密切联系的,不同的语法作用一般要用不同的语音形式来表达,任何的语言成分都离不开语音形式。但是由于语音和语法都各有其相对的独立性,不见得任何一种语音现象都有语法作用。列弗玛特斯基曾经以俄语的某种语音变化为例,说明语音学和语法学的相对独立性。他说:"这样同一性和非同一性都落在哪儿呢? 同一性首先就落在某种词根的同一个音位成员里,这种词根的同一个音位成员是具有同样实体意义的一群同样的变化系统的成员(词形变化:рог[角]‖рога[属于角的]和构词形式лоб[前额]‖лобовой[前额的],игры[游戏]‖сыгран[游戏过的]);非同一性就落在纯粹的发音方面:игры[и],сыгран——[ы];лоб[оп],лобвой[эб];рог——[ок],рога[дг]。这种非同一性是和某种语音系统的纯粹的功能的规律性(非重音所在的元音弱化:о‖ы‖э;收尾有声辅音的无声化:б‖п,г‖к)相联系的,这种语音的功能的规律性构成了纯粹语音上的交替或在软弱地位上的音位的变化。同时,音位的变形或变体也带着它的基本的类型彼此交替着,这种变化有它自己的直接的原因——语言横序系统中的位置。这种情况,丝毫也不和形态(按即语法中的形态)发生关系,因之丝毫也不和语法发生关系。它是在语音学中加以研究的。"[1]他又说:"音位的研究本身还不能成为指明这事实到底是语音学的事实,或是形态学的事实(按即语法学的事实)的标志;如果我们的分析不可避免地包括了位置的概念,那么,这事实就是语音学的;如果我们的分析排斥了位置的概念,那么,这事实就是形态学的。"[2]可见,语音学和语法学是两门不同的科学,把它们区别开来是语言学中的一个进步,而结构主义者之把它们混为一谈,显然是错误的。

语法和词汇的区别也是明显的;然而某些语言学家却又认为词汇和语法没有区别,而把词汇拉进语法的范围之内。西欧结构主义的始祖德·苏胥尔曾经在他的《普通语言学教程》里说:"另一方面,把词汇排斥于语法之外是否合理呢? 初视之,在词典上被记录下来的词仿佛不是语法所研究的,一般的情形,人们把语法限制于对语言单位之间的关系所加的研究。但是我们可以立刻看到这些关系中有许多地方既可以拿语法工具,也可以拿词来加以同样的表达。……如果我们比较一下希腊语的 peitho:peithomai 和法兰西语的 je persuade:j'obéis,我们就可以看出其中的对立情形,在希腊语是拿语法来表示的,而在法兰西语里则是拿词来表示的。……所以,我们看出,从功能的角度来看问题,词汇的事实可以和句法的事实相混。另一方面,不是简单单位和不是不可再行分析的词,基本上是和句子成分,和句法事实没有区别的,组成这种词的单位,它们之间的布置方式都是听从组成词组的同样的基

---

[1] А. А. Реформатский:《О Соотношении фонетики и грамматики (Морфологии)》,载《Вопросы грамматического строя》,苏联科学院,莫斯科,1955。

[2] 同上。

本原则的。"[1]德·苏胥尔看到了一些事实,但这些事实不能作为否认词汇和语法的区别的根据。语言的一个功能固然是在于表达思想,但是语言本身并不等于思想,到底用什么方式来表达思想,正是语言的特点,词和语法工具固然可以表达同样的思想,但从语言的角度来看问题,词仍然是词,语法仍然是语法。语言形式虽然要和意义结合在一起,但到底是哪一种语言形式和哪一种意义结合在一起,各语言却各有其不同的表达方式,用词来表达或用语法工具来表达,其实是两种不同的方式,何况德·苏胥尔在这里所举的例(代名词)本身还仍然是语法工具呢。[2] 词和语法的区别在于词在语言中表示语言结构中的基本的语义成分,而语法则在语言中表示语言结构中的关系的语义成分。这种关系的语义成分都有其不同于词的结构形式,或是成为词的一个部分,或是成为不同于完全独立的词的虚词,但都和语言中的词汇成分不同。马尔学派也曾有语法应和词汇相混合的理论。法国语言学家方德里耶斯曾经批评马尔说:"被他当做支柱用的形态学不仅包含所谓的语法范畴,还包含词汇";[3]然而马尔却解释说:"我们这些雅弗语言学家并不把词汇认作是'特殊的'和'单独的'现象,它们是被社会规律……所决定的……这些语义,规律而且几乎涉及一切形态学的本质,……"。[4]马尔的学生墨山宁诺夫(И. И. Мешанинов)也在他所著的《普通语言学》里完全把词汇归附于语法,同时消灭了形态

---

[1] F. de Saussure:《Cours de linguistique générale》,pp. 186—187.
[2] 用来表示语法作用的词其实也是语法工具。
[3] 见雅尔契瓦《马尔"理论"中关于词汇和语法相混合的学说的批判》文中所引方德里耶斯语,载《语言学中的历史主义问题》,五十年代出版社,1954,110页。
[4] 《马尔选集》(俄文本),第一卷,189—190页。

学的部分,又把属于形态学的现象的一部分列入词汇,而把另外更大的部分容纳在句法里。他认为"句子里的词,整个的句子和句子的结合构成了句法的各个不同的方面,在句法的背景上,词和句子自身的形式方面依据语句的意义而建立起来"。[①] 墨山宁诺夫的这个原理曾经在苏联得到广泛的传播,认为句法"应当是形态学和构词法的钥匙",认为这是语法构造的基本原则,认为语法构造原来是"更广大、更完全的范围",因为它包括表征语言构造的一切东西,即句法、词汇、形态学和语音学。[②] 马尔学派的这种理论显然是忽视语言和思维的正常关系所产生的错误。马尔学派既要一切从语义学出发,他们就只看到语言成分所表达的意义,而以意义为唯一标准来处理语言问题,因此就没有能够区别语法和词汇在语言结构中的不同作用和特点,而把它们混为一谈了。其实语法和词汇是有重大区别的,苏伊特(H. Sweet)曾经说过:"语法学所研究的是语言中的一般事实,词汇学所研究的是语言中的特殊事实。"[③]斯大林也曾经说过:"但是词汇本身还不成为语言,它只是构成语言的建筑材料……语法把词和语加以抽象化,而不管它的具体的内容,语法把词的变化和组词成句的基本共同之点综合起来,并用这些共同之点组成语法规则、语法定律。"[④]可知把语法和词汇混同起来,是不正确的。

虽然在历史发展的过程中,"语法学"这个术语曾经指明过语

---

① 墨山宁诺夫:《普通语言学》(俄文本),1940,35页。
② 参阅 В. К. Никольский 与 Н. Ф. Яковлев 合著的《马尔语言学说的基本原理》,载《哲学问题》(俄文本),1949年第1期。
③ H. Sweet:《Collected papers》,牛津,1913,31页。
④ 斯大林:《马克思主义与语言学问题》,人民出版社,1953,21—22页。

言学的全部内容,或指明对一种语言的语音、形态、词、结构、程序等方面的有系统的研究,虽然历史比较语法学家和现代的某些结构主义语言学家以及马尔学派的语言学家都曾经把语法和语音、词汇混合起来,但是科学地对待问题,我们却必须把语法学和语音学、词汇学等语言学中的其他部门区别开来,语法学是不同于语音学、词汇学、语义学等语言学中其他部门的一个学科,它有它的特殊的研究对象和范围,虽然语言学中各部门之间是有密切的联系的。

第二节 语法学与横序语言学

自从德·苏胥尔将语言学分为横序语言学(linguistique synchronique)和纵序语言学(linguistique diachronique)两者之后,语法到底是属于横序语言学还是属于纵序语言学的范围,就成为亟待解决的问题。德·苏胥尔在他的《普通语言学教程》里提出横序语言学和纵序语言学相对立的理论。他认为一切的科学都可以从两个不同的角度来研究它的对象,一是从事物的静止状态来描写它的,一是从事物的发展情况来研究它的对象的。前者就是研究事物的同时存在的状态的一面,后者则是研究事物在不同时间之中的继续存在的情形。有些科学可以把这两方面的研究统一起来,不加区别,有些科学,特别是属于价值系统的科学就应当把这两者区别开来,因为语言是一个复杂的价值系统,语言学的研究就必须把这两者严格地区别开来:研究语言系统于某一时期的静止状态的,称为静态语言学(linguistique statique)或横序语言学;研究语言事实于不同的时期中的历史演变的,称为演化语言学

(linguistique évolutive)或纵序语言学。[1] 他说:"这两个观点——横序语言学和纵序语言学——的对立是绝对的,而且是无从加以和解的。"[2]他并且举出许多"论证"来说明这两种语言学的对立性。他说这两种语言学的重要性并不相同,横序语言学要比纵序语言学重要,两者所用的方法也不相同:横序语言学只认识一个研究面,即语言系统的横切面,纵序语言学则可以用两种不同的方法来加以研究,或是"上溯"的方法,或是"下流"的方法。两者的研究范围也不一致,横序语言学并不一定要研究全部的同时的事实,但却要研究某一语言的某些事实的总和,因此,它可以把语言分为方言或次方言来加以研究,纵序语言学则不可能这样做,它所研究的事实不一定是属于同一个语言的,只要有历史的联系都可以加以研究。两者所要研究的规律也有不同的性质,横序语言学的规律是一般的,但却不是命令式的,语法的规律是一般的,但却允许有例外,纵序语言学的规律是命令式的,但却是特殊的,只涉及个别的语言事实。[3] 德·苏胥尔主张把语言学分为横序语言学和纵序语言学之后,接着就主张语法是属于横序语言学的范围,它和纵序语言学毫不相干。德·苏胥尔这种理论是欧美结构主义者的语法理论的滥觞,也就是现代描写语言学的源泉,虽然在他之前也还有人提倡过类似的论点。在德·苏胥尔之前,弗尔土那托夫(Ф. Ф. Фортунатов)就在他的《关于中学俄语语法的课程》一文里提出一

---

[1] F. de Saussure:《Cours de linguistique générale》,pp. 114—116.
[2] 同上,119页。
[3] 同上,127—134页。

些描写语法学的原理,[1]包都安·德·古尔特内也曾把语言学分为静态的(描写的)和动态的(历史的)两种,把语音学现象和语法学现象分为彼此相连的(nebeneinander)和前后相接的(nacheinander)两种,但是对这问题提出完整的理论而有巨大的影响的则是德·苏胥尔。德·苏胥尔的横序语言学和纵序语言学的对立的学说是极端错误的。斯米尔尼茨基(А. И. Смирницкий)批评这种理论说:"1)任何单位都不是作为孤立的变化,作为孤立的因素而变化的,而是作为系统的一个分子而变化的。因此,横序语言学,即对同时存在的系统的研究,不可能不注意对语言变化的研究,即对语言的纵序的研究。2)某一特定时代的语言——是存在于时间里的语言,即包含有纵序的因素的时间里的语言……,因为时间的因素本质上已经参加到语言里去。由此可见,语言的横序的系统不可避免地要在时间中被观察到。"[2]事实上,对语言系统的认识必须有历史语言学的知识。波兰语言学家多罗捷夫斯基曾经举出波兰语的实例来说明德·苏胥尔的理论的错误。他说波兰语的动词 brac′(拿),它的第一身单数现在时的形式是 biorę(我拿),它的第二身的形式是 biezzez(念作 b′ezžeš)。这两个形式之中只有腭化的 b 一个辅音是共同的成分,然而却是同一个词的不同的语法变化。这种变化并不是德·苏胥尔的系统中各成员之间的对立的差别作用所能说明的,我们只能在了解这个词的历史演变中得到解释。biorę 这个形式其实是由古典共同斯拉夫语的 *berę 变来的,

---

[1] Ф. Ф. Фортунатов:《О преподавании грамматики русского языка в средней школе》,载《俄罗斯语文学公报》(Русский филологический Вестник),1905 年第 5 期。

[2] А. И. Смирницкий:《По поводу конверсии в английском языке》,见《Иностранные Языки в Школе》,第 16 期 3 页。

＊berę 和 biorę 之间的变化不足以使 biorę 改变其原来的意义。因此,把这两个观点混同起来固然是不正确的,把它们截然割裂起来也是不正确的。① 德·苏胥尔的语言学理论有许多不正确的地方,他把横序语言学和纵序语言学对立起来,更是一个错误,但这不等于说把语言学分为横序语言学和纵序语言学两者是错误的,相反的,这种概念的确立是德·苏胥尔的一个贡献,而德·苏胥尔之提起人们对描写语言学或描写语法学的注意也有其不可磨灭的功绩。契科巴瓦在批判德·苏胥尔的时候说:"不错,在德·苏胥尔以前,语言的静态分析的基本的方法论问题还没有被人认为有意义;这些问题第一次在德·苏胥尔的观念里得到原则上的承认。"② 列弗玛特斯基也说:"这里,德·苏胥尔在什么地方是正确的,在什么地方是不正确的呢? 正确的地方在于语言的横序方面和纵序方面都是事实,也应当加以区别;在实用上,横序语言学要比纵序语言学更重要,因为对说话的群众来说,只有它是真正真实的。"③ 布达哥夫(P. A. Будагов)也有类似的评语,他说:"应当指出,在德·苏胥尔的《普通语言学教程》里,有不少个别的、局部正确的意见和观察。例如苏胥尔关于语法分析的断言,关于个别语言现状的研究对语言学家来说有多么大的意义的断言,他很有趣、很尖锐地提出的语言同一性和一些其他的概念。"④

---

① W. Doroszewski:《Le structuralisme linguistique et les études de geographic dialectale》,载《第八届国际语言学家会议报告集》第二集。
② 契科巴瓦:《就斯大林著作的观点来论语言学中的历史主义问题》,见《语言学中的历史主义问题》,五十年代出版社,1954,第 22 页。
③ А. А. Реформатский:《Введение в Языкознание》,p. 30;列氏所引德·苏胥尔语,见《Cours de linguistique générale》,p. 128.
④ P. A. Будагов:《Из истории Языкознания-Соссюр и Соссюрианство》,1954,莫斯科,pp. 6—7.

从实用的角度来看问题,描写语法学对说话的群众和语言学家来说,都有重大的意义,它帮助人们在详细地理解语言结构的语法规律中能够很好地运用语言。从理论的角度来看问题,问题就比较地复杂,从对语法现象的科学的理解来说,语法系统的纵序的研究,当然是更重要的,因为只有在历史主义的观点的指导之下,只有在了解语法发展的内部规律的条件之下,才能更正确地了解语法现象或语法系统。何况语法系统都是历史的产物,它存在于历史的某一个时代里,因之,不了解语法发展的内部规律就不能正确地了解某一时代的语法系统呢。但是从研究对象的特点和研究的直接目的来说,横序的研究应当是语法学的中心问题。尽管语法不是语言结构的全部内容,但它是属于一种语言结构的系统,则是毫无问题的。因此,从语法的特点来说,语法学本质上是属于横序语言学的范围的,正如词源学本质上是属于纵序语言学的范围一样。当然语法的系统也存在于时间,布龙达尔等结构主义者所说的超时间的语法系统并不存在,但是语法本身是以某一语言结构的系统[①]为特点的,则是毫无疑问的,而研究语法的直接目的也在于整理语法系统的规则,帮助人们运用语言。当然某一时代的某一语言的语法结构都是这一语言的历史发展的产物,语法系统也在历史上不断地演变着,并且是顺着语法发展的内部规律发展着,但任何时期的任何语言的语法系统都是一个横序的系统,则是无疑的。我们固然必须采取历史主义的观点来研究语法发展的内部规律,以此来指导我们对某一语言的某一时代的语法结构的状

---

① 参阅 V. Brondal《linguistigue Structurale》,见《Acta Linguistica》,1939,第一卷第一分册。

态加以研究；但是我们所要整理的却都离不开某一时代的某一语言的语法系统或某几个同一语言的不同时代的语法系统，离开了这个横序的系统，语法就不存在，更谈不到它是如何发展的。问题在于我们不能孤立地研究横序的语法系统，采取"顺其自然"的态度来对某一时代的某一语言的语法系统加以描写将造成许多错误，不在历史主义观点的指导之下来进行语法研究，不能正确地认识语法；但是，即以语法历史的研究来说，如果不是对两个不同时代的同一语法系统加以描写的研究，我们就不能得出语法发展的内部规律的结论。在这一方面，词源学的研究显然与语法学的研究有所不同，词源学研究个别的词的历史来源，我们固然也要了解这个别的词在词汇系统中的地位，来明确地寻找这个别的词的历史来源，但词源学的特点，本质上则是属于纵序语言学的范围的，因为个别的词本身并不构成系统，而"来源"的探讨也在本质上属于历史的问题。所以，我们固然不能割裂横序语言学和纵序语言学的联系，由于研究对象的不同特点，语言学中的不同部门都可以在本质上属于横序语言学或纵序语言学的范围；不过这只是就其一般的情形来说而已，不是说，这两种互有关联的不同的角度可以加以割裂，也不是说本质上属于横序语言学范围内的语法就不可以研究它的历史。任何事物都有其发展的历史，语法也不能例外；我们显然必须研究语法的历史，而语法史的研究，也只能是属于纵序语言学的范围，虽然它所研究的仍然是语法系统的演变。

第三节　对语法的正确理解

我们既然了解了"语法学"这个概念的内容和语法学在语言学各部门中的地位，我们就要进一步追问语法学的研究对象是什么了。

语法学的研究对象就是语法,然而语法到底是什么呢?

自从斯大林的《马克思主义与语言学问题》出版以来,许多语言学家都引用了斯大林所说的"语法是词的变化规则和用词造句规则的综合"[1]这句话来作为"语法"的定义。比方说:库兹涅错夫在他的《苏联大百科全书》的"语法"条里就是引了斯大林这句话,而加以注释说:"语法,这个术语,一般用在两个意义上:(一)指研究词的变化和用词造句的科学;(二)指语言语法构造本身。"[2]这里所指的第一个意义就是我们所说的"语法学"。和其他的欧洲语法一样,俄语的这个术语(грамматика)也既指"语法学",又指语法。第二个意义说明了语法学的研究对象,语言的语法构造本身,也就是词的变化和用词造句。奥热科夫(С. И. Ожегов)在他的《俄语词典》里也是拿斯大林这句话来给"语法"下定义的。[3] 列弗玛特斯基在他的《语言学概论》里,也是同样的情形。[4] 我国的吕叔湘也是用类似的办法来给"语法"下定义的,他说:"语法指用词造句的规则"。[5] 这里不知道为什么吕叔湘没有提到词的变化,也许在他看来,词的变化不算是语法,也许他所说的"用词造句"已经包括有两部分:用词(词的变化)和造句(用词造句)。根据吕叔湘在另外一部著作里所说的话:"文法就是语句组织的条理",[6]吕叔湘大约是把词形变化排斥在语法之外。这种办法当然是对"语法"

---

[1] 斯大林:《马克思主义与语言学问题》,21—22页。
[2] 《语法、语言的语法构造》,人民出版社,1954,1页。
[3] С. И. Ожегов:《Словарь Русского Языка》,1952,p. 121.
[4] А. А. Реформатский:《Введение В Языкознание》,p. 191.
[5] 吕叔湘:《语法学习》,1页。
[6] 吕叔湘:《中国文法要略》,3页。

这个概念下定义,但这种定义只是就"语法"的外延来给它下定义的,而不是依据"语法"的内涵来给它下定义的。语法或语言的语法构造,当然指的是词的变化和用词造句的规则,但这只说到"语法"这一概念的外延,还没有说到"语法"这个概念的内涵。其实,斯大林虽然没有明确地就"语法"这个概念的内涵来给它下定义,他却在字里行间说出了语法的特点,给语法下过内涵的定义。关于这一点,我们无妨等到后面再来加以说明。

语言学家们也曾就"语法"这个概念的内涵来给它下过定义。问题在于这些定义不见得都下得恰当。比方说:《法兰西科学院词典》对"语法"这个词所下的定义就是这样的:"语法(grammaire)是正确言语,正确写作的艺术,是一种语言的所有规则的总和。"[①]这种定义虽然说出了语法的一种特点,把语法看成语言的规则,但却不是正确的。语法固然是语言的规则,但却不是语言规则的总和,因为语言的规则可能是语音规则或词汇、修辞等规则,这些并不属于语法的范围,并且不仅是一种艺术,它既是艺术,又是科学,并且更是科学,只有在科学地理解语法之后,我们的语法的知识才能帮助我们很好地、艺术地运用语言。传统的语言学家(如希腊时代、罗马时代,甚至于后世的全盘运用希腊、罗马时代的语法的人们),都把语法仅仅看成一种艺术,这是错误的观点。《大英百科全书》的"语法"条,除了引用上述的苏伊特所说的"语法学所研究的是语言中的一般事实,词汇学所研究的是语言中的特殊事实"[②]之外,也只说到:"对平常的人来说,语法是他要正确地说话、正确地

---

① 《Dictionnaire de l'Académie Française》,第1卷,1932,巴黎,608页。
② H. Sweet:《collected papers》,牛津,1913,31页。

写作时必须加以遵守的一系列多少有点人工造作的规则。"[1]依据《大英百科全书》把音位学也列入语法系统之内的事实[2]看来,这个定义除了正确地说出语法是语言中的规则之外,也并没有更好的东西,它也同样地把语音等规则和语法混同起来,语言中的一般的事实并不见得都是语法,虽然语法确是语言中的一般的事实。马建忠介绍语法学到中国来,他的功绩是不可磨灭的,但是他对语法所下的定义也是不恰当的。他说:"古先造字,点画音韵,千变万化,其赋以形而命以声者,原无不变之理,而所以形其形而声其声,以神其形声之用者,要有一成之律,贯乎其中,历千古而无或少变,盖形与声之最易变者,就每字言之,而形声变而犹有不变者,就集字造句言之也。"[3]这里他把语法看成在每字之中,"贯乎其中"的"一成之律",[4]可以说是把语法的一些特点说出来了;语法固然是一种"律",但它却不见得是贯乎每字之中的,汉语的"字"本来就不和词相等,而语法也不一定要涉及语音和词汇的问题,贯乎两字之间的"律"不一定就有语法问题。他又说:"此书在泰西名为'葛郎玛'。'葛郎玛'者,音原希腊,训曰字式,犹云学文之程式也。"[5]什么叫做"字式"?"字式"是不是词形变化呢?马建忠没有说清楚。什么叫做"学文之程式",公文程式是不是也是"学文之程式"?这些话都说得不清不楚。杨树达在他的《高等国文法》里说:"语言文字之起初,其组织盖亦错互而不醇。迨积年既久,随时改善,至于

---

[1] 《Encyclopedia Britanica》,第10卷,1946年版,611页。
[2] 同上,613页。
[3] 马建忠:《马氏文通》,上册,序,1913,商务印书馆,1—2页。
[4] 同上书,例言,1页。
[5] 同上书,例言,1页。

约定俗成,则形成共遵之规律而不可用畔越。后人绸绎其规律而叙述之,则所谓文法(按即语法)是也。"① 这句话虽然说出语法是语言文字的规律,但这是什么规律,却没有说清楚,何况根据杨树达这一段话,仿佛语法必须是"积年既久",才能"形成共遵之规律",原始的语言仿佛就没有语法似的,更何况根据杨树达这一段话,仿佛必须经过"后人绸绎其规律而叙述之"才有语法的存在似的。

另外还有一些把语法说成语言构造(或语言结构)或语言系统的语言学家。例如乌沙科夫(Д. Н. Ушаков)在他的《俄语详解词典》里说:"语法是关于某一种或某一群语言的结构的学说"。② 塞留斯(Ch. Serrus)也有类似的说法:"语法事实上是在言语中联系各词之间的关系的系统。"③ 王力说:"语法是族语的结构方式……语法就是把许多概念联结起来,用某一定的方式去表示事物的关系。"④ 语法当然与系统或结构有关,并且是与语言中的一种系统或结构有关;但它不是与语言中的系统或结构有关的唯一的东西。语言本身就是一个系统或结构,如果只把语法说成系统或结构,那么,"语法"就是和"语言"相等的一个概念,只要我们知道语法是语言系统或语言结构的一种要素,这种理论的困难就会立刻呈现在我们的眼前。德·苏胥尔除了说语法是静态语言学或对语言的一种状态所加的描写,语法是把语言当做表达工具的系统来加以研究之外,又把语法理解为语丛(syntagme)和联结(rapports associtifs)。

---

① 杨树达:《高等国文法》,总论,商务印书馆,1932,2页。
② Д. Н. Ушаков:《Толковый Словарь Русского Языка》,1935,614页。
③ Ch. Serrus:《Le parallélisme logico-grammatical》,1933,巴黎,63页。
④ 王力:《中国现代语法》,1954,中华书局,上册,2页。

他说:"所以,在语言的一个状态里,一切都安置在关系上;这些关系如何发挥作用呢……一方面,在语流里,词与词之间都由于它们的连锁作用而彼此感染着语言的直线形特点所建立的关系,这种直线形的特点排斥在同一时间说出两个语言成分的可能性。[1] 语言成分在语流中前后相接地安排着。这种由延续来支持的结合可以叫做语丛。语丛总是由两个或两个以上的前后相接的单位组合而成的(例如 re-lire,重读;contre tous,反对一切;la vie humaine,人类的生活;S'il fait beau temps, nous sortirons,如果天气好,咱们就出去;等等)。……另一方面,在语流之外,在某方面有共同点的词彼此就在记忆里联结着,它们就这样地结成类聚,在这些类聚里贯串着极不相同的关系。例如 enseignement(教导)这个词使人们在精神上不自觉地引起一大堆其他的词(enseigner, renseigner 等,或 armement, changement 等,或 éducation, apprentissage),它们彼此之间都在某一个方面有共同之点。……它们并没有延续来支持它们,它们只存在于脑筋里;它们是在每个个人心中构成语言的内在宝库的一部分。我们管它们叫做联结关系。"[2] 又说:"形态、句法和词汇的互相渗透可以拿一切横序语言学的事实归根到底都相同的性质来加以解释。在它们之间不可能有任何预先划定的界线。只有上面所建立的语丛关系和联结关系之间的区别,可以启示一种自己迫使自己建立的分类方式,这是人们能够拿来作为语法系统的基础的唯一的语法分类方式。"[3] 德·苏胥尔所说的

---

[1] "直线形"的意思就是指言语在时间上前后相接的活动,德·苏胥尔认为我们不能同时发出两个不同的音,说出两个不同的语言成分。
[2] F. de Saussure:《Cours de linguistique générale》, pp. 170—171.
[3] 同上,187 页。

语丛，据他自己说，相当于传统语言学所说的句法，他所说的联结，据他自己说，相当于传统语法学所说的形态，但其中却有极大的分别：任何两个接连在一起的语言成分都是语丛，包括构词法中的词根和附加成分的结合；任何可以产生联想作用的语言成分的结合都是联结，包括语音的联想作用（anma, anva, anda）和词的联想（simplex, triplex, centuplex）在内。[1] 这样看来，德·苏胥尔曾经说"静态语言学或对语言的一种状态的描写可以叫做语法"，[2]他对"语法"所下的这个定义，很明显地，是把语法看做语言结构或语言系统的全部的。这种定义的错误性，我们已经在上面评论过，这里无须再说。美国的结构主义者布龙菲尔德除了事实上把语丛音变也列入语法范围之内以外，也对语法下个定义说："一个语言中的形式的有意义的安排就是这个语言的语法。"[3]"语言中的形式"到底指的是什么？"有意义的安排"到底指的是什么？布龙菲尔德所说的形式，据他自己说，是"一堆信号"，"每一个语言形式是信号单位即音位的固定的结合"。[4] 那么，音位固定地结合起来的有意义结合就可以成为语法吗？修辞学上的词的选择难道不是音位的固定的结合的有意义的安排吗？所以，布龙菲尔德也没有把语法解说好。

那么，语法究竟是什么呢？语言是抽象思维的担负者，离开了所担负的思维，语言并不存在，任何一个语言成分都是语音和思维在语言中的表现形式（即音义）的结合物。从分析的角度来看问题，我们可以把语音单独分析出来，加以研究，研究好某一语言所

---

[1] F. de Saussure:《Cours de linguistique générale》, pp. 176—188.
[2] 同上，185 页。
[3] L. Bloomfield,《Language》, p. 163.
[4] 同上，158 页。

运用的声音的系统及这系统之中的语音单位之间的关系或安排的规则。但这只是音位学的研究对象,我们也可以把意义单独分析出来,加以研究,研究某一语言所包含的意义的系统及这系统之中的意义单位的关系或安排的规则。但这只是语义学的研究对象。语言中的音义结合物才是语言成分,音义结合物的单位才是语言成分的单位,这些语言成分的单位构成语言系统,它们不是语言要素(如语音或语义)的单位。我们说语言系统指的就是由这些语言成分所组成的系统。在任何一个系统之中,每单位之间都有一种结构关系,因为系统就是一种结构。语言成分各单位之间要如何地组成结构,要按什么规则组成结构,要依什么方式组成结构,这就是语法学所要研究的对象。结构是由单位组合而成的,对单位本身的研究不属于对结构进行研究的范围,虽然这两种研究之间有密切的联系。作为语言结构的单位的,是词或词素。语言结构有大有小,一个句子是一个结构,一个词也可以是一个结构,如果一个词是由几个词素组合而成的话,词本身就成为了一个结构,如果一个词只含有一个词素,那么,这个词就只是更大的结构的单位,而由词素所组成的词也一样地成为了更大的结构的单位。但是,无论是词或是词素,只要它成为了结构的单位,它就成为了语言成分的单位。所以,研究语言中音义结合物各成分之间起着组织作用的结构关系或结构方式的就是语法学,而语法也就是语言中的音义结合物各成分之间起着组织作用的结构关系或结构方式。因为这种起着组织作用的结构关系或结构方式都要按照一定的规则组织起来,语法学当然也要研究这些规则,而这些规则也就可以称为语法规则。斯大林曾经明确地说过语法在语言中的这种组织作用。他说:"但是,词汇本身还不成为语言,它只是构成语言的建筑材料。正好像在建筑业中的建筑材料并不就是房屋,虽然没有建筑材料是不可能建造房屋的。同样,语言的词汇也不就是语言,虽然没有词汇任何语言都是不可想象的。但是当语言的词汇接受了语言的语法的支配的时候,就会有极大的意义。语法规定词的变化规则及用词造句的规则,这样就使语言具有一种有条理可理解的性质。"[1]又说:"语法把词的变化和用词造句的基本共同之点综合起来,并用这些共同之点组成语法规则、语法定律。"[2]语言中的词或词素是语言建筑或语言结构的建筑材料或组成成员,这些建筑材料或组成成员必须在语法的支配之下才能够组织成语言结构,所以语法是语言中可以作为建筑材料的语言成分(词或词素)之间的能够起组织作用的结构关系或结构方式,而受一定的规则所制约的。库兹涅错夫解释斯大林这一段话说:"人们在交流思想时必须运用的表达一定概念的词,对于任何语言都是必要的;但是,为了表达任何思想,词的简单的次序是不够的。词应当根据各种语言所特有的一定的规则结合为句子。要表现句子里各个词的关系,要规定其中每一个词的作用,就应该按照规则给各个词以各种语言所特有的一定的形式(通过词的变化)或者加上一些用来联系的词和句子的特殊的词(前置词、后置词、连词)。"[3]语言是交际的工具,又是表达思想的工具。人类的思想借语言得以表达,因之,语言也反映了思想。人类在表达思想或进行思维的时候,要运用语言,这种表达思想的工具(既语言)是由代表各个概念的词组织而成的,正如思想历程本身是由各个概念组织而成的。

---

[1] 斯大林:《马克思主义与语言学问题》,21页。
[2] 同上,22页。
[3] 《语法、语言的语法构造》,人民出版社,1954,2页。

概念与概念之间有彼此联系的逻辑结构的关系,词与词或语言成分单位与语言成分单位之间也有语言结构的关系。一个概念可以是判断所得的结果,可以用一个判断来加以解释,一个词也可以由一个句子来加以解释,但无论在什么情形下,只要是概念相结合的时候,这些概念之间就有逻辑结构的关系,只要是语言成分单位与语言成分相结合的时候,这些语言成分之间就有语言结构的关系。尽管逻辑结构不等于语言结构,尽管概念不等于词或词义,但这两种结构之间有相应的关系则是无疑的。尽管各语言的结构方式可以各不相同,但各语言的语言成分之间都有一种结构的关系则是无疑的。在任何语言的任何语言结构里,作为语言成分的音义结合物都可以分为两种,一种是作为结构的材料用的词或词素,一种是作为结构方式的语法成分。比方说,汉语的"冷水",这里"冷"和"水"都是结构材料的单位,没有它们,就不能组成语言结构,但语言结构本身并不是这两个词,而是这两个词的组合,如果组合的方式有所不同,语言结构也就不同了,例如"水冷"就是不同于"冷水"的另外一种结构,结构方式是结构材料单位之间的不同关系的表现,所以结构方式都表示一种结构关系,或简称为关系。因为语言成分都是音义的结合物,结构材料单位本身具有意义,结构关系当然也具有意义;不过,由于这两种成分有性质上的不同,一种是以结构材料的身份而存在的,一种是以结构方式或结构关系的身份而存在的,它们所包含的意义也有性质上的不同。前者称为基本意义,或词汇意义,后者称为关系意义或语法意义。方德里耶斯在他的《语言论》里对这一点有一段说明,他说:"一切句子都包含两种不同的成分:一方面是相当数目的代表概念的观念的表达,一方面是这些概念之间的某些关系的指明。……我们必须把表达观念的语言成分理解为语义成分(sémantème)。……把表达观念之间的关系的语言成分理解为语法形式(morphème)。"[1]虽然他所用的术语是不明确的,但他所要说明的意思则是明显的;在他看来,句子里所包含的两种语言成分是不相同的,一种是语义成分,一种是语法形式,而语法形式所表达的则是语义成分之间的关系。

语法既是语言中音义结合物各成分之间起着组织作用的结构关系或结构方式,它就不是这种结构本身,而是这种结构的关系或方式。要知道"结构"和"结构关系"或"结构方式"是不同的概念,不可混为一谈。结构可以是特殊的,但结构关系或结构方式则只能是一般的。每一个句子都是特殊的结构,正如每一个房屋都是特殊的结构一样,这正是斯大林所说的"语法的特点,就在于……不是指某种具体的句子……"[2]的意思。但是,许多特殊的结构却可以依照同样的结构方式或结构关系组织起来,正如许多不同的房屋可以依照同样的结构方式或结构关系建造起来一样。这也正是我们所以不同意把语法简单地说成"语言的结构"的原因之一。因为语法是语言的结构方式或结构关系,所以,语法是语言中的一般事实,虽然它不是语言中的唯一的一般事实。"语法学研究语言中的一般事实",这原是苏伊特的一句名言,但是这句话是容易引起误会的。列宁曾经说过:"任何的词(语言)都已经有综合……感觉指出现实,思想和词都是一般的。"[3]可见,词已经是一般的事

---

[1] J. Vendryès:《Le Langage》,1921,巴黎,pp. 85—86. 方德里耶斯这里所用的sémantique是狭义的"语义成分",即词汇成分,他所说的morphème不是一般人所理解的"词素",因此,我们把它译成"语法形式"。

[2] 斯大林:《马克思主义与语言学问题》,22页。

[3] 列宁:《哲学笔记》,俄文本,1947,莫斯科,256页。

实,因为它是抽象思维的担负者,它是概念的代表,而概念则是一般的东西。所以,苏伊特这句话曾引起人们的反对,认为是不正确的。苏伊特这句话当然是有毛病的,但是如果我们能够不"以词害意",能够体会他的用意,他这句话却说出了一部分真理。词当然是一般的,但是和语法比,它却在某种程度上比语法更为特殊。词在语言中是建造结构的材料,每一个词都与另外一个词不同,我们不能有两个完全相同的词,就是同义词也不是完全相同的词。从这个意义上说,词是语言中的特殊的事实,这和列宁所说的并不矛盾,因为列宁所说的是另外一个问题,他指的是词所表现的概念的一般性,不是指词在语言结构中的情形而言。雅尔契瓦说:"语法和词汇的互相关系是以客观现实的综合传达的性质中的差别来决定的,这性质,一方面是词所特具的,另一方面是语法的概念所特具的。列宁曾经写道:'任何的词(语言)都已经有综合……感觉指出现实,思想和词都是一般的';但是,在语法范围内所发生的综合和抽象的过程是以某些特殊性而有不同的。"[1]语法的一般性有其特殊的特点,在语言结构中,和词汇比,它是一般的,因为在不能有两个相同的词的时候,语法的事实却永远都是共同的,语法总是语言结构中的一般的关系或方式。换言之,同样的语法成分永远总是存在于不同的语言结构里。斯大林说:"语法的特点就在于它给以词的变化的规则,不是指具体的词,而是指没有具体性的一般的词;它给以造句的规则,不是指某种具体的句子,例如具体的主词,具体的宾词等等,而是指一般的句子,是与某个句子的具体形式无

---

[1] 雅尔契瓦:《马尔"理论"中关于词和语法相混合的学说的批判》,见《语言学中的历史主义问题》,五十年代出版社,1954年,113页。

关的。因此语法把词和语加以抽象化,而不管它的具体内容。"① 可知,语法确是语言中的一般的事实,"语法范畴就是在这一种或那一种语言的语法构造的分析里,词和句子里的部分的具体的东西加以不同程度的抽象",②"组成语法的特点的,正是这种个别与具体东西的抽象和一般的、综合的东西的标出"。③ 正是因为这个道理,语法总是一种一般的规则,它可以作为人们构造各种特殊语句的根据。

---

① 斯大林:《马克思主义与语言学问题》,22页。
② Н.С. Поспелов:《斯大林论语言的语法构造》,见《就斯大林著作的观点来谈语言学问题》,1950,莫斯科,60页。
③ 同①。

第三章　语法形式学和语法意义学

第一节　什么是语法形式学和语法意义学？

　　语言是一个结构复杂的系统。在这系统之中,它的组成成分都是语音和语义的结合物。它一方面有声音部分作为它的物质外壳,一方面又有意义部分作为它的内容。语言成分的声音部分是包含意义的声音;语言成分的意义部分是有声音作为物质外壳的意义。语言成分的声音部分和意义部分是不可分割地联系着的。语言成分的声音部分所包含的意义是思维表现在语言里的形式。从某种意义来说,它就是思维,但是必须是由语言形式加以巩固,而被固定在语言形式里的思维。例如,思维的基本材料单位是概念,而被词所巩固表现在词里的概念则是词义或意义。概念必须有语言作为它的物质外壳,但在语言里,由哪一个词或哪些词来把同一个概念表现出来,则受各语言的特殊规律所规定,而在某一语言里实际上被词所巩固下来的概念或概念的部分就是该词所有的意义。语言成分既然都是声音部分和意义部分的结合物,那么,研究任何语言成分的时候,就必须注意到这成分的声音部分和意义部分,并注意两者之间的联系。然而这并不是说,我们就不可能把语言成分中的声音部分和意义部分分析开来,把两者之中的任何一个当做特殊的对象来加以研究。在社会生活中,各阶级彼此之间有千丝万缕的关系:资产阶级的存在依靠无产阶级的存在,没有无产阶级就不能有资本主义社会中的资产阶级的存在;然而这种情形并不妨害我们来单独地研究资产阶级或无产阶级。语言的声音部分和语言的意义部分虽然是不可分割地联系着的,但这情形并不妨害我们进行语音学或语义学的研究,只是在研究当中应当注意两者之间的相互关系罢了。

人类的思维有抽象的能力。正是这抽象的能力使人类能够进行细密的分析和广泛的综合,而且分析和综合是对立地存在于同一个统一体里的。科学的发展正是这种分析和综合的高度发展的一种表现。同是一个物体,从分析的角度来看,我们可以分析它的组成元素,而对其某一元素的特点加以综合的研究,例如,对水所包含的氢元素的特点加以综合的研究。同样的,尽管语言是声音和意义的结合物,我们也可以从分析的角度,抽象出其声音或意义的部分来加以研究。语音学和语义学之所以能够成为独立的科学正是这种情形的结果。语言的声音部分固然要和语言的意义部分结合在一起,但我们却可以只研究语言的声音部分或语言的意义部分。在研究语言的声音部分的时候,尽管我们要注意这声音部分和意义部分的结合情形,但我们却是从声音的角度来研究它的。我们之所以要研究音位,正是我们注意语音的区别意义作用的表现。但是在研究音位的时候,我们却并不追问它所表达的是什么具体的意义,甚至不是按照语音所表达的意义来加以分类的,而是按照语音本身的特点来加以研究的,虽然我们要注意音位的区别意义的作用。我们所说的音位并且也不是表达某一特定的具体意义的声音;尽管我们说音位学是就语言声音的区别意义作用的角度来研究的,但是我们却不要误会,以为音位学所要研究的是语音所区别的意义。换言之,音位学仍然是语音学的一个部门,而"所谓区别意义的作用也并不是说,这个音表达了某一个具体的意义,只是说:它的存在可以使词起意义上的变化"。[①] 至于它使词所起的意义上的变化是些什么,则无须也不可能由音位学来加以研究。语义学也是同样的情形,在研究语义学的问题中,我们是把语言里的意义部分抽象出来加以研究的,不是按照包含这意义的语音性质来加以研究的,虽然这个意义总必得和语言的声音部分结合在一起。当然在研究语音和语义的现象当中,我们总得注意两者之间的关系,但这不等于说:我们不能把它们分析开来,进行独自的研究,把它们看成独立的学科。

语法成分也是语言成分之一种,它也是声音部分和意义部分的结合物。因此,把语法成分的声音部分和意义部分分析开来加以分别的研究,不但是可能的,而且是必要的。语法成分的声音部分和意义部分固然是不可分割地联系着的,但我们却不能因此而否认单独研究语法形式或语法意义的可能,不过在研究当中必须了解两者之间的联系,也必须证明它确是语言中的语法成分所具有的声音部分或意义部分罢了。语法的声音部分就是语法形式,就是和语法意义相结合的,作为语法成分的物质标志的音位、音位的结合、音位的排列次序,作为词素的物质标志的音位、音位的结合、音位的排列次序,作为词的物质标志的音节、音节的结合、音节或音节的结合的排列次序、音节或音节的结合的重复等语法的物质标志的形式。语法的意义部分就是语法意义。我们可以把研究

---

① 参阅高名凯《普通语言学》(增订本),新知识出版社,1957年,507页。

语法形式的学问叫做语法形式学,把研究语法意义的学问叫做语法意义学,也就是广义的语义学的一部分。

"形式"这个词有许多意义。乌沙科夫在他的《俄语详解词典》里把"形式"这个词所包含的意义列为十二项。他在他所列举的第八项意义里,认为"形式"是"语法范畴的外部表达方式,词在言语里的相互关系,句子之间的相互关系"。[①] 然而列弗玛特茨基引了乌沙科夫这段话之后,却加以一句评语说:"这种定义是属于语法方式的,不是属于语法形式的。"[②]他认为应当把语法形式和语法方式区别开来,语法方式是附加成分的增添、元音辅音的屈折等,而语法形式则是语法意义和语法方式的结合体;保存同样的语法意义而改变语法方式的时候,就有新的语法形式;保存同样的语法方式而改变语法意义的时候,也就有新的语法形式。列弗玛特茨基这种说法值得重视,因为他指出了语法的"物质外壳"和语法意义的结合体;但是他对"形式"这个词义的解释却还值得商榷。既说到形式,自然就不兼指形式所包含的意义内容,语法形式应当是语法的"物质外壳",应当是和语法意义相对立的。其他的语言学家还有把"形式"和"语法"视为一物的情形。萨皮尔在他的《语言论》里有两章完全讨论语法的论述。他既把"形式"(form)这个词理解为语法的"物质外壳",又把它理解为语法意义。他把这两章的标题写成"形式——语法程序","形式——语法概念"。[③] 这里,"形式"就是"语法"的代名词。马露佐也在他的《语言学词典》里说:"形式是用来指明借以表现一个名称或一个陈述的最普通的术

---

① Д. Н. Ушаков:《Толковый словарь русского языка》第一卷,1940 年 1100 页。
② А. А. Реформатский:《Введение в Языкознание》,201 页。
③ E. Sapir:《Language》, pp. 59—126.

语,与声音、词和结构(按:指词组或句子而言)的研究不同,形式的研究是形态学的研究对象。"[1]这里,马露佐把形式和声音对立起来,可见他所说的形式是与语法的物质外壳无关的,而是由词形变化表现出来的语法结构(他所说的形态学也有其特殊的意义,即音义结合物的词形变化)。他把"形式"和语法中的"形态"视为一物,而他所说的"形式"或"形态"显然不是语法成分中和语法意义结合在一起的音位、音位的结合、音位的排列次序、词的声音部分的排列次序等语音形式的部分,而是某些语法结构本身。洪保特曾经有过"语言的内部形式"(innere Sprachform)的理论。他把一种语言所特有的特点叫做"语言的内部形式",而把作为语言的物质材料的符号和表达方法的一般的组成方式叫做"语言的外部形式"(aussere Sprachform)。这里,尽管他把形式分为"内部的"和"外部的",但是形式既可以有"内",有"外",这"形式"就显然不是语言的"物质外壳",更不是语法的"物质外壳"。很多语言学家(包括苏联的语言学家在内)往往只用"形式"这个词去代表语法结构或语法结构的一部分。语言学家们之所以把语法看成形式,也有其原因。正像逻辑的规则由于它只涉及思维历程的进行方式,不涉及思想内容而被称为思想的形式一样,作为不涉及具体的词或具体的言语内容的语法规则也就被称为语言的形式。这种称呼原是正确的。但是,尽管我们可以把语法看成语言的形式,我们却不能把语言形式和语法形式混为一谈。语言形式这个术语尽管可以指明语法,但是语法形式却只能是这样理解的"语言形式"(即语法)的形式部分,这形式部分显然是和它的内容部分相对立的,而语法中

---

[1] J. Marouzeau:《Lexique de la Terminologie Linguistique》,pp. 83—840.

的音义结合物的内容也正是语法意义。所以"语法形式"指的应当是语法成分中的声音部分及声音部分的结构和排列次序等形式。其实,列弗玛特茨基所说的"语法形式"就是我们所说的语法成分,它是具有语法作用的语言中的音义结合物;他所说的语法方式就是我们所说的语法形式的几种表现方式。我们不能把语法形式和语法意义混为一谈,也不能说语法形式可以脱离语法意义而独立存在;但是,我们却可以把语法形式和语法意义分开来研究,只研究语法形式,而把其表达方式加以分门别类,或只研究语法意义,把它们分门别类,加以归纳。

语法学家们虽然还没有提出"语法形式学"和"语法意义学"这两个术语,但在语法研究的实践中,却已经在无意中把语法的研究分为这两个部分。比方说,我们有许多语法学的术语,例如,"前加成分"、"后加成分"、"中加成分"、"屈折"、"分析形式"等,它们都只是就语法的形式方面来说明语法结构的。"前加成分"、"后加成分"、"屈折"等术语并没有告诉我们,它们所表示的语法意义是什么,它们只告诉我们某种语法意义是由这些不同的形式表现出来的。如果我们分析俄语的语法结构而说俄语的词 исполни́тель(执行者),крохобо́рство(打小算盘),первоку́рсник(大学一年级学生),пропо́рция(比例)等之中的 -тель,-ство,-ник,-ция 等是后加成分,我们的用意并不在于说明这些语法成分所要表明的语法意义,而是就这些语法成分的形式特点来说明这些语法结构的。如果我们分析英语的语法结构而说英语的词 enlightment(启蒙),bicolor(两种颜色),immovable(不移动的),prehistoric(史前),reprove(申斥)等之中的 en-,bi-,im-,pre-,re- 等是前加成分,我们的用意也并不在于说明或研究这些语法成分所具有的语法意义,而是在于说明英语这些语法成分的形式特点。如果我们在分析汉语的语法结构而说汉语的"这个小孩子"、"那个大学生"、"三只羊"、"五张纸"、"六口人"、"九匹马"等之中的"个"、"只"、"张"、"口"、"匹"等是虚词,我们的用意也并不在于说明这些语法成分所表达的语法意义,而是在于说明这些语法成分的形式特点。这种分析事实上就是语法形式学的分析,不是语法意义学的分析。因为我们是就这些语法形式的共同之处来解释它们在语法形式上的特点的,而不追究这些共同的语法形式所表达的语法意义。事实上,这些共同的语法形式所表达的语法意义是各种各样的。如果就语法意义学的角度来看问题,我们就无从把它们归纳在同一个范围之内。然而有的时候,我们却不是就语法形式学的角度来研究语法现象,而是就语法意义学的角度来研究它们的。我们在分析俄语语法结构时而说俄语的 удаляться(未完成体的"离开")和удалиться(完成体的"离开")之中的-я-和-и-的区别表示了前一个词是未完成体动词,后一个词是完成体动词(未完成体动词表示动作尚未完成,完成体动词表示动作业已完成)的时候,我们就是就语法意义学的角度来研究俄语语法的。我们还可以说,俄语的удалюсь 和 буду удаляться 的分别在于前者表示它是完成体动词的将来时,后者表示它是未完成体动词的将来时。在这种情形之下,我们所注意的并不是前者以词的内部屈折的语法形式,后者以分析形式的语法形式来组成语法成分,而是在于说明某种语法形式所表明的语法意义。换言之,我们是就其语法意义的共同之处而把它们归纳在一起的,不是就其语法形式的共同之处来加以归类的。事实上,这里的语法形式是不相同的,然而它们却不妨害我们来把其所表达的语法意义加以归类。在分析英语的语法结构时,我们也可以找到同样的情形。如果我们说英语的 my mother's elder brother(我母亲的哥哥)和 the elder brother of my mother(我母亲的哥哥)之中的 mother,s 的-s 和 of 都是表示领属关系的语法成分,我们的用意就是在于说明这不同的语法形式所表达的同样的语法意义,而不在于说明语法的形式结构。就是在汉语语法的研究中,我们也常常遇到同样的情形。我们常常听见语法学家们告诉我们说,汉语"你知道不知道?"和"你知道吗?"都是询问句。这就是就语法意义学的角度来解释汉语的句型结构的,因为就语法形式的角度来看问题,这两个句子的结构形式却不相同,一个用的是表示肯定意义的词的语音结构和表示否定意义的词的语音结构的相连接的形式,一个用的是句终虚词"吗",并无共同之点。所以,语法形式学和语法意义学的区别,在我们的研究实践中,早就已经存在,不过,还没有人明确地提出把它们区别开来的必要性和合理性罢了。

第二节 划分语法形式学和语法意义学的必要性和合理性

我们认为划分语法形式学和语法意义学是必要的,因为许多语法的研究都因为没有明确地了解这两个部门的区别而产生许多的错误。比方说,古代的语法学家没有发现这两个部门的区别,因之,他们所发明的一些语法学术语的意义就不够明确,而后世的人跟着跑,就常常发生错误。我们无妨举一个例子来说明这个问题。许多语法学家都采用了希腊语法学家退拉斯对形态(морфология, morphology, morphologie)的解释,而把形态和语法范畴混同起来。葛莱伊(L. H. Gray)就在他的《语言之基础》里把"形态"和"语法范畴"混同起来。他在这部书里甚至于把讨论语法问题的两章论述加上这样的题目:《形态:词类》,《形态:语法范畴》,[1]把形态和词类及语法范畴等同起来。这种情形正是葛莱伊的理论所以不能自圆其说的原因之一。葛莱伊在划分语言学各部门时说:"正如我们在第三章和第四章里讨论语音和音位,讨论语言和思维的关系时所说的,语言有两个方面:一方面是生理的或机械的,一方面是心理的或非机械的。当我们走来研究构成语言学领域(严格地说)的现实的语言结构的时候,我们就发现这两者都可以再分为两部分:机械方面又可以分为音位学和形态学;心理方面又可以分为句法学和语义学;另外,还有第五个研究题目,即以历史研究为主要特点的词源学。"[2]又说:"这一章的题材'形态学'是直接以音位学为基础的,并且研究个别声音之如何组成声音组合物,这些声音组合物在有这些组合物的语言或诸语言的说者、听者或读者看来,是具有特定的、纯粹习惯的意义的。换言之,形态学研究形式和构词法。"[3]这里,在给形态下定义的时候,葛莱伊把形态看成语言结构的机械方面,即具有特定意义的形式或构词法,然而他却又把词类和语法范畴看成形态。在这样的情形之下,葛莱伊就不能不面对着一个左右为难的局面:他不是得承认词类和语法范畴只是语言的声音组合物(或机械方面),就是得承认形态是语言结构的心理方面,即意义。然而这两种可能的推论都既和他自己的理论自相矛盾,又和事实不符。

---

[1] L. H. Gray:《Foundations of Language》,纽约,1939,pp. 144—223.

[2] 同上,pp. 144—145.

[3] 同上,p. 145.

语言成分是声音和意义的结合物,这是铁一般的事实。语法学之所以可能分为语法形式学和语法意义学正是这事实的必然结果。我们固然要强调语言成分的声音部分和意义部分的联系,但是不能因此而忽视这统一体内的对立的两面,忽视了这对立的两面也会造成错误。某些语言学家过分地注意形式,于是他们就拿形式来概括一切,不了解形式只是语法成分中的一个方面,结果就成为了形式主义者。不用说,拿形式来概括一切的语法学家是不能对语法的研究得出正确的结论的。例如,把汉语句子里放在前面的词都看成主语,这就是形式主义的典型的表现。如果在先的词都叫做主语,那么,"昨天我进城"的"昨天"就要成了主语,然而这却是谁也不会承认的。"主语"显然是语法意义学的问题,因为我们总得说明它为什么是"主",而这个"主"也决不是在形式方面的"主",虽然它必得有个形式作为它的物质外壳。因为它是属于语法意义学的问题,形式上如何的表现就只是次要的问题,也可以有各不相同的情形。然而形式主义的语法学家们却把语法意义学的问题和语法形式学的问题混为一谈。在他们看来,形式就是意义,意义就是形式,无须分别,因此,认为只要是同样的形式就必得是同样的意义。这正是只注意语法成分内语法形式和语法意义相统一的一面而忽视了其对立的一面的结果。又如某些语言学家把语法形式学的问题和语法意义学的问题混为一谈。他们认为分析形式和词的内部变化所表示的可以是同样的语法意义(例如,俄语的 напишу〔我将写完〕和英语的 I shall have written,前者用词的内部变化,后者用分析形式,然而所表示的语法意义却是同样的),所以,分析形式和词的内部变化并没有什么区别:它们对语法结构所起的作用是一样的。其实,要是从语法意义学的角度来看,俄语

的 напишу́ 和英语的 I shall have written 所表示的语法意义的确是一样的，它们都含有将来时完成体的语法意义，但是从语法形式学的角度来看，分析形式和词的内部变化却有极大的区别，不能把它们等同起来。它们对语法结构所起的作用并不完全一样。比方说，俄语的词的内部变化是词的组成部分，它就是被巩固在词身上的一种特点，可以决定词的词类性质；但是英语分析形式的作用就不相同。因为分析形式并不是词的组成部分，并不是被巩固在词身上的一种特点，同一个词就可以和不同类的分析形式组合在一起：fire(火)既可以和 to, will, shall 组合在一起，成为 to fire, will fire, shall fire，又可以和 a, the 组合在一起，成为 a fire, the fire；于是，影响所及，英语的词就不能单凭其是否有分析形式来决定它的词类性质，无论我们要把这种和不同的分析形式相结合的 fire 看成不同的词或是同一个词。企图从意义出发来解决一切语法问题的，显然也是没有了解语法形式学和语法意义学的区别的一种表现。意义既然可以决定一切，那么，形式自然就等于零，不起作用或就等于意义。结果就不能很好地处理语法问题。德国的语言学家德意赤拜因(M. Deutschbein)曾经提出一种主张，认为应当特别注意言语的功能，把语言事实的语义部分提高到第一位，拿心理概念的表达方法来解释。他一直在英语里找到了十六个"式"，都是依照语气的细微差异为转移的。这"式"可能是在叙述形式的各种词的组合里被发现的。[①] 德意赤拜因要一味地从意义出发，他就自然而然地把语法意义学的问题和语法形式学的问题混同起

---

① M. Deutschbein：《System der neuenglischen Syntax》，1931.

来，结果他就无中生有地在英语里找到了十六个"式"。法国的语言学家布律诺也有同样的毛病。他在抨击传统语法学的方法论之后，提出自己的主张说："语言必须进入语法。由什么方法进入语法呢？在我看来，只有一个方法，但却是足够的方法。在最不相同的表达形式之间，在最分歧的符号之间，有一个连锁，这就是这些符号所要表达的共同的观念。"[1]于是，他就得出结论说："我所想做的就是提供一种对思想事实的有方法的说明，即对依其和语言的关系而被考虑、而被分类的思想事实的说明，并对与此相适应的表达方式的说明。"[2]布律诺要从思想或意义出发而否认语法形式学的存在。尽管他说他要说明与此相适应的表达方式，他却不可避免地把非语法问题的词汇问题拉进语法里来。例如，他甚至于把法语中的 une toilette tapageuse, mais laide（一种轰动一时而丑陋的装束），un jeune homme qui se distrait, mais qui travaille aussi（一个自寻消遣而同时工作的年轻人）中的 tapageuse（轰动一时）和 laide（丑陋），se distrait（自寻消遣）和 travaille（工作）相对立的词汇问题也拉进语法里来。无怪乎叶斯柏森曾对布律诺这部著作加以评论说："现在说来，虽然我把他当做同盟军来加以欢呼，但是我至少在两个主要的论点上不同意他的看法。第一，他所辩护的正当的方法（即从内，从"思想"出发的方法），依照我的看法，只相当于研究语言事实的两种方法（从外至内的方法和从内至外的方法）之中的一个。第二，语法必须和词汇分别开来，然而布律诺在他所列举的同义成分之中，太常把这两个领域混淆起来。我

---

[1] Brunot,《La pensée et La langue》,《导言》,p. 18.
[2] 同上,p. 7.

也不能够同意他对旧的词类理论的侮慢。"①

然而叶斯柏森本人的论点如何呢？应当指出,叶斯柏森在这个问题上的论点大体上是恰当的。但他仍不能避免一些缺点。叶斯柏森在评论传统语法学的缺点之后,提出他自己的语法理论,认为语法可以采取两种方法来加以研究,一是从外至内的研究,一是从内至外的研究,"在第一个部分(O→I)里,我们把一个形式看做是已与的,然后追问它的意义或功能;在第二个部分(I→O)里,我们走相反的道路,先获取意义或功能,然后追问它是用什么形式来加以表达的。语法的事实同样地存在于这两个部分之中,只有观点是不同的,对待的方法是不同的,而这两个部分并且是彼此互相补充的,结合成对一种语言的一般事实(按即语法)的完全的、明确的考查"。② 这种说法和我们的说法大体上是相同的。但是他接着就把他的从外至内的部分叫做形态学,把他的从内至外的部分叫做句法学,则是不妥当的。虽然叶斯柏森说他的术语不同于通常的理解,但是把主语和谓语这样的问题称为形态学成分,又称为句法学成分,确有混淆听闻的毛病。何况他在语言和思维的关系问题上犯了错误呢！叶斯柏森说:"如果我们比较一下语法的这两个部分,并回想一下我们上面所说到的词汇的这两个部分,我们就会发现这两个观点正好是听者和说者的两个相应的观点。在两个人对话的时候,听者所面对的是一些声音和形式,他必须找出它们的意义,他要从外移到内(O→I)。相反地,说者则以他要交给别人的某些现象为出发点;对他来说,意义是已与的,而他就必须寻找

---

① O. Jespersen:《Philosophy of Grammar》,p.57,第3章,后记。
② 同上,pp.39—40.

表达它的方法：他从内移到外。"①这就无异于说,语言的声音部分和意义部分可以在不同的情况里有先后出现的不同情形。语言中的声音部分和意义部分都是结合在一起的,它们是同时存在的,并不是其中有一个在先,有一个在后。如果在说者方面觉得有寻找表达的方法的必要,这也只是先在他的脑筋里运用内部语言去进行选择表达的方法而已。波罗夫斯基的实验告诉我们,在所谓沉思的时候,人们的神经系统中的言语运动神经也同样地发生动作。可见,思维和语言总是同时存在的。② 我们不能说从内到外或从外到内,我们只能说,为着了解语法成分的结合要素(语音部分和语义部分)的特点,我们有必要把它们分析开来,加以研究。形态学和句法学的对立也不应当被运用来说明这两种研究部门的区别。这也正是我们所以不同意叶斯柏森的分类法而采用语法形式学和语法意义学这两个术语的原因之一。

这两个部门的区别是合理的,因为人们对任何事物的研究都要进行分析和综合;科学的发展就是顺着扩大分析和综合的范围的道路走的。分析愈精密,综合的结论就愈正确。不对结合在一起的统一体内的各个对立的组成要素加以单独的分析,不但不能使我们彻底地了解各要素的特点,甚至于不能了解这统一体的特点,正如不了解无产阶级和资产阶级的特点就不容易了解资本主义社会的特点及其发展的必然结果。马克思主义既重视事物之间的对立的统一,又重视各对立面的特殊特点,两者不可偏废。

---

① O. Jespersen:《Philosophy of Grammar》, p. 46.
② 参阅 В. И. 马希尼科《巴甫洛夫关于两种信号系统的学说》,科学出版社,1956年,18页。

第三节　语法形式学和语法意义学的不可分割的联系

尽管我们要把语法形式学和语法意义学区别开来，但这不等于说，我们可以孤立地研究这两个部分。"独立"和"孤立"又是两个不同的概念。我们固然可以单独地研究语法的形式或语法的意义，但是不能孤立地研究它们。无论是在研究语法形式或是在研究语法意义当中，我们都必须注意到它们只是语法成分的统一体的两个方面，这两个方面并且是相依为命的，谁也脱离不了谁：语法形式是包含有某种语法意义的语法形式，语法意义是有语法形式作为物质外壳的语法意义；不存在于这个统一体里的语法形式或语法意义是不可想象的。比方说，如果我们要对俄语语法进行语法形式学的研究，我们就必须知道俄语中的那些音位、音位复合物及其各种结构或排列形式是表达语法意义的工具，然后才能够研究这些形式在语法作用上所有的特点。如果我们说俄语 кни́га 的 -a 是词尾，这并不是仅仅因为 -a 是在词的尾巴上，而是因为这个存在于词的尾巴上的 -a 包含有某种语法意义（属主体的意义）。英语 camera（摄影机）的尾巴上也有一个 -a，但这个 -a 却不是词尾，因为它并不包含语法意义。汉语 kua（瓜）的尾巴上也有一个 -a，但这个 -a 也不是词尾，因为它也不包含语法意义。正因为这个道理，形式主义是错误的。在研究语法意义的时候，也是如此。没有和语法形式结合在一起的语法意义是不存在的，[①]就是和声音相结合的意义也不见得都是语法意义，词汇意义也和声音相结合。

[①]　形式有各种不同的情形，声音次序的改变以及零形式等都是一种形式。

只有在和语法形式相结合的条件下,这意义才可能是语法意义。例如,研究汉语语法的时候,我们不能因为汉语里有表示阴性和阳性的词,如"阴"、"阳"、"男"、"女"等所包含的阴阳性的意义,就认为它们是语法意义,因为和这些意义相结合的声音形式是词汇的声音形式,不是语法的声音形式。正因为这个道理,语义主义是错误的。

语法形式和语法意义之间并且是互有影响的。语法形式和语音形式并不是同一个概念。语音起变化的时候,语法成分中的语法形式并不一定要起变化。英语 books("许多书"),cups("许多杯")中的-s 念为 s 音,然而 horses("许多马"),houses("许多房子")中的-s 却念成-is,念音尽管不同,但却是同样的一个语法形式,因为它们只是同一个表示复数意义的语法形式在不同语音环境里的语音变化。所以,要理解其是否某一个语法形式,就要有语法意义来帮助解决。例如,梵语的名词有双数,英语的名词也可以有双数的意义,但英语的名词却没有双数的语法意义,因为英语里表示双数的地方没有特殊的语法形式,只有词汇形式。我们固然可以说 two books(两本书),但这里表示双数的是 two 这个词,而不是-s 这个语法形式。英语的表数名词词尾-s 可以同样地用在"二"以上的任何数目上,"二"的数目就这样地包括在"复数"之中,因此,这同一个形式就决定了英语的语法意义只有"复",而没有"双"。又如,中古汉语的"地"和"底"是两个不同的语法成分,它们既具有不同的语法意义,又具有不同的语法形式,"地"具有副词状语的语法意义,读为 di,"底"具有不同于副词状语的限定意义,读为 tiei。然而现代汉语的"地"和"的"(<底)却只有书面形式上的区别,没有口语语法上的不同,因为它们都读为 tə;副词状语的语

法意义原就是一种特殊的限定意义,这里既没有语法形式上的差别,它也就可以被包括在限定意义之内。这正如"双数"是"复数"的一种,既没有语法形式上的差别,"双数"就被包括在"复数"之内似的,都足以说明语法形式对语法意义所起的影响。可见,要理解其是否有某一语法意义,就要有语法形式来帮助解决。所以,尽管我们可以把语法形式学和语法意义学分开来研究,这也只是就研究的不同角度而言,不能因此而割断语法形式和语法意义之间的密切联系。

语法成分只是语言成分的一种,因为作为音义结合物的语言成分可能是词汇成分。语言成分之中的语法成分可以分为各种单位。这些单位可以结合在一起,组成复合的单位。例如英语的 has been 是两个语法单位所组成的复合的语法单位。最小的语法单位可以叫做法素(语法的元素)。语法成分的形式部分也有其单位,这些单位也可以是复合的单位,例如俄语的第一人称完成体现在时的动词既可以用词尾-ю,例如 люблю("我现在爱恋"),又可以兼用代名词 я,例如 я люблю,я 和-ю 是一个复合的单位,由一个虚词和一个词尾结合而成的。最小的语法形式的单位叫做形素(形式的元素)。语法成分的意义部分也有其单位。这些单位也可以是复合的单位,比方说,拉丁语的 lego 既表示第一人称,又表示现在时,又表示单数,这是由第一人称、现在时、单数等语法意义单位组合而成的复合的语法意义的单位。最小的语法意义的单位叫做能素(功能的元素)。

第四章 词法学和句法学

第一节 语言结构中的语法成分

　　作为形式和意义相结合的语法成分不但可以从语法形式学和语法意义学的角度来分别加以研究,同时也可以从词法学和句法学的角度来分别加以分析。语法成分不但是形式和意义的结合物,同时也是语法系统里的一个成员。作为语法系统里的各个成员的各个语法成分可以依照其共同的特点分为两个大类:词法成分和句法成分。研究词法成分的学问叫做词法学,研究句法成分的学问叫做句法学。各个词法成分之间到底有什么共同的特点呢?各个句法成分之间到底有什么共同的特点呢?要了解这个问题,首先要明白什么是语法成分。
　　语法既是语言中音义结合物各成分之间起着组织作用的结构关系或结构方式,语法作用总要存在于这些音义结合物各成分之间。然而什么是音义结合物的成分呢?凡是代表一种意义的一种语言结构而能分析成单位的,都是音义结合物的单位;但这些单位彼此之间却有性质上的差异。有的音义结合物的单位,无论从意义或形式上看,都是不能独立的;有的音义结合物的单位,无论从意义或形式上看,都是可以独立的。比方说,汉语的"了"是说成

liao 或 lə 的语言成分的书面形式。liao 和 lə 是两个不同的语言成分的单位，也就是音义结合物的单位。liao 的意义是"完了"这一动作或"完了"这一事实；lə 也表示"完了"，但这"完了"却要说明某一种动作的"完了"。例如："话说完了"，"饭吃完了"，"信写完了"等，而不能把这种"完了"看成具体的动作或具体的事实。虽然从纵序语言学的角度来看问题，lə 是 liao 分化出来而形成的，但从横序语言学的角度来看问题，liao 和 lə 则是两个性质不同的语言成分。liao 可以单独存在，作为语言建筑材料的单位之一。但是 lə 却不能完全单独存在，除了把它当作一个存在物（存在于语言中的一个语言成分）来称呼它（好像我们称呼一个音素 s 或 t 似的），把它单独说出来之外（例如：我们说："'了'是一个虚词"）。我们在实际的言语中，不能单独说 lə。一般的情形，我们要在 lə 之前加上一个可以表示动作意义的词，才能说这个 lə；例如："我看了"，"他学了一年"，"你来了吗？"我们不能在回答人们的问语："你吃了饭吗？"而说 lə，我们必须说"吃了"，或"我吃了饭"。可是，我们却可以在实际的言语中单独说 liao，例如回答人们的问话："你了不了这桩事儿？"而说："了"。可知这两个语言成分是不相同的。这种差别不但存在于形式，即语音的结构或这语音结构之是否可以单独被说出；同时也存在于意义方面。这两个语言成分虽然都表示"完了"，但却是两种不同的"完了"，一是思维活动中代表组成判断的概念的语言表达，一是思维活动中表示组成判断的概念的附加说明的意义的语言表达。语言的表达和思维的活动都是一种组织。在这组织当中，各不同的组织方式所综合的总的结果可以是相等的。比方说，我们可以用一个逻辑上的谓语来把逻辑上的主语所要说明的概念给以定义，如"四是二加二"。"四"是一个概念；

"二加二"是一个由"二"和"加"的组合而形成的复合的概念；这个复合的概念一方面和"四"这个单纯的概念相等，一方面又在自己身上包含着"二"和"加"两个单纯的概念。这种情形说明了在思维里，两种不同的组织方式可以在总和上是相等的。在语言里也有同样的情形。"打着目的"这个词组的意义可以等于"中的"。在前一种情形下，"打"之后有个表示动作有结果的语言成分"着"；在后一种情形之下，就没有这个语言成分；但总的意义是一样的。从个别的词所表示的意义上说，各不相同，但不同的组织却可以在意义的总和上相等。这情形就使得我们了解，lə 尽管是表示某种动作的完了；但这"完了"却只是表示某一具体动作的词义的附加的说明，和"完成体"这个词是两种不同的语言成分，两种不同的结构，虽然我们可以说 le 是表示完成体的虚词，把 lə 和"表示完成体的虚词"这两个不同的语言成分所表示的意义等同起来。这段话的意思就在于说明，我们所说的语言成分的不同性质，是就其在语言结构中所起的语言结构组成员的特点来说的。lə 固然可以和"表示完成体的虚词"在总的意义上相等，但 lə 却不同于"表示完成体的虚词"这个语言结构。在这种情形之下，语言成分可以分为上面所说的两种。英语的词 book（书），sky（天），globe（地球），smile（微笑），develop（发展）等是能够在实际言语中单独存在的语言成分，而英语中的 the, -s（如 speaks 之-s），-en（如 children 中之-en），-ed（如 liked 之中的-ed）等则不是可以在实际言语中单独存在的语言成分。当然，这里，汉语的 lə 和英语的 the，又和英语的-s 有所不同：汉语的 lə 和英语的 the 虽然都不能在实际的言语中单独存在，但却可以在词典里单独存在，然而英语中的-s 却不能单独存在于词典里。为什么有这种情形，我们以后再来解释。这里只举出事实来说明这两种语言成分是不相同的。不过,尽管不同,它们的用处却都在于说明在实际言语中和它们连在一起的词的某种不同的用法,因此,都是和这个词组合在一起,来作为语言结构的单位的。在词典里可以找到的语言成分都叫做词。它们都是语言结构的建筑材料,作为构成语言结构的原料的。这些建筑材料组织起来的时候,就成为了语言结构,其中各建筑材料之间都要依照一定的规则组合起来,表示这些语言建筑材料所含有的意义之间的关系。

第二节　词法学的研究对象

由于运用语言的社会习惯,表示语言成分各结构单位之间的关系的语法成分可能是被巩固在词的身上,成为词的一个部分,和作为语言建筑材料单位的词的词汇部分结合在一起,或和词有不可分割的联系。这就形成了语法中的词法,也就是词的变化规则。词法虽然是被巩固在词身上或与词有不可分割的联系的语法成分,但其所表现的却仍然是语言中音义结合物各成分之间起着组织作用的结构方式,除了特殊问题的构词法和词素分析法之外,它所表现的并且是句法关系(广义地说)。斯皮尔金说:"由此可见,语法是确定词与词之间联系的性质,指出组成该句子诸词的形态构造。语法在分析具体句子的基础上确立某些用词造句的规则和定律,归纳句子的类型。"[1]他的话正好支持了我们的观点。比方说,俄语中的词 cестрá 是"姐妹"的意思,但在不同的情况下却有不

---

[1] А. Г. Спиркин:《Вопросы языка и мышления в свете работ И. В. Сталина по языкознанию》。

同的变化,即变格:

主格: сестрá

生格: сестры́

与格: сестрé

役格: сестру́

造格: сестрóй

前置格: о сестрé

为什么有这些变格呢?因为在运用语言的时候,代表"姐妹"这个意义的语言结构材料的单位要和其他的语言结构材料的单位组合在一起,构造出某种语言结构。这种结构方式表示各语言结构材料单位之间的一定的关系。现在就拿一种特殊的语法形式把这种结构方式所表达的意义(也就是语法意义)巩固起来,附在词的身上,说明这个词在构造语言结构时,可以具有这些不同的方式,可以表示这些不同的结构关系。因为这些变格所表明的是词的各种可能的语法作用或组织作用,并且都和词结合在一起,成为词的一部分,所以,我们就叫它们做词的变化,即词法。这里所举的俄语的 сестрá 的前置格除了有词内的变化(сестрá>сестрé)之外,还有一个前面的 о。这就值得特别地注意。о 并不是词内的一部分,它是一个前置词。正因为有这一类的前置词放在前面,这种格才叫做前置格。前置格中的这种情形是不是词形变化或词法呢?这种前置词本身并不是完全独立的语言成分,但它也不是词内的组成部分。严格地说,它不是词形变化,但是它的作用却和词形变化一样,在于表示作为语言结构材料单位的词放在语言结构里所起的一定的作用,并且是有规则的和词结合在一起的表示词的语法作用的。所以,一般地说,也是词形变化。不过和词的内部的词形变化有所不同罢了。但在任何情况之下,它都是属于词法范围的,因为它所表示的是词在语言结构中所起的结构作用或语法作用,并且在形式上也总要依照一定的规则和词结合在一起。

另一方面,词的变化中还有这样一种情形。比方说,俄语的名词除了一套单数的格的变化之外,还有一套复数的格的变化。这种"数"到底是不是语言结构的方式呢?把格的变化说成语言结构的方式,容易明白;把数的变化也说成语言结构的方式就有点不容易明白。但是,详细的研究一下,问题也是可以澄清的。在建造房屋的时候,固然大小房间都要按照一定的建筑材料各单位之间的一定的关系来加以构造,但是材料单位用的多少显然也会影响到建筑材料彼此之间的关系。例如:柱子固然要安置在基础上面,但我们却不能把一根大柱子安置在小基础之上,因为如果这样的话,柱子就站不住。所以,材料单位的附带状态也是房屋建筑之中的各单位之间的关系的一种表现,换言之,也是房屋结构的方式或规则之一。从语言的结构方面来说,情形也是一样的。作为主语的名词如果是单数或复数的,和它结合在一起的谓语就要受到影响。俄语的主语是复数的时候,它的谓语也要有个复数的语法成分,例如:Они поговорят(他们谈话)。汉语的情形也是一样的。我们说"他们来了",初视之,由于汉语具有动词功能的词"来了"没有表示"数"的语法成分,仿佛主语和谓语之间没有彼此的影响;其实不然。我们不能说"他一块儿来了",但却能够说:"他们一块儿来了",所以能够在后一句里说"一块儿",因为它可以和具有复数意义的主语"他们"相适应。可见,就是像"数"这样的语法成分也是和语言结构材料各单位之间的结构方式有关的。当然,这种关系不同于"格"之类的结构关系,但我们却不能因此而否认其为结构关系或组织作用之一种。

总而言之,词法是语言结构各单位之间的结构方式或结构关系而被巩固在词身上或和词不可分割地联系着的语法成分,也就是说,它是词范围内的语法成分。词法学就是以被巩固在词身上或和词不可分割地联系着的语法成分为研究对象的。

第三节 句法学的研究对象

语法中的句法成分是语言结构中的各个结构材料单位之间的结构方式,包括整个句子的安排和变型的结构方式。但是句法是和词法不同的;因为它不是被巩固在词范围内或和词有不可分割的联系而被用来表示词的语法作用的语法成分。比方说:俄语的 Никогда не расколо́ться ста́рая и молода́я гва́рдия(老一代的和年轻的近卫军是永远不会分裂的),其中 ста́рая(老一代的)和 молода́я(年轻的)是以平等的身份来给 гва́рдия(近卫军)加以限定的,有结构上的限定关系;在 ста́рая и молода́я 之中也有结构关系(并列的结构关系);在 ста́рая и молода́я гва́рдия 和 никогда́ не расколо́ться 之中也有结构关系(主谓的结构关系)等等。这些结构关系固然也可以表现在词的变化上,例如:ста́рая 和 молода́я 之中的词尾 -ая 表示这两个词是作为限定者用的形容词。但除此之外,在具有各种词形变化的词之外还有词与词之间的结构关系的语法成分存在,例如否定词 не 的运用、连词 и 的运用、词的位置(我们绝不能说 ста́рая гва́рдия никогда́ и, расколо́ться не молода́я)等。这种不属于词范围内的语法成分,就叫做句法成分。句法学就是以句法成分为研究对象的。

词法成分和句法成分都有其形式一面和意义一面。例如词法中所用的词尾（如 расколоться 中的-ся）是词法的形式方面，而这词所表示的语法意义（如-ся 所表示的"反身"意义）则是词法的意义方面。又如把 старая и молодая 放在 гвардия 之前，是句法的形式方面，而这些词的位置所表示的语法意义（限定的意义）则是句法的意义方面。不过词法的形式方面和词法的意义方面，句法的形式方面和句法的意义方面，总是结合在一起，不可分割罢了。如果我们就分析的角度来研究词法的形式方面，这就叫做词法形式学；如果我们就分析的角度来研究词法的意义，这就叫做词法意义学；如果我们就分析的角度来研究句法的形式方面，这就叫做句法形式学；如果我们就分析的角度来研究句法的意义，这就叫做句法意义学。无论是词法形式学或句法形式学，它所研究的对象的最小单位，都叫做形素。无论是词法意义学或句法意义学，它所研究的对象的最小单位，都叫做能素。

第四节　划分词法学和句法学的重要性

语法学家们一般都把语法分为词法和句法两大部分来加以研究。词法学和句法学的区分是明显的。然而有个别的语法学家，特别是结构主义的语法学家，却对这种区分表示怀疑，甚至于采取取消主义的态度。结构主义者虽然也沿用"词法"（按即他们所说的"形态"）和"句法"这些术语，虽然也认识到词法和句法的不同，但是他们的意图却在于消灭或减弱分别词法和句法的重要性。布龙菲尔德和葛礼桑虽然都同意区别词法和句法，但是他们却同时强调这种区别的困难。布龙菲尔德说："在具有粘结着的形式的语言里,粘结着的形式在内起作用的结构和全部以自由形式为构成成分的结构之间有根本上的不同。因此,我们就把前者安放在独立的词法这一项下来加以叙述。困难在于,某些形式的关系,例如 he 和 him 之间的关系,在于运用粘结着的形式,而其语义的区别却能够用句法结构来加以规定。"① 布龙菲尔德所说的困难其实并不是什么困难。词法和句法的区别在于词法是把词的句法作用巩固在词身上或和词不可分割地联系在一起去表示词的语法作用的规则,而句法则是以词与词之间的安排或某种组合来表现这些关系的。粘结着的形式既是词内的变化,它自然就属于词法的范围,我们不难把它和句法区别开来。葛礼桑也说:"形态(按即词法)和句法的分别不是都很清楚的。"② 这样一来,他们事实上就轻视了词法学和句法学的分别。结构主义者除了轻视词法学和句法学的分别之外,还企图拿"词素"这个术语去说明在他们看来没有多大区别的词法现象和句法现象的一致性。"词素"这个概念的来源是西欧结构主义的始祖德·苏胥尔的"语丛"(syntagme)。③ 德·苏胥尔在他的《普通语言学教程》里认为研究语言横序状态中各语言成分之间的关系的,就是语法;他又把语法的研究对象区分为"语丛关系"(rapports syntagmatiques)和"联想关系"(rapports associatifs)两者。④ 他说:"语丛总是由两个或更多的前后相继的单位组合而成的。"又说,联想关系是潜存在人脑记忆之中的有关

---

① L. Bloomfield:《Language》,p. 134.

② H. A. Gleason:《An Introduction to Descriptive Linguistics》,p. 53.

③ 近来有人把 syntagme(或俄语的 синтагма)译成"句段",其实 syntagme 并不是句段,它和句并没有必然的关系,词素在词中的结合也是 syntagme,我们把它译成"语丛",意思就指任何语言成分的结合所形成的"丛"。

④ F. de Saussure:《Cours de linguistique générale》,p. 170.

语言成分之间的类聚。① 他说,语丛关系相当于传统语法学的句法,联想关系相当于传统语法学所说的词法。但是,他又认为传统的词法和句法的区别是不合理的,因为根据他的意见,这两种现象是互相渗透的,"在它们之间没有任何预先划清的界线。"②在他看来,一切语言事实都可以拿"语丛"和"联想"的理论来加以解释。③德·苏胥尔的理论一方面否认了传统语法学的关于词法和句法的区别的合理性,一方面企图拿"语丛"和"联想"来代替它们,然而却是从另外一个角度来代替的,并不是拿"语丛"去代替"句法",拿"联想"去代替"词法",而是拿"语丛"去说明所有前后相继的语言事实的结合,包括我们所说的词法范围内的结合和句法范围内的结合,拿"联想"去说明所有潜存在人脑记忆中的语言事实之间的联系,包括我们所说的语音上和词汇上的关联(例如由于 t 而想到 d,p,b,k,g,而把它们归成闭塞音这一类聚,由于"父"而想到"母"、"兄"、"弟"、"姐"、"妹",而把它们归成"亲属"这一类聚)。德·苏胥尔这种取消语法和语音、词汇的区别的企图是不正确的。④ 他所说的潜存的记忆是另外一回事,和语法内部的分门别类无关,因为任何语言事实都和人的记忆有关,这个问题只说明语言和记忆的关系,并不说明语言内部的不同现象。正因为这个道理,德·苏胥尔所理解的"语法"事实上只等于他所说的语丛关系,换言之,德·苏胥尔企图拿语丛的结构去说明所有的语法结构,包括词法和句法。布龙菲尔德等人的"词素"的学说正是从"语丛"这

---

① F. de Saussure:《Cours de linguistique générale》,p. 171.
② 同上,p. 170.
③ 同上,p. 187.
④ 参阅第二章《语法是什么?》

个理论引申出来的。词素其实就是语丛关系之中的关系项,也就是德·苏胥尔所说的"前后相继的单位"。布龙菲尔德等人既企图效法德·苏胥尔,拿词素的结构方法(即语丛关系)去说明一切的语法现象,他们就自然而然地忽略词法和句法的区别,因为在他们看来,词法和句法的结构都是一种词素的结合。当然,我们并不否认语丛这一学说的功用,拿一个更概括的概念来说明所有语法事实的共同性,当然是有好处的。德·苏胥尔所首创的"语丛"这个术语曾经被苏联的语言学家们广泛地运用,不过用法各有不同罢了。例如谢尔巴、维诺格拉多夫、格芜慈地叶夫(А. Н. Гвоздев)、别里斯基(А. В. Бельский)等人认为语丛是具有完整意义的词群在节奏上的结合。[1] 有的人则认为语丛是句法现象,不是语音现象。其他的苏联语言学家,如杜马谢夫斯基(Б. В. Томашевский),就认为我们能够在节奏上从语流中把语丛和其他不属于语丛结构之内的词分别开,但是在句法上我们却决不能够把语丛区别开。[2] 列弗玛特斯基则认为我们决不能够把语丛理解为"词组",因为词组可能是从属关系的,也可能是并列关系的。[3] 只有从属关系的语言成分的结合,才叫做语丛。列弗玛特斯基把语丛的构成成分分为三种:(1)存在于限定关系中的词,(2)词的形态部分——形态成分和形态成分的组合,(3)作为一个句子成分用的词组。可见,列弗玛特斯基所说的语丛可以包括词的结构、词组和句子的结构,

---

[1] 参阅 В. В. Виноградов《понятие Синтагмы в Синтаксис Русского Языка》,见《Вопросы синтаксис современного русского языка》,1950。

[2] 参阅 Б. В. Томашевский《О Ритме Прозы》,见《О Стихе》,1929。

[3] 我们不同意列弗马特斯基认为词组可能是并列关系的说法。参阅下面第9章《词组》。

和德·苏胥尔的原意没有什么差别。不过,尽管如此,列弗玛特斯基并不因为采取语丛的学说而抹杀了词法和句法的分别,这则与德·苏胥尔的原意有所不同。然而布龙菲尔德和其他的结构主义者却在袭取德·苏胥尔的语丛学说时,发挥了德·苏胥尔否认词法和句法的区别的用意,或是忽视了词法和句法的区别,或是取消了词法和句法的区分。例如美国的结构主义者哈里斯就在他的《结构主义语言学方法论》里说:"用了这种分析的程序(按即词素程序),语言学家就能够安排出句法的形式类型,这种形式类型可以表明哪些词素程序有同一的句法功能,即在言语中出现在同一的环境里。它于是就涉及了被一般的习惯列入句法范围内的大部分材料和列入所谓形态学(按即词法)范围内的一部分材料。我们可以从同样的分析程序来得到句法上和形态学上的结果,因此,我们不能在它们之间划出区别。"[1]他又说:"第十六章所涉及的主要是所谓的句法,第十七、十八章比较了一般人所谓的狭义的形态学。这种对待问题的次序对这里所发展的方法来说,是最不妥当的。不过,研究了更小范围(狭义的形态学)内的关系之后再来研究整个言语环境(句法)范围内的关系,也是可能的。"[2]这些话证明了哈里斯如何企图拿词素程序的分析去代替传统语法学中所说的词法(或形态)现象和句法现象的分析,如何强调区分词法(或形态)和句法的困难和不可能,而认为这种区别是最不妥当的。

总之,结构主义者所提出的"词素"也有它的作用,它说明了各语法成分之间的共同特点,它使我们了解所有的语法成分都是词

---

[1] Z. S. Harris:《Methods in Structural Linguistics》,p. 262.
[2] 同上,p. 299.

素之间的结构方式,不论这词素是词内的构词成分,或是词,或是词所组成的词组。但是,结构主义者企图以一般去概括特殊,则是一个错误的观点。要知道,各语言成分之间虽然有其共同的特点,但也有其各自的特殊的特点。不必说词法和句法有所不同,就是在句法之内,词组和句子的结构也有其各自的特殊特点。结构主义者既然企图以同一的词素关系来说明一切,其所得到的结果就只能就各语言成分之间的一般的关系公式来机械地解说,而不能把各不同的结构方式所表现的各不同的作用加以说明。其实,根据各种语法成分的不同特点来把语法分为词法和句法两大类来加以研究是极其重要的,因为两者既有各自的特点,词法学和句法学的划分就可以更加精细地分析语法的作用,何况把两种不同的现象混淆起来可以引向错误的结果呢。

因为语法成分既是语法形式和语法意义的结合物,又是语法系统的单位(或是词法的单位,或是句法的单位),我们就有必要依照两个原则来进行研究:我们既要把语法现象分为词法和句法两大类来加以研究,又要从语法形式学的角度和语法意义学的角度来研究词法现象和句法现象的各种特点。

第五章 形态

第一节 各语言学家对形态的不同看法

从词法的角度来研究语法,可以分为词法形式学和词法意义学两者。前者就是形态学,后者就是范畴学。形态学以形态为研究对象,范畴学以语法范畴为研究对象。

什么是形态呢？"形态"这个术语来自英语的 morphology,俄语的 морфология,法语的 morphologie,德语的 morphologie。这些语言的这些词都是从希腊语来的。希腊语的 morphê(形态)＋logos(言语、讲论)意思就是"有关形式的学说",所以有关形式的学问都可以叫做形态学。在语法学中,形态学提的是研究语法形式的学问。

然而,这只是就一般的情形来说,由于人们对"形式"这个术语的看法不同,对语法问题的理解不同,"形态"这个术语的含义在不同的语言学家的理论中并不是一致的。

"形态"这个术语是希腊语法学家退拉斯所采用的。退拉斯根据希腊语的情形,把希腊语所具有的丰富的表达语法意义的词的内部形式变化叫做形态。因此,欧洲传统的语法学家就管词的内部形式变化叫做形态。但是,由于语法成分是语言成分之一种,而语言成分都是语音和语义的结合物,语法学家们所理解的"形态"就由于这音义结合物的对立的两面及其范围的广狭而有种种不同的含义。现代各语言学家对形态的各种不同的理解,可以归纳成七类:

(1)有的语言学家把形态看成语法形式的全部,只要是语法形式,不论其为哪一种语法形式,都称之为形态。在这种情形之下,"形态"这个术语事实上就等于语法形式。例如,方德里耶斯在他的《语言论》里就有这样的主张。① 方德里耶斯并且具体地把形态分为几类,其中包括零形态和语义成分在句子里所处的地位,即词序。② 可知他所说的形态是指一切的语法形式而言的。他在解释形态的时候,曾经说过,最常见的情形,形态是一个声音成分(一个音素、一个音节,或者几个音节),这种声音成分所指明的是在句子里联系各观念之间的语法关系。③ 他又说,人们还可以看到某些语音成分,指明其为名词或动词,指明其为哪一类的名词或动词,或指明词所属的语法范畴(性、数、人称),指明把词与句子里的其他的词联系起来的关系,在他看来,这些成分就是形态。④ 可知,他是从语法形式学的角度来理解形态的,但他所说的形态却指一切的语法形式,不只是词法范围内的语法形式。

(2)有的语言学家把形态看成词内的结构形式。布龙菲尔德就是提这种论调的代表人物。他在他的《语言论》里认为人们所说

---

① 方德里耶斯说:"我们应当把'语义成分'理解为表达表象观念的语言成分,把'形态'(应当说是'语法形式')理解为表达这些观念之间的关系的语言成分。……所以,形态表达精神在各语义成分之间所建立的关系。"见 J. Vendryès《Langage》, p. 86.

② J. Vendryès:《Langage》, pp. 87—93.

③ 同上, p. 87.

④ 同上, p. 207.

的形态,指的是语言构成成分之间的结构,在这结构里出现有粘结着的形式。他又认为,根据这个定义,这种构成的形式不是粘结在一起的形式,就是词,但绝不是词组。这样说起来,根据他的理解,形态可以说是词和词的部分的结构,而词组的结构则属于句法。[1] 布龙菲尔德对他所谓的粘结着的形式(bound form)有个说明,他认为,从来没有被单独说出的语言形式就是粘结着的形式,一切其他的都是自由形式。例如,我们从来没有说出俄语中表示单数阳性主格的全尾形容词词尾-ый,我们一定要把这-ый和某一词根粘结着在一起说出,比方-старый,所以-ый是粘结着的形式。然而俄语中的я则可以单独说出,所以是自由形式。[2] 可知,他所说的形态虽然也指的是语言形式之中的一种,但是和方德里耶斯所说的形态不同,只指词内的结构成分的结构形式。因为他所说的形态虽然是属于词的内部的结构形式,但却着重于结构成分的粘结着的形式,不去区别这结构成分是词汇成分还是语法成分,因此,他就把词内的任何结构成分,都叫做形态成分。这种形态成分就是我们现在许多语言学家所说的"词素",把形态成分说是词素是布龙菲尔德理论的特点。这种说法有其优点,但也有其缺点。让我们以后再谈。

(3)有的语法学家把形态看成词的语法成分。这一种看法不区分语法形式学和语法意义学的不同,而就语言中的起着语法作用的音义结合物(语法成分)来理解形态。葛莱伊就是这一主张的代表人物。尽管葛莱伊在他的《语言之基础》里说,形态是以音位

---

[1] L. Bloomfield:《Language》,p. 207.
[2] 同上,p. 110.

为基础的,形态学所研究的是形式,[①]但是在他具体分析语法问题的时候,他却把词类和语法范畴这些语法意义学的问题都列入形态范围之内。[②] 在这种情形之下,葛莱伊所说的形态事实上就等于包括词法形式和词法意义的整个词法。把语法分为词法和句法原是欧洲传统语法学的成规,传统的语法学都是拿"形态"(morphology, morphologie, морфология)这个术语去指明词法的。古代的语法学家,如希腊的退拉斯,虽然注意到语法形式和语法意义的结合,但是他们却偏重于形式,没有恰当地处理形式和意义的对立而又统一的问题,所以就把指明形式(希腊语的 morphê)的"形态"来代表词的语法结构;那时候的人们没有把句法看成形式,只把词的内部变化及其所表达的语法意义的结合物看成"形式"。

(4)有的语法学家把形态看成词的内部屈折。《大英百科全书》除了把形态和构词法列为词法分类的两个项目之外,还对"形态"加以解释说,形态是表现在词的内部屈折上的词的变化。[③]《大英百科全书》一方面把构词法排斥在形态的范围之外,一方面把形态说成是属于各不同词类之一的同一个词的各种形式变化,

---

[①] 葛莱伊说:"形态是直接以音位为基础的,形态学所对待的是形成声音组合物的个别声音的聚合,这种声音组合物在具有它们的语言的说者、听者或读者看来,是具有某种特定的、纯粹习惯的意义的;换言之,形态学所对待的是形式和词的构成"。见 L. H. Gray:《Foundations of Language》, p. 145.

[②] L. H. Gray:《Foundations of Language》, pp. 144—203.

[③] "偶然的变化或形态学是有关形式的理论(德语的术语 Formenlehre——'形式学'——比英语所用的那些术语更好)。一般的情形,形态学依照通常的次序来研究传统语法学中的'词类',例如名词,形容词等,主要的论题是表现在词的内部屈折上的词的变化,列出一套屈折,指明同一个典型的词的一切形式。这种观点并不是始终一致地被追随着,因为在'数词'这一项下,我们往往会找到一切自然的词的列举,虽然这些词并没有形式上的变化。"见《Encyclopedia Britanica》,1946,第 10 卷,613 页。

这种形式变化就是词的内部屈折。《俄语语法》对"形态"也有一段解说。它说:"从严格的含义来说,形态学的目的在于研究词形变化的规则,换言之,在于解释同一个词的不同形式的构成方式。"这事实上也就是传统语法学家对形态的严格的理解。

(5)有的语言学家把形态看成是词根之外的词内的语法形式,以及和词合用的词外的语法形式。这种说法是苏联语言学家维诺格拉多夫院士的发明。维诺格拉多夫院士认为和词相结合而表示词的语法作用的虚词也可以说是形态,这种形态叫做外部形态,因为它存在于词之外,不是词内的组成部分。苏联语言学家雅尔契瓦也有"补助词形态"的说法,认为"非屈折的形态"的概念,例如补助词形态(我们可以说,在基本上使用补助词的形态),也和屈折形态一样,有存在的权利。这种形态就是具有词尾变化所具有的作用,表达和它连用的词的某种语法意义的补助词。[1] 苏联的语言学家库兹涅错夫也有"在形态上统一的形式"或"分析形式"的说法。他说:"当经常互相组合在一起的诸词中的一个获得补助词的性质,并且只用来表示跟它组合的词的一定的语法范畴的时候,就形成了上述的第三种组合",[2]即在形态上统一的形式或通常所说的分析形式。这里,无论是"外部形态"、"补助词形态"或"分析形式",名称虽然不同,意思是一样的。这些语言学家都认为在屈折形态或内部形态之外,还有一种不存在于词本身之内,而存在于词

---

[1] "要知道,在作为表示一定语法意义的语法形式的标志用的补助词方面,也必须具有词尾变化所具有的条件,能够和一定词类相配合,缺乏局部的词汇内容,表达一般的语法概念。"见雅尔契瓦《马尔"理论"中关于词汇和语法相混合的学说的批判》,载《语言学中的历史主义问题》,五十年代出版社,1954,130—131页。

[2] 《语法、语言的语法构造》,人民出版社,1954,14页。

本身之外并且用来表示词的某些语法意义,在形式上和词组合在一起的形态。例如俄语的 буду писать（我将要写）是两个词组合而成的,буду 是一个词,писать 也是一个词,但其中的一个词 буду 缺乏局部的词汇内容,它已经变成了一种补助词,作为表示 писать 的"将来时"的语法意义用的,它的作用和俄语的 удалю（我要排除）的词内的词尾变化所起的作用有相同之处,都表示"将来时",它也是一种语法形式,并且是说明和它组合在一起的词的语法作用的,所以也是一种形态,不过是词的外部形态,或补助词形态,或分析形式罢了。

(6)有的语法学家把形态分为广义的和狭义的两种:一种指同一个词的语法变化的形态,一种指同一个词的语法变化的形态和构词法上的形态,即由词的变化而从一个词构成另外一个词的情形。苏联科学院出版的《俄语语法》就是这样解释形态的。《俄语语法》中除了说明研究词形变化,即同一个词的不同形式的构成方式的狭义的形态之外,还有这样一段话:"在现代的语法学里,形态学的目的将成为广义的形态学,即不只是关于词的形式的构成方式或构形法的学说(包括词的变化),而且是关于构词的学说,即词的构成方式的学说。"[①]库兹涅错夫也有类似的主张,他说:"在语法学和词汇学(即研究语言词汇的学问)的分界线上有构词法这一部门——研究如何从一个词根构成不同的词的学问(从一个词根可以构成一系列的词……)。因为这里所指的是不同的词的构成,所以这一部门的研究是和词汇学相关联的。但是因为构造新词也应用表示语法范畴的那些附加成分的增添……音的替换……之

[①] 《俄语语法》(Грамматика Русского Языка),1953,第一卷,15 页。

类,所以构词法也属于语法学,即属于形态学。"[1]他又说:"对任何语言,划分构词的形式和词形变化的形式之间的界限是很重要的。构词的形式指的是从同一个词根构造成不同的词(例如 дом"房子",дом-ик"小屋"),词形变化的形式指的是同一个词的各种不同的变化(例如名词的格位的变化)。"[2]就是在这种理解之下,现代语法学中有"构形法形态"和"构词法形态"这两个术语的发明,前者指同一个词的语法变化的形式,后者指应用词的变化来构成不同的词的情形。根据这一学派的理论,狭义的形态就是构形法形态,广义的形态既指构形法形态,又指构词法形态。

(7)有的语言学家既把形态看成词法,又把形态看成词的语法形式。苏联科学院的《俄语语法》在解释形态的时候,就明确地说出,形态是关于词的形式的构成方式或构形法的学说,是关于构词的学说,即词的构成方式的学说,证明了它是把形态理解为语法形式学的问题的(这里所说的"方式"就是我们所说的"语法形式",不是词法形式和语法意义的结合物),然而却又在《形态》这一部分说到语法范畴,把属于语法意义的语法范畴问题也列在《形态》这一部门之下。[3] 这情形是不是矛盾呢?并不是矛盾,而是对"形态"这个术语有两种不同的用法。当《俄语语法》说到形态是构形或构词方式的时候,它是就语法形式学的角度来运用"形态"这个术语的;当它把语法问题加以分类的时候,它是把"形态"理解为"词法"的。词法可以包括词的语法形式和词的语法范畴两部分。换言之,《俄语语法》还有把"形态"看成词法的情形。把形态看成词法

---

[1] 《语法、语言的语法构造》,人民出版社,1954,17—18页。
[2] 同上书,18页。
[3] 《俄语语法》(俄文本),101页及以下。

是传统语法学的一种习惯。传统的语法学把语法分为两个部门，一是形态，一是句法，而在形态之下，往往谈及词类和名词变格，动词变位等所表达的语法范畴。因为词法成分当然都有形式的一面，这作为词法理解的形态有的时候就被理解为词法形式。这也正是没有详细区别语法形式学和语法意义学的一个必然的结果。

因为语法学家们对形态有这些不同的看法，所以马露佐在他的《语言学词典》里就对"形态"有这样的一段解释："从非常广泛的意义来说，形态学所研究的是一切使语法形式，特别是后缀（后缀形态）起作用的构成方式；从比较狭窄的意义来说，形态学所研究的是屈折或词尾的成分（屈折形态）。"[1]总之，在语法学界里，"形态"这个术语所指的可以广到和"语法形式"相等的地步，即把一切语法形式（包括句法形式在内）都看成形态；同时又可以狭到只指词内的屈折。此外，从另外一个角度来看问题，"形态"这个术语既可以指词范围内的语法形式和语法意义的结合物，即语法成分，又可以只指词的语法形式。

第二节 对形态的正确理解

在这种复杂的情形之下，我们应当如何理解形态呢？首先，我们不能同意把形态看成词的语法成分的理论，这种理论不但不可避免地会陷入自相矛盾的地步，例如，葛莱伊既把形态说成形式或词的构成，又把形态说成包括词的变化和词类以及语法范畴，而且也和"形态"这个术语的概念不相符合。我们已经说过，"形态"原

---

[1] J. Marouzeau:《Lexique de la Terminologie Lingnistique》, p. 122.

是希腊人的语法学术语之一,它的原义是"形状"(希腊语 morphê),因为希腊人着重词的形状变化,所以这个术语自来就是指词的形式变化而言的。但是由于希腊人的语法学还没有发展到精密的程度,他们没有把词的形式变化及其所表达的意义精细地区别开来。他们虽然在讨论词形变化的时候都注意到这些词形变化所表达的语法意义,但都没有明确地区分语法形式和语法意义的不同,而把词形变化所表达的语法意义也列在形态项下来加以说明。正因为这个道理,希腊的语法学和后世以希腊语法学为根据的语法学家们,即传统的语法学家们,就把语法分为"形态"和"句法"两部分。他们所说的形态,事实上就是以词形变化为出发点的词法。在他们看来,语法意义只是附属于词形变化的问题,而没有看出语法形式和语法意义的对立的统一。这种理论不但具有形式主义的成分,而且不能把语法问题解释清楚。这正是把"形态"说成语法形式又把语法意义附在"形态"之下,以致使人觉得自相矛盾,不合逻辑,难于清理的原因之一。如果我们了解语言是语音部分和语义部分的对立物的统一,如果我们理解语法成分是语言成分之中的一种,也具有一切语言成分所有的特点——音义的结合,我们就不能不承认语法成分也有其统一体中的对立面;换言之,我们就不能不承认语法成分中的形式部分和意义部分的对立。词法既是语法的一部分,它也不能不具有这一特点,它也是语音部分和语义部分的结合物,它也有形式和意义的对立面。形态既是词法的形式方面,它就应当和词法的意义方面相对立,虽然这对立的两面是存在于同一个统一体里的。我们不能既把它看成词的语法形式,又把它看成词的语法形式和词的语法意义的统一体。只有词法成分才指的是词法形式和词法意义的统一体。总而言之,形态指的是词法中的词形变化,不是包括词的语法意义在内的词法成分,虽然词形变化总要和某种语法意义结合在一起。

其次,我们也不能同意把形态看成全部语法形式的理论。把形态看成全部语法形式的理论,虽然已经看到区分语法形式和语法意义的必要,但是把形态的范围扩张到没有边际的地点。近代的科学要有高度的综合,把具有某一共同特点的事物综合在一起,用一个高度概括的术语把它们统一起来,这样作原是对的。把语言中所有起语法作用的形式都归纳起来;加以综合,原是很好的办法;但是科学的综合和科学的分析是相应而行的,我们不能因为要把语言中所有起语法作用的形式综合在一起,而取消了这些形式中的词法形式和句法形式的不同。相反地,我们有必要进行这种分析,甚至于要进一步分析词法形式和句法形式之中的不同情形。方德里耶斯和叶斯柏森[1]都拿传统语法学所用的"形态"这个术语去概括语言中所有起语法作用的形式,这原是可以的;但是他们都没有给词法形式留下余地,于是,他们就没有把词法形式和句法形式加以区分。这样一来,他们既不能保留希腊语法学术语的含义,又不能承继希腊语法学区分词法和句法的优良传统。在我们看来,除非方德里耶斯和叶斯柏森能够创造新的术语来代替希腊语法学中的"形态",他们就不能也无须把"形态"这个术语的含义给以这样的扩张。我们尽可以发明新的术语或依照已经存在的术语来指明语言中起语法作用的形式,我们所说的"语法形式"其实就指的是语言中所有起语法作用的形式。所以,我们没有必要,也不

---

[1] 叶斯柏森说他的从外至内的研究法(即从形式出发来研究语法),就是形态,他所说的"形态"其实就是语法形式。

应该把"形态"这个术语应用在词法范围以外的地方。"形态"固然是语法形式,但它只是语法形式的一种,它指的是词法范围内的语法形式。正因为这个道理,形态才在一般语法学中被理解为词法。把形态和词法混为一谈固然有分不清词法形式和词法意义的缺点,但却能把"形态"保留在词法的范围内。

《俄语语法》在这个问题上有一词两用的情形。它一方面把"形态"看成词法形式,一方面又把形态看成词法。一词两用本来是语言中的常有现象,但是严格的要求,在科学术语中,这种情形也是不十分妥当的。如果我们保留传统语法学中的"形态"的实际用途,把它理解为词法,我们就要运用另外一个术语来指明词法的形式部分。《俄语语法》似乎要拿"语法方式"(способ)这个术语来指明词法形式,但它在解释形态时又把形态说成构词方式或构形方式,这就使得我们有分不清之感。我们认为"词法"和"形态"应当是两个不同的概念,要有两个不同的术语去分别地指明它们。"词法"指的是词范围内的一切语法问题,包括形式问题和意义问题;形态则指的是词范围内的语法形式。换言之,形态是词法范围内的语法形式学的问题。

把形态看成词素也是我们所不能赞同的。词素应当是词的结构元素,包括词根在内。词根固然也是词的一部分,词的一个组成元素,然而从语法学和词汇学的区别方面来看,它却是词汇意义的代表者;我们固然要在讨论语法问题时谈到它,但却有必要把它和作为语法成分的形态单位区别开来。我们并不否认布龙菲尔德把 morpheme 这个术语用在词的构成成分单位上的用处。morpheme 既然是 morphology 的研究对象,morphology 既是传统以及大多数现代语言学家们用来指明语法的一个部门;那么,把

morpheme 理解为词的构成成分的单位就不恰当。布龙菲尔德所用的 morpheme 这个术语已为现代一般语法学家所接受,我们也无需另创一个术语来代替它,但是我们却需要把布龙菲尔德所应用的 morpheme 这个术语理解为词素,不是形态。词素是词的构成成分的单位,而形态则是词的语法形式的单位。

把形态看成词的内部屈折,这是无可非议的。这事实上就是传统语法学家所理解的形态,但问题在于,这种看法未免狭窄了一些。当然所谓广狭也要有个标准,不能漫无边际;但是,只要我们理解了"形态"这个术语的基本含义,我们就可以把适合于这个含义的语法现象说成形态。我们既然认为形态是语法形式学的问题,又认为形态是词法范围内的语法形式,那么,只要是在词的范围内起语法作用的语法形式,就有资格被称为形态。正因为这个道理,我们同意《俄语语法》的提法,把形态分为狭义的和广义的两种。狭义的指构形法,即指同一个词的不同语法作用的形式变化。所谓同一个词,就是指词汇意义没有变动的许多词的形式之间,表现有词汇意义的同一性的情形。例如俄语的动词 говорю(我说),говоришь(你说),говорит(他说),говорим(我们说),говорите(你们说),говорят(他们说),一共有六种不同的词的形式,但这些词的形式之间却有一个共同的词汇意义,即"说",亦即词根 говор-所表达的意义,所以在词汇意义上,它们具有同一性。它们是同一个词的不同形式。其所以有不同的形式,为的是表达这同一个词在不同情形下所具有的不同的语法作用。这些语法作用是由词的各种变化来表示的,因此,这些词的变化就叫作形态,并且是构形法的形态。广义的形态不但指构形法,同时也兼指构词法。传统的语法学只承认构形法为形态,现代的语法学则认为构词法中运用词形变化的形式来实现的情形也叫作形态，即构词法形态。传统的语法学所以不把这一部分叫作形态，原因就在于那时代的人们还没有认识到形态是语法形式学的问题。现代的语法学家们虽然还没有明确地提出语法形式学和语法意义学的区别，但是在研究的实践中，已经注意到这个问题。形态既然是语法形式学的问题，尽管构词法的语法作用由于它所表达的意义和构形法的语法作用有所不同，但它所用的语法形式则是相同的。因此，正如库兹涅错夫所说的，"也属于语法学，即属于形态学"。构词法的形态当然和构形法的形态在语法作用上有所不同。构词法的目的在于从一个词构成另外一个词，使其成为不同的词，即在词汇意义上不同的词。既是不同的词，自然就谈不到什么同一个词的不同语法作用，而是构成不同的词。例如，俄语的 ударять（打击）可以由于词形的变化而构成其他的词：уда́рный（突击的），уда́рник（突击手），这些词的词汇意义都和 ударять 不同，所以不是同一个词。但这些不同的词的构成却依赖词的形式变化。这种词的形式变化也有一定的规则，也表达一定的语法意义。例如，-ик 是"人员"的意思，凡是表示"人员"的，可以用这同样的-ик 来表示，比方 отличник（优秀生），единоли́чник（单干户），культу́рник（文教工作者），вы́пускни́к（毕业生），призы́вник（应征入伍者），зао́чник（函授生），обще́ственник（社会活动家），произво́дственник（生产工人）……等。这些词的语法意义都与词汇意义的派生有关，它们不表示同一个词汇意义的不同的语法变化。从语法意义学的角度来看，构词法和构形法显然是两回事；但是从语法形式学的角度来看，既然这一类的构词法也在形式上运用了词形变化，那么，这种词形变化就有资格被称为形态。不过，我们也必须依照形式和意义的联系把这两种形态区别开来。同样都是形态,一种是构形法形态,一种是构词法形态。所以库兹涅错夫说:"对于任何语言,划分构词的形式和词形变化的形式之间的界限是很重要的。构词的形式指的是从同一个词根构造成不同的词(例如 дом"房子",дом-ик"小屋")。词形变化的形式指的是同一个词的各种不同的变化(例如名词的格位变化)。"①不过,尽管有区别,它们却都有资格被称为形态,因为它们都是词法范围内的语法形式。

至于对维诺格拉多夫等人所说的外部形态,或补助词形态,或分析形式,我们应该如何看待呢?首先要明白一点,这些外部形态不是词内的形式变化,正因为这个道理,有的语言学家就不承认这些外部形态叫作形态,因为他们认为"外部形态"既然不是词的内部的形式变化,它就不能是词法内的问题,因之,就不能被称为形态。但是我们应当承认外部形态有存在的权利。形态是语法成分的形式部分,以补助词的身份作为语法成分的语言成分既是语法成分之一,它就必得有它的形式部分。问题在于这些语言成分到底是不是语法成分。俄语 буду писать 的 буду 本身就是一个词,那么,它到底是词汇成分,还是语法成分呢?毫无疑义,这一类的语言成分具有某些词汇意义,正因为如此,这些语言成分可以存在于词典里,可能有自己的一套词形变化,例如 буду,будешь,будет,будем,будете,будут,并且在某种语言环境里可以被单独说出,例如回答人们的问话 будешь писать? 而说 буду。但是,由于它所具有的词汇意义的特殊性,它在语言结构里所担负的作用则

---

① 《语法、语言的语法构造》,人民出版社,1954,18 页。这里,库兹涅错夫所说的词形变化是狭义的说法,只指同一个词的不同语法作用的形式变化,不指构词法中的词的形式变化。

是语法作用，буду 为的是表明 писать 的"将来时"的语法意义的。这种情形只说明词汇和语法的联系，不说明这些成分不是语法成分。事实证明，不是一切的词都可以这样应用，只有具备特殊意义的词才可以这样应用。[①] буду 所以是语法成分，因为它的词汇意义可以抽象化成表示"将来时"的语法意义。这一类语言成分既是语法成分，它们的语音结构(以词的形式所构成的语音结构)同时也就是语法形式的语音结构，它们是以补助词或虚词的形式而成为语法成分的。然而这种语法形式是否属于作为词法范围内的语法形式看待的形态呢？这些语法成分并不存在于词的内部，所以不能说是词的内部形态；但是它们之所以成为语法成分，正因为它们是表示和它们结合在一起的词的某种语法意义的。例如 буду 之所以成为语法成分，正因为它表明了和它结合在一起的词 писать 的"将来时"，因此，从语法成分的角度来看问题，它显然是和跟它结合在一起的词有不可分割的血肉关系的，它是跟它结合在一起的词的一种语法变化，它是跟它结合在一起的词的一种语法成分。从语法的意义来说，它和词内的变化(例如俄语的поработаю)所表示的"将来时"的语法意义是相同的。但是从语法形式的角度来看问题，它却和词内的变化不同，它是表示和它结合在一起的词的语法意义而存在于词外的。因为它必须是和一定的词结合在一起而表示这后者的某种语法作用的，所以它仍然属于

[①] 参阅雅尔契瓦所说的话，雅尔契瓦说："不是一切的词，只有具有一定意义去指示动作形成('开始'，'起立')的词才可能在语法化时，即在由具体的词汇意义抽象化和一般化的条件下，变成任何的语言里的语法成分，这种语法成分是供表达'始动的'的语法范畴用的。"见雅尔契瓦《马尔"理论"中关于词汇和语法相混合的学说的批判》，《语言学中的历史主义问题》，129页。

词法的范围。因此,不是所有的补助词或虚词都可以被称为外部形态。俄语的 и 也是虚词,但却不是词的外部形态,只有这些和别的词结合在一起而表示这后者的语法变化的补助词或虚词,才有资格被称为词的外部形态,或补助词形态。

形态既是语法形式学的问题,我们就有必要从形式的特殊点去研究它,因此内部形态和外部形态尽管都具有形态的一般特点,却不能不加以区别。传统的语法学家只看到词的内部形态,这是传统语法学的缺点,但是我们也不能因为外部形态也有资格被称为形态,就认为词的内部形态和词的外部形态之间没有什么区别。词的内部形态和词的外部形态之间的区别是重大的。我们所以把语言分别为综合语和分析语,就是根据各语言的语法结构,是以词的内部形态或词的外部形态为主要语法形式来进行区分的。词的外部形态又称为分析形式,因为词的语法作用,表示词的语法作用的语法成分可以和词本身分开。综合语的特点就在于词的语法成分是和词的词汇成分综合在一起,存在于同一个词的内部的。

总而言之,形态是语法形式学的问题,虽然它和语法意义学有密切的关系。形态是词法范围内的语法形式的问题,不论这种语法形式是词内的语法形式或是词外的语法形式,只要是表示词范围内的语法作用的语法形式都是形态。但词的内部形态和词的外部形态却必须加以区别。形态包括狭义的和广义的两种:前者指构形法形态;后者既指构形法形态,又指构词法形态。

第三节 形态的结构方式

词法的形式或形态有各种不同的结构。通常的情形,一个表示语法作用的音位就是一个形态。例如俄语的 ученик(学生)是主格单数,只要在词尾上加上一个音位,就起了语法上的变化(ученики 主格复数,ученика 生格单数,ученику 与格单数),这音位也就是一个形态。但也有以较复杂的语音结构来作为形态的,例如 учеником(造格单数)的-ом,учеников(生格复数)的-ов,учениками(造格复数)的-ами 等都是比较复杂的语音结构。作为形态用的各种具体的语音形式(音位、语音结构等),各语言在各具体的情况下是各不相同的,并且式样繁多,是研究各具体语言的人所要掌握的。但是从普通语法学的角度来看问题,我们却有必要把各不同语法所运用的形态,就其某种共同的特点来加以归类。这种归成类别的形态或词法形式就是语法方式中的词法方式。例如上面所说的 ученика 的-а,ученику 的-у,учеником 的-ом 等,形式尽管不同,但却有一个共同的特点,就是拿词内的屈折(词尾变化)的方式来作为形态,来作为表示词的某种语法作用的形式的。于是,我们就可以把它们归入一类,称之为词内的屈折,而词内的屈折也就成为了词法方式之一。

词法方式有下面几种:

(1)附加成分的运用。形态既是词的语法形式,它就必然是词的语法成分的物质外壳,而不是词的词汇成分的物质外壳,所以在词里作为词根用的语音结构形式不属于形态的范围之内,但在词根之外加上其他的语音结构的,不论其所表示的语法意义是什么,都是形态。其中用附加成分的方式来作为形态的,可以分为三类。

甲、前加成分,或称前缀,或称词头。在词内,词根前面加上一个作为语法成分用的音位或语音结构的,叫做前加成分(前缀、词头)。例如俄语的 ходи́ть(走)的词根 ход-之前加上音位 в-,语音结构 вы-,под-,от-,за-等,就成为 входить(走入),выходить(走出)，подходить（走近），отходить（走开），заходить（顺便去）等。这些都是运用前加成分来构成不同的词的。前加成分一般是用来构词的，即用来作为构词法形态的，但也有用来作为构形法形态的，例如俄语的писáть（写）本来是未完成体动词，加上 на-，就成为完成体动词написать，它既有构词作用，又有构形作用。前加成分是许多语言所具备的词法方式。英语的 substructure（下层之屋）的 sub-是加在 structure（构造）之前，使构成新词的语法形式；英语的 embark（上船）的 em-是加在 bark（船）之前，使名词变成动词的语法形式，它们都是以增添前加成分的方式来作为语法形式的。法语的 antichambre（前室、客厅）的 anti-是加在 chambre（房间）之前，使构成新词的语法形式，法语 endurer（持久）的 en-是加在 durer（延续）之前，使构成新词的语法形式；它们都是以增添前加成分的方式来作为语法形式的。

乙、中加成分，或称中缀，或称词嵌。在词内词根中间插入一个语法形式的，叫做中加成分，或词嵌，或中缀。例如拉丁语的 iugum（肩轭），在词根 iug-中间加上-n-，成为 iung-，就可以构成 iungere（架上肩轭）这个新词；拉丁语的 fidi（我打开），在中间加上-n-，就成为了 findo（打开），拉丁语的 scidi（我分裂），在中间加上-n-，就成为 scindo（分裂）。满洲语的 afambi（打仗），在词根中间加上-nu-，就成为 afanumbi（一块儿打仗）。有的语言学家不把中加成分列为附加成分之一。他们认为这种在词根里插入一个音位或是一个语言结构的，就是屈折，无需叫它做中加成分。[1] 我们

---

[1] 例如：列弗玛特斯基就没有在附加成分中列上中加成分一项。见其所著《语言学概论》（俄文本），207 页。

认为中加成分和屈折仍然有区分的必要,因为词根中的语音变化有两种情形,一种是某一个音的替换,例如德语 Hand 与 Hände 的 a-ä 的替换;一种是插入另外的音,例如上面说的拉丁语的 iug- 和 iung。既有这两种不同的情形,我们就无妨把它们区别开,词根中音的替换叫做屈折,词根中音的插入叫做中加成分。

丙、后缀。通常的情形,在词内词根的后面加上一个音位或语音结构的,叫做后缀。例如俄语的 гор-а(山),由于各种后加成分,可以构成不同的词:гор-н-ый(山的、采矿的),гор-аст-ый(多山的),гор-ец(山地居民),但严格地说,加在词根(或词干)后面的不一定都是后缀,可能是词尾。词尾是另外一个问题。这里所要说明的是后缀。一般的情形,后缀的作用在于构词,但也有作为构形用的后缀,例如俄语的形容词和副词的比较级的后缀(красив-ый——美丽的,красив-ее——更美丽,красив-ейш-ий——最美丽),俄语由完成体动词构成未完成体动词所用的后缀(рассказ-а-ть——叙述)＞(рассказ-ыва-ть),俄语构成动词过去时的后缀(игра-л＜игра-ть——游玩)以及俄语的不定式动词的后缀(учи-ть——教,нес-ти——携带)等。

后缀有广义和狭义的说法。马露佐在他的《语言学词典》里说:"人们在印欧语中区别词干后缀(stammsuffix),即加在词根之后,作为各种派生成分或屈折成分的基础用的后缀,和屈折后缀(flexianssuffix),即通常所谓的词尾。"[①]因为广义的后缀兼指词尾(即屈折后加成分),有的语言学家就把所有的后缀,即狭义和广义的后缀都叫做词尾或都叫做后缀。应当指出,在现代的语法学中,

---

① J. Marouzeau:《Lexique de la Terminologie Linguistique》, p. 171.

后缀往往是就狭义的意思而被理解的,不兼指词尾。有的语言学家,例如列弗玛特斯基,则有一个新的术语"后加成分"(постфиксы),来概括后缀和词尾二者。[①] 不过,由于词尾有特殊的特点,这里只把后缀列入附加成分之内。后缀和词尾的区别是明显的,词尾虽然也是放在词根或词干后面的,但它却是属于屈折范围内的一种语法方式。后缀虽然也是放在词根或词干后面的,但它的作用却不在于表示同一套语法作用的变化,而在于表示不同类语法意义的变化,而且在形式上不是运用语音的替换,而是运用语音结合物的添加来表示这种变化的。比方说,从不定式动词到现在时动词或过去时动词之间的变化,是由词根后面加语法成分来表示的,игра-ть(不定式),игра-ю(现在时),игра-л(过去时),这种词法成分是后缀;不定式、现在时和过去时是不同类的语法意义,但是在现在时这一类的语法变化里,它有一套词根后面的语音替换,играю(我现在游玩),игра́-ешь(你现在游玩),игра́-ет(他现在游玩),这就是屈折或词尾。后缀既可以作为改变词汇意义的构词法形态的一种方式,又可以作为构形法形态的一种方式;但在构形法形态中,它的作用是不同于词尾的。

后缀可以是双重的。即在同一个词内有两个或两个以上的后缀。例如英语的 collectorship(收税的职权),其中 collect-是词根,-or 是后缀,-ship 又是后缀。

(2)屈折。在词内以音的有规律的替换的方式来作为语法形式的,叫做屈折。屈折有两种,一是内部屈折,一是外部屈折。

甲、内部屈折指的是词根之内的语音替换。例如俄语的 слух

[①] 列弗玛特斯基:《语言学概论》(俄文本),207 页。

（听觉）和 слушать（听见），дух（精神）和 душа（灵魂）之间有词根之中的 х—ш 的有规律的替换，俄语的 сбросить（完成体之"扔掉"）和 сбрасывать（未完成体之"扔掉"）之间有 о—а 的有规律的语音替换。这些都是内部屈折。

乙、外部屈折指的是词根以外的词内的语音替换。词尾就是外部屈折。词尾所以是屈折，因为它也是一套有规律的语音替换。词尾和后缀一样，都是放在词根或词干后面的，但是和后缀有所不同。屈折本来指的就是语音的替换。在词根以外的语音结构就有可能被称为附加成分，然而词尾也是在词根之外，为什么就不称它为附加成分之一的后缀呢？事实上，有的语言学家，例如列弗玛特斯基，就把词尾和后缀都看做是后加成分，即两种附加成分（前加成分 префиксы 和后加成分 постфиксы）之中的一种。[1] 不过，主张这种理论的语言学家们事实上也把词尾和后缀加以区别，例如列弗玛特斯基就说："后缀和屈折（词尾）是根据语法意义的种类而彼此区别开的：后缀是具有派生意义的后加成分，词尾是具有关系意义的后加成分。"[2] 这里，列弗玛特斯基所说的派生意义即构词法的意义，他所说的关系意义即构形法的意义。换言之，列弗玛特斯基认为构词法所用的"后加成分"就是后缀，构形法所用的"后加成分"就是词尾。尽管我们不能完全同意列弗玛特斯基以构词法和构形法为标准来区分后缀和词尾的论点。我们宁可同意捷姆斯基等人在《俄语》中所持的论点（即后缀也可以表示构形法的语法意

---

[1] 列弗玛特斯基：《语言学概论》（俄文本），208 页。列弗玛特斯基说的是"屈折"，但他所说的"屈折"事实上就是"词尾"。

[2] 同上书，208 页。

义的论点），①但是我们却同意他把屈折（词尾）和后缀加以区别的论点。词尾和后缀虽然都是放在词根或词干后面的语法形式，但是由于附加成分和屈折有性质上的不同，它们实在是属于两个不同范围的语法方式。附加成分既然是一种"附加物"，它就是以整个的结构来表示某种特殊的语法意义的，例如从名词变成形容词时，形容词的语法意义是特殊的，没有可以和它属于同类的语法意义。从名词变成形容词的过程中，也要有个语法形式，例如俄语的гор-н-ый（山的）是从гора（山）变来的，其中-ый是以整个的形式结构来表示形容词的语法意义的，但是гор-н-ый 中的-ый 和гора 中的-а 却并不是语音的替换，因为它们并不是用这种改变来表示同类语法意义的改变的。然而俄语的знаю, знаешь, знает 则是表示属于现在时动词的几个"人称"的不同；-ю, -ешь 和-ет 是以语音结构的有规律的替换来作为语法形式的，所以是一种屈折。它们既然是一种屈折，我们就不必把它们叫做附加成分。

总之，词尾是一种屈折，但因为它存在于词根之外，所以我们就叫它外部屈折。

词尾和后缀还有一个区别。后缀既是以整个语音结构作为某一特殊语法意义的、形式的，它所包含的语法意义往往只有一个，因之在同一个词内可以有许多表示不同语法意义的后缀，但是同一个词尾却可以表示几个不同的语法意义。例如俄语的читаю 既表示"第一人称"，又表示"现在时"，又表示"单数"。在这种情形之下，词尾可能兼表后缀所要表示的语法意义。例如，читаю 的-ю所表示的"现在时"就是后缀所要表示的，这种兼表作用的词尾，称

---

① 捷姆斯基等：《俄语》，上册，1957，时代出版社，180—181页。

为"后缀词尾"。

(3) 词根的重叠。词根尽管是词的词汇部分,但它总得有个语音结构作为它的形式。这形式虽然只是词的词汇部分的形式,但是如果把这形式重叠起来,表示词的某种语法意义,这种重叠就成为了一种语法形式,虽然词根本身不是形态。例如梵语的 ghanāghana(云团)是由词根 ghana(云)的重叠而构成的另外一个词,其中包含有"集合"的语法意义。不过,词根的重叠并不是一般语言所共有的普通的语法方式,运用的范围也很有限。可是从语法形式学的角度来看,它的确是一种形态。

(4) 词内重音位置的改变。由于词内重音降落的地方不同,而在构词法方面或构形法方面起了变化,这种重音也是形态的一种,或词法方式的一种。例如俄语的 вéрхом("上边"——副词),和верхóм("骑在马上"——副词),只由于前者重音落在第一个音节上,后者的重音落在第二个音节上,就成为两个不同的词。俄语的 бéгом("跑"——名词造格)和 бегóм("跑着"——副词),крýгом("圆圈"——名词造格)和 кругóм("绕圈子"——副词)也是同样的情形。这些都是以重音在词内的位置的不同来作为构词法形态的。又如俄语的 рýки("手"——复数主格)和 рукú("手"——单数生格),нóги("脚"——复数主格)和 ногú("脚"——单数生格);гóловы("头"——复数主格)和 головы́("头"——单数生格)则是以重音在词内的位置的不同来作为构形法形态的。因此从语法形式学的角度来看,无论是构词法方面的重音作用或是构形法方面的重音作用,都是同一类的语法方式或词法方式。

(5) 词内声调的改变。重音是音重的变化,声调是音高的变化。由于词内的声调有所不同而引起构词法方面或构形法方面的变化的,也是形态变化或语法方式的一种。古代印欧语就有以词内声调的不同来作为形态的,例如希腊语的 trókhos[①](路程、驼马、运行)和 trokhós(车轮), phóros(贡税)和 phoró(挑夫), lithotómos(雕石匠)和 lithótomos(石里的雕纹)就是拿词内的声调的不同来构成不同的词的。又如梵语的 vóraḥ(选择)和 varáḥ(需索者), vádhaḥ(杀害)和 Vādháḥ(杀人犯)也是拿词内声调的变化来作为构词法形态的。现代的印欧语,立陶宛语也有这种形态。立陶宛语的 grážiaũs(更美的)和 gražiáus(尽可能最美的), ráukti(放些酵素)和 raūktí(擦,锁眉)就是拿词内声调的不同来作为形态的。汉藏语族各语言多有拿声调的不同来作为形态用的。汉语就有这情形。汉语的"背"(pei˅)和"揹"(pei˧),"知"(tsɿ˧)和"智"(tsɿ˥)就是拿词内声调的不同来构成不同的词的。不过,这里要弄明白一点:汉语的声调一般可以区别词义,但不是一切可以区别词义的声调都叫作形态。比方说,"妈"(ma˧)、"麻"(ma˧)、"马"(ma˩)、"骂"(ma˅)是由四种不同的声调来区别词义的;但这却不是形态,因为它们不是同一个词根的词,不是由同一个词汇意义所派生或所引申出来的语法意义的变化。形态是词的语法部分的形式,不是同一个词根而用不同的声调所构成的不同的词就和用不同的音位所构成的不同的词一样,都与形态无关。

(6)词的外部形态。存在于词之外而用来表示词的语法变化的语法成分的形式部分,叫作词的外部形态。词的外部形态有两种,一是补助词形态,一是词的重叠。

甲、补助词形态就是拿虚词或补助词来表示和这虚词或补助

---

① 这里元音上的符号指的是声调,不是重音。

词结合在一起的词的语法变化的语法方式。比方说，俄语的 буду работать（我将工作），будешь работать（你将工作），будет работать（他将工作），будем работать（我们将工作），будете работать（你们将工作），будут работать（他们将工作）就是拿补助词 буду，будешь……等来表示动词 работать（工作）的各种"人称"、"数"和"将来时"的。又如英语的 I will go（我将要去）和 I can speak Russian（我能说俄语），也是拿补助词 will 和 can 来表示动词 go 的"将来时"和动词 speak 的"能"的。这些补助词只能在特殊的情况下可以独立存在，它们的作用在于表示和它们结合在一起的词的语法变化，所以是词的形态，不过，是词的外部形态罢了。

外部形态既可以是构形法上的，又可以是构词法上的。上面所举的俄语 буду работать……等是构形法的外部形态，德语的所谓"分合动词"(tranbarren Zeitwörter)就是构词法上的外部形态。例如德语的 ausgeben 是由前置词 aus（从）和动词 gehen（行走）组合而成的词，但用的时候，这两个构成部分却可以分开；在某种场合下，我们要说 Wie werde ich ausgehen?（我要如何开始？）在某种场合下，我们要说 Ich gehe von dem Grundsatze aus（我从这个原则开始论述）。尽管德语把 ausgehen 写成一个字，但是德语的词一般都是在第一个音节上有重音，这种词却不在前置词部分落重音，而在动词的第一个音节上落重音，这就说明了前面的前置词仍然是词的外部的东西，是词的外部形态，不过由于这种结构的结果所产生的则是另外一个可分可合的词，所以是构词法上的外部形态。

乙、词的重叠。词根的重叠是词的内部形态，词的重叠则是词的外部形态。词的重叠并不是词的并列。词的并列，例如，"你我都是中华人民共和国的公民"中的"你我",并不表示其中的一个词的语法意义的改变。但是词的重叠则有不同的情形:重叠了之后,就表示出词的语法意义的变动。例如俄语的 óчень óчень хорошó(非常非常好),由于 óчень 的重叠,óчень 的词汇意义虽然没有变动,但它的语法意义却有了改变,它有了"着重"的意思。汉语的"日日"、"人人"、"家家"、"户户"也是词的重叠。有人认为这是词根的重叠,那是不正确的,因为我们还可以说"每日"、"每人"、"每家"、"每户",把"日"、"人"、"家"、"户"等看作词汇单位。但这种重叠却表示语法意义的改变,"日"指"日子","日日"则指"日"在量上的变化:"每日"。因为是词外的重叠,这种重叠就属于词的外部形态。

(7)零形态。零形态是零形式之一种。语法是一个系统,在这系统之中往往有对立的情形。于是,在这对立的情形之中,由于对立各项之中的其他项下有某种形式,就托衬出没有任何具体形式的情形也能起语法的变化作用。例如,英语的词根 boy(男孩子),在它前后,甚至于词根中都没有什么具体地改变词根或附在词根外面的形式,然而它却表示这个词是单数的,不是复数的。为什么能够有这种作用呢?因为单数是和复数对立的,由于复数的形式是词根之后加词尾-s(boys),这不加词尾-s 的 boy 就显得不可能是复数,只能是单数。这种没有具体形式的形式就叫作零形式。零形式可能表现在句法上,也可能表现在词法上。如果是表现在词法上,它就叫作零形态。

总之,在词法范围内,各语言所运用的形态不外这些方式。不过,这些方式不是任何语言都完全具备的,例如词内的声调变化就不存在于俄、英、法、德诸语言,而汉语则只有少量的屈折。

第四节 汉语的形态问题

汉语有没有形态的问题,在我国语言学界曾经有过剧烈的辩论。其实各种不同的结论主要是对"形态"这一术语理解不同的结果。正如上面所说的,外国语法学界曾经对"形态"这一术语有过各种不同的理解,这情形也同样地反映到我国语法学界来。各家的出发点各不相同,辩论起来,自然就得不到很好的结果。比方说,方光焘曾经提出一种主张,认为"词与词的互相关系,词与词的结合,也不外是一种广义的形态,……我以为文法学(按即语法学)是以形态为对象的,是要从形态中发现含义"。[①] 这里他所说的广义的形态就是方德里耶斯所说的形态。这个"形态"的含义事实上等于"语法形式",任何语法形式都是形态。但是在回答张世禄的意见时,方光焘却说:"西洋文法学根据传统,把文法分为 morphology 和 syntax 两大部门,虽然不很合理,却也有实际的效用。至于研究国文法,究竟应该不应该把 morphology 和 syntax 划开:这倒是值得讨论的一个问题。我以为我们不妨把研究单语形态的 morphology 与研究语词和语词的联接关系的 syntax 合并起来,这部门叫作形态论也可以,或者就叫作措辞论也没有什么不可。向来隶属在 syntax 部门里的句子构造论,我想把它抽出来建立一个"句子论的独立部门"。[②] 这里,方光焘所了解的形态就和他的前一段话所说的形态有所不同,前一段话所说的形态指的是

[①] 方光焘:《体系与方法》,见《中国文法革新论丛》,中华书局,1958年,50页。
[②] 方光焘:《问题的简单化与复杂化》,见《中国文法革新论丛》,83—84页。

语法学研究的全部对象,即语法形式。这一段话所说的形态却把语法中的句子结构的形式排斥在外,而说句子论不属于语法的范围。如果句子论不属于语法的范围,那么,为什么又说"词与词的互相关系,词与词的结合,也不外是一种广义的形态"呢? 方光焘认为"语序不过是一种形态,单就'语序'这种形态来研究中国文法,实在是不够的。"① 又说:"一句句子大概可以分成主、述两辞项,所谓语序,也不过是主在述前,或主在述后而已。……实际主语、述语、宾语、补足语、形容词附加语、副词附加语等六种成分间的互相关系,是有限的。"② 这里,方光焘又认为与主、述等句子成分有关的词序是一种形态,那么,研究主、述等句子结构的句子论为什么又不属于语法学,不属于形态论呢? 这样的情形,显然是由于方光焘脑筋里的"形态"有不同的含义,他既把形态看成一切的语法形式,又把形态看成语法形式当中的一部分,句子结构的形式不包括在内。对形态的这种不同的理解存在于同一个人的论文里,这就使得问题不能得到解决。至于不同的人之间的不同理解更是常见的情形。例如张世禄所说的形态是"指语词声音的形式,并非广义的形态",③ 而他所说的这种形态却可以分为"变形"和"派生"两种。④ 他们说的形态事实上就等于词内的构形法形态(变形)和构词法形态(派生)的总和,不过没有把它们分为狭义的形态和广义的形态两者,而承认方光焘所说的广义的形态,即一切语法形式都可以称为形态而已。张建木在《论汉语的特性和形态

---

① 方光焘:《问题的简单化与复杂化》,见《中国文法革新论丛》,85—86 页。
② 同上书,86 页。
③ 张世禄:《由文法问题谈到文言白话的分界》,见《中国文法革新论丛》,70 页。
④ 同上书。

问题》里说:"在汉语的研究中,把构词法放在形态学的范围内是不妥当的。因为汉语的构词法只有小部分属于形态问题的。"[1]他又说:"利用排列的次序来表现不同的意义,这才是汉语的真正特点之一。……汉语的单音节性与缺乏形态变化,乃是与其他语言比较出来的,……汉语中纵有一些词可以称为多音节的或具有屈折变化的,但如果想用它来动摇汉语的单音节性,孤立性,或分析性的说法,实在是产生不了丝毫的结果。"[2]这里张建木所说的形态指的是不包括"分析形式"在内的词内的形式变化,包括构词法上和构形法上的形式变化。他甚至于认为对汉语来说,这不包括分析形式的形态还应当不包括构词形态在内。曹伯韩在他的《汉语的词类分别问题》里说:"从一个词和另一个词的关系找出各种关系的类型,就可以肯定汉语的许多形态学的特征,……另一方面,……所指出的词的本身的附加成分、重音、重叠等形式在汉语里也是存在的……"。[3] 可见,曹伯韩所说的形态是兼指词的内部形态和外部形态的。王力在《关于汉语有无词类的问题》里说:"狭义的形态学只研究构形法,广义的形态学则兼研究构词法。"[4]他又说:"拿汉语来说,狭义的形态加上广义的形态,也就能解决汉语的词类划分的一部分问题。另一部分的问题,可以由词义和词跟词的配合上获得解决。"[5]可见,王力所说的形态虽然可以分为狭义的和广义的两种,但他却把词跟词配合排斥于形态之外。因为有这

---

[1] 见《中国语文》1955年1月号,27页。
[2] 同上书,28页。
[3] 同上,1954年10月号,24页。
[4] 见《汉语的词类问题》,第二集,中华书局,48页。
[5] 同上书,56页。

么多对形态的不同的理解,结果所谓汉语有形态或没有形态的结论就有各种不同的根据,难于取得一致的意见。我们认为汉语有没有形态的问题应当先从形态到底是什么的问题来加以研究。正如我们在上面所说的,由于把形态理解为语法形式学的一个问题,即词法形式的问题,我们就有理由承认词法范围内的构词法形态和构形法形态的存在。此外,我们也有必要承认词的外部形态,不过不能把词的外部形态和词的内部形态混为一谈罢了。从构词法形态的角度来看问题,汉语有形态是不可否认的事实;从构形法的角度来看问题,汉语有外部形态,而无内部形态。汉语的构词法形态所运用的有下列这些语法方式:

(1) 词内声调的变化。例如:

好(xau˧) 好(xau˅)

种(tṣuŋ˧) 种(tṣuŋ˅)

中(tṣuŋ˧) 仲(tṣuŋ˅)

张(tṣaŋ˧) 涨(tṣaŋ˅)

(2) 内部屈折。例如:

重(tṣuŋ˅) 重(tṣ'uŋ˧)

长(tṣaŋ˧) 长(tṣ'aŋ˧)

藏(tsaŋ˅) 藏(ts'aŋ˧)

弟(ti˅) 悌(t'i˅)

(3) 附加成分。例如:

甲、前加成分:

姨　阿姨

爷　老爷

乙、后缀:

吃　吃头

桃　桃子

明　明儿

听　听者

这些声调的变化、屈折和附加成分都存在于词内,不能分析开,也不能离开词而存在(因为如果这样的话,不同的词就不存在),所以是内部形态,不过是构词法方面的内部形态罢了。

汉语有没有构形法的内部形态呢?我们认为汉语没有词内的构形法形态。内部形态和外部形态的区别在于内部形态是词的一部分,不能离开词而存在,不能和词分析开。外部形态不是词的一部分,能够离开词而存在,能够和词分析开。有的人把汉语的语法成分"了"、"着"、"的"、"们"说成词尾(即内部形态),其实汉语的"了"、"着"、"的"、"们"都不是词的一部分,都可以和词分析开。比方说,我们既可以说"我吃了饭",又可以说"我吃饭了",又可以说"我吃三碗饭了",又可以说"他哭笑了一阵"。我们既可以说"红的花",又可以说"红白参半的花",又可以说"他是又红又专的无产阶级知识分子"。我们既可以说"我走着瞧",又可以说"他又哭又笑着"。我们既可以说"先生们",又可以说"行政人员、先生和学生们"。所谓外部形态就是分析形式,这些语法成分都可以和词分隔开,或分析开。这里的"了"、"着"、"的"、"们"都可以和词分析开:"我吃三碗饭了"的"了"离"吃"很远,"他又哭又笑着"的"着"离开"又哭"而指明"哭"的动作正在延续,"他是又红又专的无产阶级知识分子"的"的",离开"又红"而指明这个"无产阶级知识分子"是红的,"行政人员、先生和学生们"的"们"也指明行政人员和先生都是多数的,但却离开"行政人员、先生"很远;它们只能是分析形式或外部形态。汉语的这些语法成分不能被视为内部形态还有其他的理由，例如内部形态，既是被巩固在词上的语法成分，那么，不论是否有其他的表示同样意义的语言成分的存在，只要把词用在某一特定的语法作用上，这语法成分就一定要和词同时出现。俄语的动词词尾-ю所表示的是单数第一人称的现在时。但是尽管在句子里已经有了表达第一人称、单数、现在时的语言成分，只要一个动词被用在这种情形下，它都得带着这个词尾出现：Сейчас я читаю（我现在念书）。然而汉语的情形就不一样。我们可以在不同的情况下运用或不运用这些语法成分，我们既可以说"我吃了饭"，又可以说"我饭已经吃过"，"我早就吃饭"。我们既可以说"我打着电话"，又可以说"我正在打电话"。我们既可以说"这是红的花"，又可以说"这是红花"。我们既可以说"这朵花是红的"，又可以说"这朵花真红"。我们既可以说"先生们"，又可以说"诸位先生"。只有在有必要的时候，才把它们补上，作为补助说明词的某种语法变化之用。也正因为这个道理，它们是补助词，不是词内的一部分。有人认为汉语的这些成分不能独立存在，所以是词的一部分。这种说法是片面的，许多语法成分都是不能独立存在的，就连连词这种只作为句法成分用的虚词也没有单独存在过（我们不能只说"和"而要说"我和你"之类），英语的 the 是外部形态，然而却不能单独存在，除非是话没有说完而中断。可见，能不能单独存在不是划分内部形态和外部形态的标准。这些情形都说明了汉语的这些语法成分虽然是形态，但却只是外部形态，不是内部形态，外部形态又称补助词形态，它就是补助词或虚词之一种。我国传统语言学家把这些语法成分称为虚词是正确的。在争论这些语法成分是否形态的时候，如果把这些语法成分看成虚词，事实上就是承认它们是外部形态。如果否认它们是虚词而认为它们是形态,事实上就是把它们看成内部形态。一般人辩论这个问题时所说的形态事实上指的是内部形态。依照我们的理解,汉语的词在构词法方面确有内部形态的存在,但在构形法方面则只有外部形态的存在,这些外部形态也就是我们所说的虚词或补助词,虽然虚词或补助词不见得都是外部形态。有的人认为应当把这些虚词看成形态,而没有说明这种形态是内部形态或是外部形态,而没有认识清楚内部形态和外部形态的重大区别。有的人认为这些语法形式就是内部形态。这些看法都是不正确的,因为它们没有了解内部形态和外部形态的区别,没有了解补助词就是一种外部形态。

第六章 语法范畴

第一节 各语言学家对语法范畴的不同看法

从语法意义学的角度来看问题,词法学所研究的对象就是语法范畴。

"语法范畴"这个术语原是英语 grammatical categories,法语 catégories grammaticales,德语 grammatische Kategorien,俄语 грамматические категории 的翻译。这些语言的这些词都是起源于希腊语的 katêgoria 的,希腊语的 katêgoria 意思是"谓语"。

"语法范畴"这个术语是希腊语法学家们所发明的。它的来源是希腊哲学家阿里斯多德的"范畴论",虽然在阿里斯多德之前,希腊的哲学家们已经用过"范畴"这个术语。阿里斯多德除了把希腊语的词分为名词、动词、连词和冠词之外,还阐明了各种范畴的意义。虽然他所解释的是逻辑范畴,但他对逻辑范畴的说明却仍然是以语言为出发点的。阿里斯多德把"范畴"解释为"谓语的类别"或"存在的类别"。这种解释说明了他如何拿语言学中的"谓语"概念去解释逻辑上的"范畴"。"范畴"既可以是"谓语的类别",那么,逻辑学上的"范畴"这个术语就可以和语法学上的"语法范畴"这个术语联系起来,而承继阿里斯多德的希腊语法学家们之创造"语法范畴"这个术语也就是自然的结果了。

阿里斯多德认为谓语都是表述主语所代表的事物是"什么"的。他从希腊语的实际情形中,把谓语所要表述的"什么"归纳为十类,称之为"范畴",而说"范畴"是"谓语的类别"。这十个范畴是:

本体	量	性质
关系	地方	状态
时间	情景	
动作	被动	

阿里斯多德认为"范畴"是人们所想到的东西,它们是属于逻辑范围的,但是它们一方面代表了实在世界中的区别,一方面则是用语言的工具表达出来的。在他看来,存在的东西或我们所想到的东西,不是属于"本体",就是属于"性质",或是属于"量",或是属于这些范畴之中的其他一种范畴。这些范畴之中的任何一种都是对任何一个事物的表述,范畴事实上就是表述或谓语的归类;任何一句话的谓语所要说明的都逃不出这十个范畴的范围;各范畴之间并且是不能再彼此归并或依属的。比方说,在"甲是乙"这类命题里,我们可以有各种不同的表述。我们可以说"这本书是很好的","这位同志是党支部书记","明天是星期五","北大图书馆的藏书是很多的","这条路是直的","花是比叶更美丽的","王先生是在这里的","鸟是飞了的","资产阶级思想是被烧掉了的","我国社会的发展是健康的"。在这些命题里,谓语都是对主语所说明的事物所加的表述,但各种表述却各有各的特点:"很好的"是表述"这本书"的"性质"的,"党支部书记"是表述"这位同志"是什么"本体"的,"星期五"是表述"明天"是什么"时间"的,"很多的"是表述"北大图书馆的藏书"的"量"的,"直的"是表述"这条路"的"情景"

的,"更美丽的"是表述"花"和"叶"的"关系"的,"在这里的"是表述"王先生"所在的"地方"的,"飞了的"是表述"鸟"的"动作"的,"被烧掉了的"是表述"资产阶级思想"的"被动情况"的,"健康的"是表述"我国社会的发展"的"状态"的。当然,表述或谓语的范围或类别是否应当分为这十种,逻辑学家们一直还在讨论着。但是阿里斯多德的"范畴论"一方面成为了欧洲逻辑学的滥觞,一方面也成为了欧洲语法学中的"语法范畴"的源泉,则是无疑的。阿里斯多德本人对希腊语的研究,把希腊语的词分为名词、动词、连词和冠词四者,也是他自己把"范畴"的理论应用在语法学上的一个实例。

后来希腊的语法学家们就在阿里斯多德范畴论的基础上发展了语法范畴的理论。画廊学派的哲学家们虽然在哲学理论上和阿里斯多德不同,但在语法问题上,却在阿里斯多德范畴论的基础上建立起他们的学说。纪元前第三世纪的阿里斯达尔科斯(Aristarchos)认为语言是由相似的形式所指明的相似的范畴而由一定的规律所制约的一个调和的系统。纪元前第二世纪的阿波仑·戴斯科对语言问题曾经做过全面的研究,包括语法范畴、句法和希腊方言的分析,而同世纪的地恩尼·退拉斯对语法范畴的解释也就成为了欧洲传统语法学对语法范畴的看法的滥觞。

退拉斯对语法范畴的解释是从形式和意义的结合出发的。退拉斯认为某种词类是以某种语法范畴为特征的,它同时又指明某种意义。比方说,他对名词所下的定义就是这样的:"名词是有格的变化的词类,它指明事物或动作。"[1]他认为名词有五个特征:它分别"性"、"种"、"单纯"或"复合"的形式、"数"和"格"。退拉斯没

---

[1] 这里,退拉斯所说的动作是作为事物看待的动作,不是指动作的活动过程。

有把形容词列为一类，只把它看成名词的附类，因为根据他的意见，从语法的形式来看，名词和形容词之间并没有本质上的差别，名词和形容词的区别只是功能上的。又如他对动词所下的定义是：没有格的变化的词，它有"时制"、"人称"、"数"的标志。它指明"一个动作或者状态"。他认为动词有八个特征：它分别"语式"、"种"、"单纯"或"复合"的形式、"数"、"人称"、"时制"、"变位形式"。当然，退拉斯所说的是就希腊语的实际情况出发的，他所说的名词或动词的特征不见得是其他语言的名词和动词所有的，但是他的理论，很明显的，是从形式和意义的结合出发的。他说名词一方面要有"格"的变化等形式的标志，一方面要指明一个事物或者动作。他的理论，在我们今天看来，还没有失去它的价值。但退拉斯没有把语法范畴明确地看成语法意义的问题，只把语法范畴说成"性"、"数"、"格"等的形式变化，则是他的缺点。

后来欧洲的语法学家们接受了退拉斯的理论而加以补充，把语法范畴看成是各种词所有而由特殊语法形式来表达的语法意义的概括。例如，"阴性"、"阳性"和"中性"是词所具有的语法意义，由特殊的语法形式表达出来的；把这些语法意义概括起来，就成了"性"这个语法范畴。这种理论到今天还是一般语法学家们对语法范畴所加的理解。不过，由于语法学的发展，"语法范畴"这个术语在目前的语法学界还有不同的含义：一般严格遵守传统的语法学术语的，只把语法范畴看做是和各种词类有关的语法意义的概括，即与名词有关的"性"、"数"、"格"等，与动词有关的"人称"、"时制"、"体"、"式"等。其他的语言学家则认为词类本身也是语法范畴，而另有一部分人则认为任何语法意义的概括都可以叫作语法范畴。比方，方德里耶斯就在他的《语言论》里依照传统的说法来应用"语法范畴"这个术语,[①]葛莱伊在他所著的《语言之基础》里也是这样称呼语法范畴的。[②] 然而苏联的语言学家库兹涅错夫在《苏联大百科全书》的《语法》条里,却有这样的两段话:"平常的了解,语法范畴就是各词所固有的而从这些词的具体意义里抽象出来的概括性的意义,也就是用语言工具即词的变化和用词造句的方法表达出来的各种关系的意义,……'语法范畴'这个术语也用在另外的意义上,指用一定的语法范畴作为特征的词类"。[③]《苏联大百科全书》的《语法范畴》条也说:"(1)普通语法学的概念,是以特殊形态标志为特征的词的变化和词在句中的组合的规则的基础。例如,'格'的范畴表达词与词之间的某种关系,而有某种特殊的词尾变化(请比较 дом, дома, дому 等……),'人称'范畴表达动作属于三个可能的人称之中的一个,而有表示人称的词尾变化(请比较 ид-у, ид-ёшь, ид-ём)。(2)以一定的语法范畴为特征的词类"。[④] 法国的语言学家马露佐也在他的《语言学词典》里说:"人们依照词汇成员的性质、构造和功能而在词汇成员之间加以区分类别。人们就这样地区分名词范畴和动词范畴,又在前者之中区别体词范畴和形容词范畴等……另一方面,人们又区分'性'、'数'、'人称'、'式'等范畴"。[⑤] 在这些情况下,语法范畴就有两种不同的意义,一种指的是与各种词类有关的语法意义的概括,一种指的是词类。我们无妨称前者为狭义的语法范畴,后者是广义的

[①] Vendryès:《Langage》, pp. 106—135.
[②] L. H. Gray:《Foundations of Language》, pp. 179—223.
[③] 《语法、语言的语法构造》,人民出版社,1954,5页。
[④] 《苏联大百科全书》(俄文本),12卷,430页。
[⑤] J. Marouzeau:《Lexique de la Terminologie Linguistique》, p. 44.

"语法范畴"所兼指的。

此外,有的语言学家还把"语法范畴"这个术语的意义范围更加扩大了。比方说,阿列克赛夫(М. Н. Алексеев)和哥尔昌斯基(Г. В. Голшанский)在他们的《逻辑范畴和语法范畴的关系》里说:"逻辑范畴和语法范畴之间的相互关系的问题构成了语言与思维的关系的更一般的问题的一部分,这问题是复杂而多样化的。它包括这些问题:概念和词(以其为语言成分的资格来说)之间的关系,判断与句子之间的关系,推理及其在语言中的表达方法,词的组合和它所表现的逻辑关系,逻辑的抽象和语法的抽象,词类和那些和我们的思维对客观现实的抽象的不同阶段有关的思维范畴,以及其他许多的问题。"[1]高尔斯基(Д. П. Горский)和考姆列夫(Н. Г. Комлев)也在他们的《论逻辑和语法的相互关系》里说:"在实际谈话中,语法范畴(像'如果……则','或'以及其他一些别的联接词)不是孤立的、与别的词相割裂而存在的。在谈话中,所有的语法范畴都牵连到语言的上下文的实际结构。"[2]根据他们所说的话,他们所举的实例,他们所说的"语法范畴"已经超出了一般语法学家所说的范围;语法范畴不但指的是与各种词类有关的语法意义的概括,不但指的是各种不同的词类,而且指的是词与词之间的结合所表达的逻辑关系,句子的结构,甚至于表达逻辑推理之间的"如果……则"之类的逻辑关系的语法意义。为什么"语法范畴"这个术语的含义竟至于这样的扩大了呢?在这些不同的意见当中,我们应当如何了解"语法范畴"呢?

---

[1] 《语言学问题》(俄文本),1955年第5期,9页。
[2] 《哲学问题》(俄文本),1953年第6期,80页。

第二节　对语法范畴的正确理解

要了解语法范畴是什么,首先就要了解语法范畴是属于语法意义学范围内的问题。方德里耶斯在他的《语言论》里给语法范畴下了个定义:"人们用语法范畴这个名称去指明由语法形式表达出来的概念。"[①]苏联科学院的《俄语语法》也对语法范畴有类似的解释:"规定语言结构的特点或类型的,在词的变化和组词造句的情形中找到表达方法的一般的语法概念,通常叫做'语法范畴'。"[②]列弗玛特斯基也在他的《语言学概论》里说:"语法范畴是同类语法现象的统一、归类或总和,首先是词和词的形式在同类语法作用上的总和。某种语法范畴的统一性不是受表达方式,而是受共同的语法意义所决定的。"[③]"语法范畴"这个术语既然是起源于阿里斯多德的"逻辑范畴",而"逻辑范畴"既然是高度概括化了的概念,"语法范畴"所要说明的自然是语法中的语法意义或语法概念的部分,而不是语法形式的部分。这正是列弗玛特斯基认为"语法范畴的统一性不是受表达方式,而是受共同的语法意义所决定"的道理。另一方面,"范畴"这个词也有"归类"的含义。《法兰西科学院词典》说:"范畴是不同种而属于同一类的许多东西的归类。"[④]阿里斯多德当时把不能再归并的谓语类别称为逻辑范畴,他所说的"范畴"也已经包含有"归类"的意思。从这一个角度来看,我们就

---

① J. Vendryès:《Langage》,p. 106.
② 《俄语语法》(俄文本),第 1 卷,5 页
③ 《语言学概论》(俄文本),245 页。
④ 《Dictionnaire de l'Académie Française》,第 1 卷,203 页。

知道,语法范畴并不是指个别的语法意义,而是指的语法意义的归类或概括。这正是《俄语语法》所以说语法范畴是"一般的语法概念",列弗玛特斯基所以说语法范畴是"同类的语法现象的统一、归类或总和"的原因。比方说,俄语的 книга 是单数阴性名词,这里的"单数"是语法意义之一,"阴性"也是语法意义之一,但我们并不把"单数"或"阴性"看成语法范畴,只把它看成属于"数"或"性"的语法范畴之内的一个语法意义。语言中的"单数"、"复数"、"双数"、"三数"等可能是由语法形式表达出来的语法意义,把这些语法意义概括起来,加以归类,才成为"数"这个语法范畴;第一人称、第二人称、第三人称等可能是由语法形式所表达出来的语法意义,把这些语法意义概括起来,加以归类,才成为"人称"这个语法范畴;过去时、现在时、将来时可能是由语法形式表达出来的语法意义,把这些语法意义概括起来,加以归类,才成为"时制"这个语法范畴。语法范畴既然是语法意义的概括,那么,它到底要概括到什么地步呢? 传统的语法学家把各种词类的许多词所具有的可以归成类别的语法意义的概括(如名词的"性"、"格",动词的"时制"、"人称"等)称为语法范畴,这是有缘故的,因为这些语法意义可以归成类别。然而,语法意义的归类是不是只能到此为止呢? 显然不是这样的。我们还可以把各不同类的词所包含的语法意义再行归类,根据各词在语言结构中所表达的同类的语法意义,把它们归成词类。所以,我们应当打破传统语法学家的清规戒律,把词类也看成语法范畴,但这只是广义的语法范畴,应当和狭义的语法范畴区别开来,因为它们虽然都是语法意义的概括,但概括的程度却不相同。那么,在这种情形下,我们是否可以把句法所表达的语法意义看成语法范畴呢? 我们的回答是否定的。这不但是因为传统的语法学家一向没有把语法范畴看成超出词法范围之外的语法意义的概括,并且因为句法所表达的语法意义是不能再加概括的。句法中的主语就是主语,谓语就是谓语,宾语就是宾语,不能把它们归成类别。如果把它们归成类别而管它们叫作"语",这是没有意义的;句法中的限定关系、支配关系、并列关系等也不能归类,如果把它们归成类别而管它们叫作"关系",也是没有意义的。然而在词法方面,我们却显然可以把"阴性"、"阳性"、"中性"等归成"性"这一类,把"现在时"、"过去时"、"将来时"等归成"时制"这一类。所以,语法范畴是词法中的语法意义学的问题,不属于句法学的范围。

另一方面,就是在词法的范围内,语法范畴也不指明构词法中的语法意义。构词法原是介于词汇学和语法学两者之间的一个语言学部门。库兹涅错夫说:"在语法学和词汇学(即研究语言词汇的学问)的分界线上有构词法这一部门。……因为这里所指的是不同的词的构成,所以这一部门的研究是和词汇学相关联的。"[1]语法学中的构词法研究如何从同一个词根构成不同的词。从语法形式学的角度来看,由于构词法所用的形式是附加成分的增添,元音或辅音的屈折,声调或重音的变化等,所以有资格被称为形态。但是,从语法意义学的角度来看,构词法所用的形态当然也是表示某种语法意义,但是由于这种语法意义往往要和各种各样的词根的意义结合在一起,形成新的词汇意义,往往要受各种各样的词根的意义的影响,难于归成类别,因之也不能被称为语法范畴——语法意义的概括或归类。正是这个缘故,语法学中所说的语法范畴,根据通常的理解,并不包含构词法中的语法意义,只涉及狭义的形

---

[1] 《语法、语言的语法构造》,人民出版社,1954,17—18页。

态所表达的词的不同语法意义的概括或分类。

由于形态和语法范畴是从不同的角度来研究语法的,所以,狭义和广义的形态的区别并不同于狭义和广义的语法范畴的区别。狭义和广义的形态是以单指构形法形态或兼指构词法形态为标准来划分的,狭义和广义的语法范畴则是另外一回事。退拉斯等希腊语法学家根据希腊语的情形,把词的内部变化(构形的形态)所表示的语法意义概括起来,称之为语法范畴,认为"数"的语法范畴是名词(按:他们所说的名词包括后人所说的形容词在内)和动词所共有的,而"性"和"格"则是名词的特征,"人称"、"式"、"时制"、"态"则是动词的特征。不过,这种词的内部变化并不包括构词法的形态。这种语法范畴所包含的语法意义是和词类的语法意义有关的。因为名词是一个指明事物和动作的词(按:他们这里所说的动作是把它当作事物看待的动作,如英语的 motion,action 等),而事物(包含事物化的动作在内)是和"性"、"格"的意义有关的,所以名词才可以具有"性"和"格"的语法范畴;因为动词是指明动作和状态的,而动作和状态的意义是和"人称"、"时制"、"态"等意义有关的,所以,动词才可以具有"人称"、"时制"、"态"等语法范畴。这些语法范畴所包含的语法意义既和词类的意义有关,而在希腊语里,这些语法意义是由词的内部变化来表示的,那么,把语法范畴说成词的内部变化所表示的语法意义的概括,就是极其自然的事了。欧洲传统的语法学家们就是沿用退拉斯等人的解释来了解语法范畴这个术语的。这就是狭义的语法范畴。

因为各语言有各语言的特点,语法形式和语法意义的结合由于各语言的内部发展规律而有所不同。同样和某一词类的语法意义有关的语法意义在某些语言里可以不是由词的内部变化来表示的,而是由其他的语法形式、词的外部形态来表示的。于是,我们就要把语法范畴的界限加以扩大。库兹涅错夫说:"但是许多语言却缺乏'格'的形态学的范畴,例如法兰西语就没有格位,因为在俄罗斯语言里用不同的格位表示的那些关系在法兰西语里就一部分由特殊的不独立的词——补助词、前置词——表示出来,另一部分由词在句子里的次序表示出来(在古代法兰西语里有过一些格位,在现代的法兰西语言里只是代名词有格位的残余。"①)这里,库兹涅错夫是就狭义的语法范畴来讨论范畴的。但是法兰西语既有由其他的语法形式(补助词形态)来表达"格"的语法意义,我们就应当承认法兰西语也有"格"的语法范畴,只是这种语法范畴既不是由词的内部变化表示出来的,我们也就不能拿它和词的内部变化所表达的语法范畴相提并论了。语法学家们一向不承认这种情形为语法范畴。语法范畴既是词法意义学的问题,不论这种语法意义是用什么语法形式表达出来的,只要有词法形式来表达它,我们都应当承认它是语法范畴。沙赫马托夫说,语法范畴是"伴随着词所引起来的基本意义(和另一些观念间)的一种关系观念",②既把语法范畴看成伴随着词所引起的基本意义和另一"观念"间的一种关系"观念",那么,语法范畴是不是就要看它是否这种"关系观念",而不是看它是否有词的内部变化呢?换言之,只要它确是这种"关系观念",不论它是由哪一种语法形式来加以表达,它都应当被视为属于语法范畴的。布达哥夫曾经说过:"语法范畴乃是语言中取得词法形式或句法形式而和各种类型的词及词组保持着多样的、甚至是互相矛盾的联系的一些语法概念。"③他反驳沙赫马托

---

① 《语法、语言的语法构造》,人民出版社,1954,6页。
② 《俄语句法》(俄文本),1941,420页。
③ 布达哥夫:《语言学概论》,时代出版社,1956,173页。

夫的话,认为语法范畴并不是伴随着词所引起的基本意义和另一些"观念"之间的关系观念。他所以这样说,因为依照他的理解,同样的语法范畴可以和各种不同词类的词发生关系,例如"数"的语法范畴可以和名词、动词、形容词等发生关系。但是,如果我们看到同样的"数"的语法范畴,在不同词类的词里所具备的是同一个范畴的各种不同的应用范围,同一个"数"的语法范畴和各不同词类的词的组合具有不同的意义上的差别的话,①我们就可以说,语法范畴是伴随着词所引起的基本意义和另一些"观念"之间的"关系观念"。这些语法范畴是和词类意义有关的一些语法概念。比方说,名词的"数"指的是事物单位的单多,一个单位的事物要用单数,两个单位的事物要用"双数"等。但是动词的"数"却不指动作单位的单多,而指发出动作的主体的单位的单多。如果我们说 мы читаем(我们读书),читаем 之中的复数意义并不指"读书"这个动作是复数的,而是指读书的人是复数的。这"复数"只是为着配合主语而有的。可见名词的"数"和动词的"数"意义并不相同,而这些不同的意义则在某种方面和词类的意义发生关系。不过,尽管这些语法范畴都要有语法形式来加以表达,语法范畴本质上却仍然是语法意义的概括,而不是语法形式的表达方式。语法范畴固然是"在与一定类别的词的密切联系中出现"的,②但用什么语法形式来出现,却不能受到限制,因为语法范畴是语法意义学的问题,不是语法形式学的问题,虽然两者之间是有密切联系的。根据这样的理解,我们虽然不能依照传统的看法把法语的名词看成具

---

① 布达哥夫:《语言学概论》,时代出版社,1956,68—69页。
② 同上书,第173—174页。

有那种严格的"格"的语法范畴,但是,从语法范畴的本质特点方面来看,我们却有必要承认法语的名词具有某种"格"的语法范畴,因为尽管法语的名词没有"格"的词的内部变化,但是法语的前置词 de 却总是和名词连在一起来表示名词的领属关系的。法语的前置词 de 是一种虚词或补助词,尽管它是一种词,但是不能在语言中离开实词而独立存在,它总是伴随着实词的。法语的前置词 de 其实是伴随着名词来表示名词的领属关系的,因此它也同样地表达了与名词这一类别的词有某种语法意义上的关系的语法意义。虚词或补助词本身既然是一种语法工具,是一种语法形式,而 de 这个虚词所表达的又与名词的语法意义有联系的语法意义,它就有权利被称为语法范畴的一个成员,换言之,"格"的语法范畴的一个成员。如果我们看到俄语的前置格是以名词之前加上一个前置词而得名的,我们也就可以了解,把法语的前置词 de 所表达的语法意义看成语法范畴的一个成员的合理性了。

当然,这不是说法语的 de 这一类的东西是和俄语的属格完全一样的。语法范畴既然是和语法形式不可分离地结合着的,我们就必须考虑到它是和哪一种语法形式相结合的。在这种情形之下,用词的内部变化来和"格"的语法意义相结合的语法成分与用虚词来和"格"的语法意义相结合的语法成分之间就有所不同。不过,语法成分尽管不同,语法范畴却是一样的:前者是和词的内部形态相结合的语法范畴,后者是和词的外部形态(补助词形态)相结合的语法范畴。我们一方面不能同意一般语法学家否认法语这种情形为语法范畴的看法,一方面也要区别法语的"格"和俄语的"格"之间的差别。俄语的"格"是被巩固在词身上的"格",法语的"格"却不是被巩固在词身上的"格"。我们无妨效法现代语法学家区别词的内部形态和词的外部形态,或词的综合形式和词的分析形式的办法,把词的内部形态所表达的语法范畴称为综合范畴,把词的外部形态所表达的语法范畴称为分析范畴。

分析范畴这个概念有强调提出的必要,因为在研究缺乏词的内部变化的语言时,如果没有这个概念,就会使我们否认语言与思维的关系,而认为这些语言没有表达逻辑范畴的语法成分。比方说,汉语虽然缺乏词的内部形态,但是汉语却一样有许多语法形式(虚词或补助词形态)来表达语法范畴。这也正是我在《汉语语法论》既认为汉语缺乏词的内部形态,而又列出一编来专门讨论《范畴论》的道理。① 如果我们否认汉语的虚词有表达语法意义的作用,那么,汉语的虚词就不成其为虚词了。汉语的虚词既是语法工具,它总得是某种语法意义的表达工具,只要这些语法意义可以归成类别,我们就不能不把这语法意义的概括或归类称为语法范畴。例如汉语的"了"和"着",由于它们不是词的内部组成部分,它们不是词的词尾,②因此是虚词;然而它们却明显地表达和它们相伴随

---

① 参阅高名凯《汉语语法论》,第二编,《范畴论》,科学出版社,1957。
② 有的人认为汉语的"了"和"着"之类是词尾,其实词尾是一种特殊的语法形式,不是任何跟在词的后面的都是词尾。词尾是词的不可缺少的部分,不能脱离词根而存在,不能具备任何词汇的意义,然而汉语的"了"、"着"之类却不是词的不可缺少的部分,不用它也可以,并且可以远离词而存在。例如,我们说"他笑了一阵","他就这么样天天的吃喝着","我吃了饭","我吃三碗饭了","我哭着","我又哭又笑着"。它们同时也具有某些词汇意义。"了"分明还有"完了"的意思,虽然它的发音已经由于它的特殊用处而变成了"le","着"分明还有一些"着落"的意思,"着落在那里,不掉下来"就意味着"延续下去","找着"的"着"便有"着落"的意思,不过由于意义的分化,有些不同罢了。有的人以德语的 Literatur-und-Sprachwissenschaft 之类的结构为例,认为词尾可以不和每一个词连在一起。其实德语的这个结构是复合词的构词法问题,Wissenschaft 或-schaft 只是后缀,不是词尾。复合词本来就只是一个词,往往只有其中的一个组成员(构成复合词的单词)起形态变化。这与"了"、"着"是两回事。自从汉语拼音方案公布以来,许多人都拿拼音方案来写汉语,其中碰到"了"、"着"之类的语言成分时,有的把它和词写在一起,有的就没有办法把它和词写在一起,而写成单独的词。可见,语言的实践已经证明"了"、"着"之类不是词尾,而是虚词。

着的词的某些语法关系,动作的完成(如"我吃了饭")和动作的持续(如"我吃着饭")。在这种情形之下,我们也就不能否认在汉语里有"体"这个语法范畴的存在,虽然这只是分析范畴,不是综合范畴。

当然,汉语的情形又和法语的情形不同。法语具有"格"的意义的 de, à, par, pour 等前置词(虚词之一种),一般地说,要和某一类的词相伴随着,而这一类的词也只能和具有"格"的意义的 de, à, par, pour 等前置词相伴随着,不能和具有"时制"意义的虚词(例如 ai, as, a, avons, avez, ont)相伴随。汉语的情形就不同了。可以和具有"体"的意义的虚词"了"、"着"相伴随的"红"、"白"等,也可以和具有"单位"意义的虚词"这种"、"这类"等相伴随。其所以能够这样,是因为汉语的词具有多义性,一个词可以具有几个词类意义。《苏联大百科全书》的《无形态的语言》条里说:"无形态的语言……是没有附加成分的语言,而各种词类的形态学的不定型性是它的结果。……无形态的语言的显著特点是每个词的多义性,比方,汉语……'上'有'上面'、'登'等意义。"[①]正因为它具有几个词类意义,表达各种与词类有关的语法范畴的各种虚词才可以都和它相伴随,也正因为这些表达语法范畴的语法工具是具有词的形式的虚词,是具有一半独立性的虚词,这些虚词才能单独成为一种等着运用的语法工具。"了"和"着"随时都具有表达"体"的语法意义的能力,只要我们把某一个词里的某一个词类意义拿来运用的时候,"了"和"着"就可以立刻伴随着它来,作为表达这词类意义的一个有关的语法范畴("体")的语法工具。

---

① 《苏联大百科全书》(俄文本),第2卷。一般的了解,无形态的语言指的是缺乏词的内部形态的语言。

此外,语法学家们还把词类称为语法范畴。这也就是广义的语法范畴。语法范畴既是语法意义的概括或归类,我们就可以把词所有的与词类意义有关的语法意义(即狭义的语法范畴所包含的语法意义)再行概括,归成更高一层的类别,或更高一层的范畴。这范畴就是词类。比方说,俄语的 страна́(国家)、стол(桌子)、ору́дие(工具)所有的意义在语法上都指的是"事物",它们也都有词的内部变化来表示与"事物"有关的"性"、"格"等语法意义。于是,我们就可以把它们概括起来,归成一类,称之为名词或名词范畴。不过,在概括的程度上却有所不同,尽管我们承认词类也是语法范畴,但是必须把词类和狭义的语法范畴区别开来。

第三节　语法范畴与逻辑范畴的关系

语法范畴既是语法意义的概括,语法意义既是抽象思维之被表现在语言形式里的,那么,语法意义或语法范畴和逻辑概念或逻辑范畴就有密切的联系了。然而这种联系到底是怎样的情形呢?

原来人类的语言是抽象思维的物质材料;没有语言,抽象思维就不能存在。但抽象思维也是语言所以能够存在的必要条件;如果人类不能进行抽象思维,人类就不能有语言。另一方面,抽象思维是受客观存在所决定的,因为思维是客观存在在人脑中的反映,没有客观的存在,反映这客观存在的思维也就不存在了。抽象思维的基本的材料单位是概念。逻辑范畴是概念的概括,它反映了客观事物之中的一些共同特点的概括。逻辑范畴是阿里斯多德所用的术语。这个摇摆于唯心论和唯物论之间的古代希腊哲学家,[①]

[①] 参阅列宁《哲学笔记》。

他在这个问题的解释上却是唯物论的:他一方面把逻辑范畴解释为"谓语的类别",另一方面又把它解释为"存在的类别"。因为谓语的类别就是客观存在的类别的反映。

语法范畴和逻辑范畴既是不可分割地联系着的,那么,这种联系表现在什么地方呢?高尔斯基和考姆列夫曾在他们的《逻辑和语法的相互关系》里说:"逻辑和语法的不可分割的联系表现在:(1)无论语法范畴和逻辑范畴之间存在着同义的符合,或不存在着这种符合,语法范畴都不能够脱离逻辑范畴而存在;(2)语言的语法范畴系统总是与逻辑范畴系统相适应的,这使我们有可能来表达现实事物的一切复杂的关系。"[1]这一段话把语法范畴和逻辑范畴的关系非常明确地说明白了。

语法范畴必须有逻辑范畴作为它的基础,脱离了这个基础,语法范畴就不能存在。拿语言中的语法范畴和阿里斯多德所说的十个范畴或其他逻辑学家所说的逻辑范畴比较一下,我们就知道语法范畴是以逻辑范畴为它的基础的。比方说,俄语里的"时制"范畴、"态"的范畴、"数"的范畴显然是以阿里斯多德所说的"时间"、"动作"、"量"等逻辑范畴为基础的。又如法语和其他语言中的"比较级"就是以阿里斯多德所说的"关系"这个逻辑范畴为基础的。又如各语言中的词类范畴,例如名词、动词、形容词、副词、前置词、连词、方位词、时间词等,都和阿里斯多德所说的"本体"、"动作"、"性质"、"情景"、"状态"、"关系"、"地方"、"时间"等逻辑范畴有关。

应当指出,"范畴"这个术语有"高度概括"的含义。逻辑学家对逻辑范畴的数目还没有一致的意见。阿里斯多德把逻辑范畴列

---

[1] 见《哲学问题》(俄文本),1953年第6期,68页。

为十项,康德则把逻辑范畴列为十二项。我们常常听见人家说,有许多语法范畴,如"性"、"格"等还不能在逻辑学家的范畴表里找到相应的项目,因此怀疑语法范畴是否都有逻辑范畴作为它的基础。关于这个问题,我们应当这样的了解:逻辑范畴应当有多少项目,各逻辑学家的意见虽不一致,但逻辑范畴是概念的高度概括则是逻辑学家们所同意的,不过高到什么程度,大家的意见有分歧罢了。要知道,语法范畴与逻辑范畴的关系问题是语言与思维的关系问题的一个具体的表现。从这个角度来看问题,不论语法范畴是否可以在一般逻辑学家所列的范畴表内找到它的相应的项目,只要语法范畴能够找到比较高度的概括性的逻辑概念,我们就可以把这些概念看做是逻辑范畴,我们也就可以说这个语法范畴找到了它的相应的逻辑范畴。根据这样的理解,阿里斯多德的范畴表里虽然找不到"性"、"格"之类的项目,但"性"和"格"的语法范畴必得有高度概括的逻辑概念为基础,则是无疑的。我们也可以因此而说"性"、"格"等语法范畴也有逻辑范畴为其基础。语法上的"性"或"格"显然也有逻辑上的"性"的概念、"格"的概念为其基础。逻辑上的"性"的概念并且是把逻辑上各种性别的概念再加以概括而形成的;逻辑上的"格"的概念并且是把逻辑上对事物之间的关系(如领属关系)所有的概念再加以概括而形成的。换言之,语法范畴所包含的那些语法意义总得有个逻辑上的比较高度概括性的概念为其基础,因为任何语言成分的中心的意义都是思维形式之被表现在语言里的,语法意义也不能例外。所以,"逻辑范畴不是孤立于它的语法形式之外的",而"语言中的语法范畴系统在整个说来,是与逻辑范畴系统相适应的"。①

---

① 引高尔斯基和考姆列夫的话,见《哲学问题》,1953 年第 6 期,72 页。

当然,语法范畴和逻辑范畴并不是一对一的关系,因此就有一些人认为语法范畴和逻辑范畴之间并没有必然的关系。他们所以否认语法范畴和逻辑范畴的密切联系,不外有下面几个理由:

(1)语法范畴的项目往往不是逻辑范畴表内所包含的项目。

(2)有许多逻辑范畴并没有与之相应的语法范畴。

(3)各语言之中的语法范畴并不一致。

(4)某些语法范畴所包含的语法意义和逻辑的意义正好相反。

在这些理由之中,第一个理由之不足以否认语法范畴和逻辑范畴的关系,我们已经在上面加以说明,这里无需多谈。第二个理由其实是一种误解。毫无疑问,在某些语言里,有的逻辑范畴并不是由语法成分来表达的。例如阿里斯多德所说的"时间"的逻辑范畴在某些语言里就没有与之相应的语法范畴。库兹涅错夫说:"但是,有的语言就没有这一范畴(按:即"时间");例如,在瓦伊语(西非洲)里,ntu 同时意味着'我去','我去了','我将要去'。这里并没有时间的语法范畴。这并不等于说,讲瓦伊语的人没有什么时间观念。如果需要准确地说明什么时候发生这动作的话,他们也可以做到,不过不是求助于语法工具,而是求助于词汇工具,即应用指明时间的不同的状语。"[1]列弗玛特斯基也在他的《语言学概论》里说:"例如,对罗曼—日耳曼诸语言来说,非常重要而在这些语言里由有定冠词和无定冠词来加以明白表达的有定性和无定性的范畴,是俄罗斯语言所缺乏的,但这不等于说俄罗斯人不认识这些意义,——他们通常只是拿词汇来表达这些意义。"[2]应当指出,

---

[1] 《语法、语言的语法构造》,人民出版社,1954,7页。
[2] 《语言学概论》(俄文本),246—247页。

在某种场合下,逻辑范畴的确可以不拿语法工具来加以表达,但这种情形并不足以说明语法范畴和逻辑范畴是没有关系的。要知道,尽管某一个别的逻辑范畴并不一定在某一语言里必须拿语法来加以表达,而这一种或任何一种语言的语法范畴却不能没有逻辑范畴或逻辑概念作为它的基础。何况事实上,如果我们承认语法中的分析范畴的存在,我们就可以肯定地说,没有某种语法范畴而有某种逻辑范畴的情形在各语言中并不是普遍的现象,只是个别的现象。不用说,这些个别的现象至少也可以在谓语里得到语言的表达。原来语法和逻辑并不是一回事,语法和逻辑的关系并不是"一对一的等符"。因此,在语言的发展过程中,可能发生个别彼此不相一致的情形,但总的来说,逻辑范畴往往有语法范畴和它相适应。这种情形只能说明语法范畴和逻辑范畴并不相等,并不足以说明语法范畴和逻辑范畴没有关系。何况在任何情形之下,语法范畴都不能没有逻辑范畴作为它的基础,虽然逻辑范畴不见得都有与它相应的语法范畴作为它的表达手段,词汇成分也可以表达逻辑范畴。

各语言中的语法范畴的确并不一致。但这不足以说明语法范畴和逻辑范畴没有关系。汉语没有"性"的语法范畴,俄语有"阴"、"阳"、"中"等性的区别,而法语则只有阴阳两性的区别。这些情形说明了什么呢?这也同样地说明语法范畴尽管和逻辑范畴有密切的关系,但两者并不相等,因此在各人民之间有同样的逻辑范畴的系统,其所运用的语言却并没有同样的语法范畴的系统。如是而已。这情形并不能证明语法范畴和逻辑范畴没有关系,事实上各语言的语法范畴也都是以逻辑范畴为基础的,因为这些不同的语法范畴也都是语法意义的概括,而这些语法意义也都是逻辑关系之被表现在语言里的。

语法范畴所包含的某些语法意义和逻辑范畴或逻辑概念,表面看来正相反的情形也是有的。俄语的名词都有"性"的区别,"阴"、"阳"、"中"各性之中的一种性是俄语名词所必具的一种语法范畴,但在反映客观事物的逻辑范畴中,俄罗斯人显然没有把一切事物都归为阴、阳、中等性,从语法上说 книга(书)是阴性的;但从逻辑上说,为什么 книга 是阴性的呢？显然找不出理由,俄语中很多的词都不能够找出其所以属于某"性"的逻辑理由：процесс(过程),процент(百分数),проход(过道),свод(拱门),свист(口哨声),риф(暗礁),ров(壕沟),лубок(夹板),компрессор(压气机),为什么这些词是阳性的呢？ карета(篷车),карикатура(漫画),липа(菩提树),надежда(希望),небылица(谎话),为什么这些词是阴性的呢？ крыло(翅膀),крыльцо(阶台),купе(车厢房间),为什么这些词是中性的呢？更奇怪的是,德词的 das Weib(妇女)显然指的是阴性的事物,然而在语法上却属于中性。法语也有同样的情形：projectille(抛射体)为什么是阴性的呢？ reprisage(补缀)为什么是阳性的呢？像 sentinelle(哨兵)这样的词指的显然是阳性的事物,却属于语法上的阴性。这些情形应当如何解释呢？原来语法形式和语法意义虽然是两个不同的东西,但彼此却紧密地联系在一起。语法形式有它自己的内部发展规律,语法意义也有它的内部发展规律,但它们却可以彼此影响。"性"的区别是客观存在的。反映客观存在的思维自然就构成了"性"的逻辑概念,以这概念为基础形成了"性"的语法范畴。这是自然的现象。但表达这个概念的可能是语法成分,而这语法成分又是语音和语义的结合物。语音有它自己的内部发展规律,把某种语音结构作为某种语法意义的"物质外壳",各语言各有各的特点。这些语音结构可以随着历史的发展发生语音的演变。语音的演变有它自己的规律。于是,当表示"性"的词的语音部分正好是由于历史的发展而变成本语言中的语法系统拿来表示某种语法意义的语音形式时,这语音形式就使人们把其一般所表示的语法意义加在这个词上。法语的 sentinelle 所以是阴性的,因为在法语里,收-elle 词尾的词是阴性的,而这个词正好是收-elle 的。这情形说明语法范畴有的时候可以和逻辑范畴发生矛盾。但这是不是说语法范畴可以没有逻辑范畴作为它的基础呢?不是的。"性"的语法范畴是以逻辑上的"性"的概念为基础的。中世纪的法国人不会因为 pape(教皇)是阴性名词就把"教皇"看成女人。应当指出,语言和思维的关系,在某种意义上说,是形式和内容的关系。这里所说的形式和内容的关系指的是"语言·思维"这个统一体的形式和它的内容,换言之,思维是"语言·思维"这个统一体的内容部分,语言是"语言·思维"这个统一体的形式部分。一般的情形,形式和内容是互相适应的;但有的时候也可以产生形式和内容相矛盾的情形,因为形式和内容也还有各自的内部发展规律,虽然它们是紧密联系在一起的。语法是语言的问题,虽然语法范畴从某一种意义来说,只是逻辑范畴之被表现在语言里的,是和思维有关的,但严格地说,逻辑范畴才是思维的范畴,语法范畴仍然是语言范围内的问题。语法当中有形式和内容的结合,在某种意义上说,语法的形式是表达语法意义的语音结构,语法的内容是被这种语音结构所表达的语法意义。但语法意义并不等于逻辑概念。从语言与思维的关系来说,语言是"语言·思维"这个统一体的形式,思维是这个统一体的内容。从语言本身的结构来说,语音结构在某种意义上是形式,意义在某种意义上是内容。语言各成分所包含的意义固然是来自思维,但这意义并不等于思维,只是思维之被表现在语言里的。正如上面所说的,语言各成分所具有的意义要受语言结构的影响,同样的一个逻辑概念或逻辑判断,在语言里可以随着语言的各种不同的结构而有各种不同的表现方式。意义正是概念之随着语言结构的具体情形而被巩固在语言成分里的。正因为这个道理,在逻辑上成为一个单位的概念,在语言里却不一定是一个意义,可能是几个意义的结合;在逻辑上成为一个范畴的概括单位的,在语言里却可能有不同的概括情况。这正是逻辑范畴可能在语言里由几个不同的语法范畴或不同的语言成分来表现的情形,例如逻辑上的"量"的范畴在语法上可能被不同的语法范畴所表现(名词的"数"、动词"数"、数词、数位词等),在各不同的语言里也随着各语言的结构系统的差异而有所不同,我们可以用一个图解来说明这个问题:

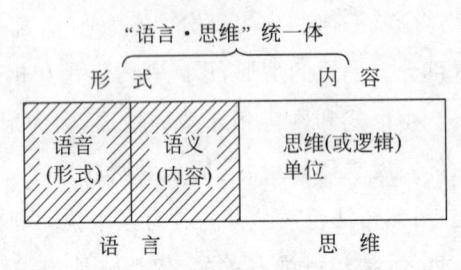

	"语言·思维"统一体	
形 式		内 容
语音 (形式)	语义 (内容)	思维(或逻辑) 单位
语 言		思 维

　　这里,语音和语义的结合体是"语言·思维"的结合体中的形式。① 因为形式和内容不是同一个东西,而是两个对立面的统一,统一的情形可以随着不同的情况而有所不同,所以语言意义和逻辑概念之间的联系并不是一对一的等符,并且在某种情况之下,可

---

① 关于这个问题,叶斯柏森曾经有过类似的解说。参阅叶斯柏森的《Philosophy of Grammar》,pp. 53—54。

能产生矛盾的现象。不过,这种矛盾的现象只是暂时的,往往要随着历史的发展加以调整,来解决这个矛盾。中世纪的法语把 pape(教皇)看成阴性名词,要和阴性形容词合用,现代法语中 pape 则是阳性名词,要和阳性形容词合用;俄语的 мужчина(男人),дядя(伯伯)原是阴性名词,现在都变成阳性名词了。

此外,语法范畴是语法的抽象化的产物,它已经成为了一个一般的语法意义,不是个别的词的语法意义。因此,由于不同于逻辑的语法自己所有的特点,尽管某一个词所指的某一个具体的事物并没有什么性的区别,而在语法上却往往要把这一般的语法意义的"性"加在词上。这正是词所指明的客观事物看不出有什么性的区别,而在语法上要把这个词加以"性"的说明的原因。布达哥夫曾经对这问题做过说明,他说:"由此可见,性的语法范畴,在有实在的性别支持它的场合下,以及在诗人语言中使我们的思想集中到这一范畴上去的时候就会变得明显了,而在其余的场合下,性的语法范畴便具有抽象的语法意义,这种意义与其说是从个别的语义产生出来,倒不如说是从整个词组或者甚至整个句的词法特征中产生出来的。"[①]同时,由于人们对客观事物的性别,在某一社会发展的过程中,可能有不准确的认识,或者有不同角度的认识,因此就产生了"阴错阳差"之类的现象。但这也并不足以说明整个的语法范畴可以没有逻辑范畴为基础。"性"的语法范畴如此,其他的语法范畴也是同样的情形。

语法范畴虽然和逻辑范畴有密切的关系,但我们也不能因此而把它们混为一谈。语法范畴和逻辑范畴并不是一回事,它们都

---

① 《语言学概论》,133 页。

各有各的内部发展规律,都各有各的特点。逻辑范畴是思维规律范围内的问题,语法范畴是语言规律范围内的问题,两者并不相等。因此,语法范畴虽然必须是以逻辑范畴为基础的,但它也自有它的特殊的规律。逻辑范畴虽然都要有语言标志,但这标志却不见得都是语法成分,而语法范畴则必须有语法的物质外壳,不是由语法形式作为物质外壳的,就不成其为语法范畴。因为语言有民族性,各语言的语法范畴的系统都各不相同。因为语言是历史范畴内的社会现象,同一语言在不同时代里的语法范畴的系统也不一样。墨山宁诺夫曾经有过"概念范畴"的理论,他认为"概念范畴是存在于某种社会环境的语言本身中的种种概念的表达。这些概念不是在语言的帮助下被描述,而是在语言本身内,在它的词汇和语法构造内出现的,……在语言里被追究的表达语言的概念范畴首先就是统一各语言的联系的环节"。[①] 这种错误的理论只能引向这样的结果:"会使各个个别语言丧失其特征,会抹杀它们各别受民族性制约的独具的特点,而使它们只成为不估计其特点而被比较的东西。"[②]逻辑范畴没有民族性,语法范畴有民族性。墨山宁诺夫把逻辑范畴(即他们所说的概念范畴)拉进语言里来,把它们当做语法范畴来看待,结果只有否认各语言的语法范畴的特点和民族性。其实,语法范畴和逻辑范畴虽然有密切的联系,两者却各有各的特点,不可混为一谈。[③]

---

① 雅尔契瓦在《马尔"理论"中关于词汇和语法相混合的学说的批判》里的引文,见《语言学中的历史主义问题》,118 页。
② 雅尔契瓦:《马尔"理论"中关于词汇和语法相混合的学说的批判》,见《语言学中的历史主义问题》,119 页。
③ 关于逻辑范畴和语法范畴的不同,我们曾经在别的地方详细地谈论过,这里就不细说了。参阅高名凯《语言与思维》,1956,三联版,72—81 页。

第四节 语法范畴和语法形式的关系

语法范畴一方面要以逻辑范畴为基础,一方面又要有语法形式作为它的物质外壳。语法范畴离开了语法形式,就不存在。语法范畴所包含的语法意义都有某种语法形式作为它的表达工具。尽管由于各语言的内部发展规律,各语言的语法范畴所包含的语法意义各有各的表达形式,但在任何情况之下,语法范畴所包含的语法意义都不能没有语法形式作为它的物质外壳。不过,这种和语法范畴或语法意义相结合的语法形式可以在各语言中,甚至在同一个语言的不同情形里不相同罢了。这情形可以表现在下面七个方面:

(1)同样的语法范畴或语法意义在不同的语言里可以由不同的语法方式表达出来。例如,同是"中性"的语法意义,在俄语里用词的内部形态的词尾来加以表达,在德语里却可以拿冠词 das 来表达它:俄语 село(乡村)——德语 das Buch(书);同是"第一人称"的语法意义,拉丁语用词的内部形态的词尾来加以表达,法语却可以拿补助词来表达它:拉丁语 lego(我念书)——法语 je persuade(我劝告);同是领属的语法意义,俄语用词尾来表达的,汉语则用虚词"的"来加以表达,法语则用前置词 de 来加以表达:俄语 села(属于乡村的)——汉语"父亲的书"——法语 de la France(属于法兰西的)。语言是思维的物质外壳,尽管语言的任何成分都必得是语音和语义的结合物,但其主要部分却是包含有意义的语音形式,这些不同的语法方式就成为了各语言的语法特点的主要部分。

(2)同样的语法范畴或语法意义在同一个语言里也可以有不

同的语法方式。例如英语的"领属"的语法意义既可以拿前置词 of 来表达它,又可以拿词尾 -'s 来表达它:My father's book——The book of my father("我父亲的书");法语的阴阳性区别既可以拿冠词 le,la 来表达,又可以拿词尾变化来表达:la plupart(大多数)——citoyenne(女公民);le citrate(柠檬酸盐)——monsieur(先生)。这些不同的语法方式就成为了某一语言的语法规则之一。

(3) 同样的语法意义在同一个语言里可以拿同类的语法方式中的不同的语法形式来表达它。例如,同是中姓名词的单数主格,俄语却可以拿 -o,-e,-ё 等词尾来表达它:село(乡村),поле(土地),ружьё(枪)。以语法方式论,-o,-e,-ё 等都是词尾,但却是词尾这一语法方式内以不同音位来担负的不同语法形式。又如同是名词的"复数",英语却可以拿 -s,-en 等词尾来表达它:books(许多书)——children(许多儿童)。以语法方式论,-s,-en 都是词尾,但却是词尾这一语法方式内的不同的语法形式。这些形式也就成为某一语言的语法规则之一。

(4) 同样的语法范畴或语法意义,在不同的语言里可以拿同样的语法方式来加以表达。例如,英语可以拿前置词 to,法语可以拿前置词 à 表达"与格"的语法意义:英语 to the sister(给姐姐)——法语 à la sœur(给姐姐)。

(5) 同样的语法意义在不同的语言里可以拿同样的语法方式内的同样的语法形式来表达它。例如,俄语和意大利语都可以拿词尾 -a 来表达"阴性"的语法意义:俄语 книга(书)——意大利语 emenda(改革)。

(6) 同样的语法意义在同一语言里可以由于历史的发展而改

变其语法形式,甚至于改变语法方式。例如,古法语物主代名词的复数主格是 nostre,vostre,lor,复数是 nostron,vostron,lor,近世的法语最初主格是 noutre,voutre,lour,宾格是 noutron,voutron,lour,后来主格是 nôtre,leur。又如拉丁语本来没有代名词,动词的"人称"是由词尾来表示的(lego"我读",legis"你读",legit"他读"),到了俗拉丁语的时候,各地拉丁土语就渐渐地丢掉词尾,来用代名词,法语 je lis,tu lis,il lit 就是这样变来的。

(7)同样的语法形式却可以表达不同的语法意义。这情形并且是多方面的。例如,同样的语法方式(词尾)既可以表示"格",又可以表示"数",甚至于表示"人称"。俄语的 книгу 和 говорит 用的都是词尾,却表示不同的语法意义:"格"和"人称"的不同。不消说,这情形也可以存在于不同的语言里。德语用元辅音的屈折来表示"数",英语却可以用它来表示"时制":德语 Gast(客人)——Gäste(许多客人);英语 ring(摇铃)——rang——rung。同样的一个音位或语法形式在同一个语言里也可以表示不同的语法意义。例如英语的-s 既可以表示动词的"人称",又可以表示名词的"数":He speaks(他说)——two books(两本书)。在同一个语言里的同一个语法形式可能同时表示几个语法意义。例如拉丁语的 lego(我现在读)的词尾-o 既表示动词的"人称",又表示这"人称"是"单数"的,又表示这动词是"现在时"的。在俄语的 книга 里,词尾-a 既表示这个名词是阴性的,又表示它是"单数"的,又表示它是属于主格的。

总而言之,语法范畴或语法范畴所含有的语法意义必须有语法形式作为它的物质外壳或物质标志,没有这个物质外壳或物质标志,语法意义就不能存在。但哪一种语法形式是哪一种语法意义的物质外壳或物质标志,各语言的情形却各不相同,就是在同一个语言里,也由于历史的发展而有所不同。可知语法形式和语法意义的结合是各语言的内部发展规律在历史上的特殊表现。

第五节 语法范畴的一般内容

人类各语言到底有多少语法范畴呢?这问题还不是我们目前所能准确回答的,因为我们还没有能够把人类所有语言都加以研究过。但各语言中所常见到的语法范畴却是我们所了解的。为了说明语法范畴的一般特点,我们有必要对人类各语言中的某些语法范畴加以叙述。因为广义的语法范畴所兼指的词类是个比较复杂的问题,我们要另行讨论,这里只就狭义的语法范畴,亦即与词类的语法意义有关而由词的内部形态或外部形态所表达出来的一些语法意义的概括来加以说明。[①]

许多语言都在名词、形容词、动词方面有"数"的语法范畴。一般地说,"数"包含"单数"和"多数",有时还有"双数"。"单数"指明一个存在或一个事物,或者是集体的一群存在或事物;比方说,俄语的 человек 既可以指个别的一个人,又可以指一切的人或人的整个集体。"多数"指明一个以上的存在或事物;在有"双数"的语言里,多数指明两个以上的存在或事物,但却没有指出准确的数目;集体的一群存在或事物一般是由单数来表示的。例如英语中的 Chinese(中国人),German(德国人),French(法国人)和

[①] 下面所述有关语言的语法范畴的情形,主要是取材于葛莱伊的《语言之基础》、达哥夫的《语言学概论》、方德里耶斯的《语言论》等,一部分是我自己的探讨。

Russian(俄罗斯人)指的都是集体的中国人、德国人、法国人、俄罗斯人等；拉丁语的"多数"latrones 指"许多贼"，但是"单数"的 latrocinium 却指"一群贼"。"双数"指明两个存在或事物，往往指具体世界中的成双的东西。古代印欧诸语言，如梵语、希腊语及古斯拉夫语，都有"双数"。梵语 aśvau（两匹马），教会斯拉夫语 vlùka（两只狼），现代俄语五以上的数目要用复数第二格，二至四的数目要用单数第二格（这单数第二格就是古代的双数变来的）。在印欧诸语言和闪美特诸语言里，单数和多数是由特殊的屈折来表示的。例如，英语 thief（贼）：thieves（许多贼）；拉丁语 latro：latrones；阿拉伯语 sāriqun：sāriqūna；而集体的单数则由另一种特殊形式来表示：thiefdom，latrocinium，surrāqun（或 saraqatun）。有的语言没有单数和多数的区别；有的语言，例如北美洲的瑞安语（Siouan），只在有生的事物上有"多数"，而在第一身代名词上有单多数之分，第二身代名词就没有区别，而在第三身代名词上则分别得不清楚。汉语的词只在指明"属人"的时候，有单多数之分（人：人们），而在代名词上则都可以分单多，汉语的"指人"的词还有运用"双数"（俩）的趋势。

许多语言都有偶然运用重复来表示多数的情形，例如日本语的 kuni（国家）：kuni-guni（许多国家）；布茨曼语的 tu（嘴）：tu-tu（许多嘴），马来语的 dūri（荆棘）：dūri-duri（许多荆棘）。多数常常是用一个指明"许多"、"人民"、"所有"等意义的虚词加在词上的办法来表示的。藏缅语中的古龙语（Gurung）有 ābamae（父亲—许多），maki-jaga（狗—所有）的说法。非洲的伊保语（Ibo）也有（ātur-mnile（羊—我—所有）的说法。汉语的"人们"也是这样情形；"们"大约是古代的"民"。在许多语言中，往往也有拿多数去说明单数,或拿单数去说明多数的情形;例如作家们往往说"我们以为",其实这"我们"指的只是"我"。又如演说家往往对听众说"你如果不了解,可以问我",其实"你"指的是"你们"。英语的尊称you,就是拿多数的 you(你们)用在单数上的(单数本应说 thou),法语的尊称 vous 也是同样的情形。在许多语言里往往也有这种情形,即有些词只能是单数,不能是多数,有些词则只能是多数,不能是单数,拉丁语法学家称这种情形为"singuralia tantum"和"pluralia tantum"。例如法语的名词 bourgeoisie(资产阶级),俄语的名词 большинство(多数),英语的名词 furniture(家具),都只能用在单数上;法语的名词 les ciseaux(剪刀),俄语的名词 очки(眼镜),英语的名词 economics(经济学)、phonetics(语音学)等都只能用在多数上。

双数是许多古代印欧语所有的。梵语、阿维斯达语、古波斯语,古爱尔兰语、峨特语(只在代名词和动词方面)、立陶宛语、教会斯拉夫语、斯罗凡语等都有"双数"。梵语的 sá vṛkas(那一只狼),táu vṛkau(那两只狼),té vṛkāo(那许多狼)是其一例。其他语族的语言,如印度的林布语(Limbū,属于藏缅语)和蒙达语(Mundā)、北美洲的一些印第安语、波里尼西亚语、麦兰尼西亚语、澳洲语等,也有这情形。麦兰尼西亚语的某些方言甚至于有"三数",而所罗门群岛之中的高语(Gao)则有"四数"。不过,这种"三数"和"四数"到底是词的配合或是语法成分,学者们的意见还没有统一。葛莱伊就认为不是语法成分。汉语的北京方言则有在某种情形下运用"三数"的趋势("爷儿仨")。

"性"的语法范畴,一般地说,是名词和形容词所具有的,但在某些语言里,也有动词具备"性"的情形(例如希伯来语 yixtob——

"他要写":tixtoв——"她要写")。在印欧诸语言和闪美特诸语言里,"性"往往分为阳性、阴性和中性。在这些语言里,"性"的范畴往往是由主格的屈折来表示的。比方说,在拉丁语里,第二种变格而以-us 为收尾的名词通常是属于阳性的,第二种变格而以-um 为收尾的名词是属于中性的,而第一种变格以-a 为收尾的名词则是属于阴性的。例如:equus(公马),dōnum(礼物),equa(母马)。在形容词方面,这种区别更是明显的,例如:bonus(好),bonum,bona。有的时候,在某些语言里,同一个词的单数和多数可以属于不同的"性"。例如,德语的 Gott(上帝)是阳性的,但是它的"多数"Götter 却是中性的。在印欧诸语言里,中性似乎有渐趋消失的倾向。

许多语言还有一种特殊的性的区别,即有生性和无生性的区别。一般的情形,有生性是阳性或阴性,无生性是中性,拉丁语的 occisus gladio(被刀杀了)和 occisus ab hoste(被敌人杀了)是表示有生性和无生性的实例。教会斯拉夫语和俄语都有有生性和无生性的区别,表现在格的变化上。

闪美特诸语言在历史时期只有两个性——阳性和阴性。例如阿拉伯语的 malikuⁿ(国王):malikatuⁿ(王后)。但这些语言的某些古代的名词和形容词则只是有生性的,例如阿拉伯语的 abuⁿ(父亲),ummuⁿ(母亲)。有的时候,同一个词可以或是阳性或是阴性,例如希伯来语的 derex(道路),lāšōn(舌头)。在印度蒙达语族里,指示代名词有有生性的和无生性的区别。某些美洲的印第安语也有这情形。有的语言则区别尊性和卑性,强性和弱性。

"性"的语法范畴有很大的复杂性。有些词我们不知道为什么是属于阳性或阴性的,例如,为什么俄语的 год(年)是阳性的,

стена(墙壁)是阴性的,поле(田野)是中性的。有的时候,分明是阴性意义的词却是属于中性的,例如德语的 das Weib(妇女);而分明是阳性意义的词却是属于阴性的,例如法语的 sentinelle(哨兵)。在不同的语言里,同一个意义的词却可以属于不同的性,例如俄语的ложка(汤匙)是阴性的,而德语的 der Löffel(汤匙)则是阳性的。有的时候,"性"的语法作用所表示的意义也不一样,例如俄语 учитель(男教师)的"阴性"учительница 指的是"女教师",然而 профессор(教授)的"阴性"профессорша 指的却是"教授夫人",于是"女教授"也同样地用阳性的 профессор。

有的语言有一种和"性"的语法范畴相类似的语法范畴,无妨称之为"类"的语法范畴。麦兰尼西亚的伊赛语(Isai)就把名词分属于"两类":第一类包括身体各部分的名称、各种关系同领有者有密切关系的事物的名称、一些用作前置词的方位词,第二类包括其他的一切名词。北美洲的海达语(Haida)把事物分为长的、细的、圆的、平的、有生命的、充满的、物质的等类。非洲班图语的"类"的语法范畴包含有十七到二十三"类"。

"格"的语法范畴指明词与词之间的各种关系。"格"英语叫做 case,法语叫做 cas,俄语叫做 падеж。这个术语是从希腊语 ρtōsιs 来的(拉丁语的 casus 是希腊语 ρtōsιs 的翻译)。希腊语 ρtōsιs 的原意是"落下"(俄语的 падеж 与 падать"落下"有关),因为"格"被认为是从主格落下来的;"主格"是原来的,其他的"格"是从"主格"落下来的。印度语法学家把"格"叫做 vibhakti-,意思是"分开"、"区别"或"变更",即词根的变化。从形式上看,有的语言是拿屈折来表示各种不同的"格"的,有的语言则是拿补助词来表示的。拉丁语、俄语等都是拿屈折来表示的,例如,拉丁语的 dominŭs, dominĕ, dominum, dominì, dominō dominō("主人"这个词的六个格);俄语的 сеló, селá селý, селó, селóм, селé("乡村"这个词的六个格)。一般地说,法语并没有综合的语法范畴"格",但从分析的语法范畴来说,法语也有"格",不过法语只是拿补助词来表示罢了。例如:le garçon, du garçon, au garçon, le garçon("小孩"这个词的各种格)。"格"的数目各语言并不相同,拉丁语一般有六个"格",但在地名方面,则另有方位"格"。德语有四个"格",梵语有八个"格",格鲁吉亚语甚至有二十三个格。总的来说,各语言的不同"格"的总数至少有三十六个,而印欧语言则有八个(原来可能有九到十个),闪美特语言则有三个(还有第四个格的残余)。

各"格"所有的语法作用很复杂,我们只能就大家所熟知的印欧语言的情形加以简略地叙述。印欧各语言的"格"可以梵语为例。梵语有主格、宾格、与格、属格、方位格、来源格、工具格和呼格,一共八个格。例如 yajñás(牺牲)这个词的八个格:yajñás(主), yajñám(宾), yajñāya(与), yajñásya(属), yajñé(方位), yajñāt(来源), yajñā(工具), yájña(呼)。主格是动词的主语,也可以说是主动格,因此,主语所用的都是主格。宾格是动词的直接宾语。宾格在拉丁语叫 accusativus,意思是"与怨言或控诉有关的东西",因此拉丁语法学家发郎(Varro)就把它解释为"控诉的格(casus accusandi)"。其实拉丁语的术语只是从希腊语 αιτι-ατική 翻译来的,而希腊语这个术语的意思是"被动词所影响的东西",因为希腊语 αιτια 这个词既有"原因",又有"控诉"的含义,就被译错了。被动词所影响的东西也就是动词的对象或目的物,因此宾格往往又被称为目的格或役格。传统的语法学家把"与格"解释为"间接目的物或间接对象的格"。"与格"拉丁语称为 dativus。拉丁语

dativus 的意思是"与'给予'有关的东西",拉丁语法学家发郎称之为"给予的格"(casus dandi)。其实也是从希腊语翻译来的,"与格"希腊语称为 δοτική。除了作为间接宾语之用以外,在某些语言(如印度—伊兰、拉丁、斯拉夫等)里,与格也可以偶然被用来表示动作所向而未到达的地方,例如拉丁语 it clamor caelo(叫声直上青天)。属格的作用在于表示领属关系,并表示全体中的一部分。"属格"拉丁语称为 genetivus,意思是"与世代或诞生有关的东西"。其实拉丁术语所从出的希腊术语 γευική 的原义是"类属关系"。表示领属关系的就是从这"类属关系"的意义引申出来的。例如法语的 la parole du professeur(先生的话),这意思就是说这话是属于先生一类之中的一个先生的。由此也可以知道形容词加在名词前后的修饰关系和以名词的属格加在名词前后的结构是两种极不相同的结构,例如英语的 royal palace 是形容词加名词的结构,它的意思是一般王家的宫殿,而 king's palace 则是名词属格和另一名词的结合,它的意思是某一个别国王的宫殿。表示部分意义的属格也是从"类属关系"的意义引申出来的,例如法语的 je veux du pain(我要一些面包),一些面包是属于面包一类之中的某些部分。方位格是表示"在内"的"格",但也可以表示"在附近"、"在上面"、"在下面"等方位。方位格是以静止的角度来说明方位的,如拉丁语的 domi,意思是"在家";"在家"不是从外面到家里来的,而是一直在家里的意思。来源格是表示"从什么地方来"的格。例如梵语的 mukhatás:意思是"从嘴中来"。来源格是表示事物的产生来源的,因此往往可以在某些语言里被用来代替属格,与属格相混。例如梵语的 nāvás 既可以说是"属于船的",也可以说是"从船那里来的"。工具格是表示"用什么工具或方式做什么"或"跟什么一同来做什么"的格,例如梵语的 mr̥gā mr̥gaiḥ sangam anuvrajanti(鹿跟鹿找到伴侣),paóubhih samānāḥ(用野兽的方式去做……),yajñais tu devān prīṇatì(他用祭词来同神和解),bhrātrshehena kālo neyaḥ(用兄弟一般的友爱来过生活)。呼格是表示呼唤的格,例如拉丁语的 avĭs(鸟啊!)。

"人称"的语法范畴表明动作是由说话的人或者是由说者的对话者,或者是由被说到的人(或事物)来执行的,于是就分为第一人称、第二人称、第三人称。"人称"是和动词发生关系的。因为执行动作的人(或事物)可以是单数,也可以是双数,也可以是复数,于是,动词有数的语法范畴,例如梵语的 bhárāmi(我带),bhárāvas(我俩带),bhárāmas(我们带);bhárāsì(你带),bhárāthas(你俩带),bhárātha(你们带);bhárātì(他带),bhárātas(他俩带),bhárānti(他们带)。

"时制"的语法范畴指明动作或过程发生的时间,如"现在"、"过去"和"将来"。传统的语法学家往往把"时制"的语法范畴和"体"的语法范畴混为一谈。其实"体"的语法范畴是和"时制"的语法范畴不相同的,不过彼此有密切的关系罢了。"体"的语法范畴指明动作或过程的状态或种类,如"完成体"、"未完成体"、"进行体"等。印欧诸语言往往"时制"和"体"同用,例如法语的 il écrivit(他写)一方面是"过去时",一方面是"暂时体",而 il écrivait 则一方面是"过去时",一方面是"绵延体"。"时制"和"体"的语法范畴,在印欧语里,往往是拿词形变化来表示的。这种词形变化往往是动词的前加成分,或称为"动词前缀"(preverb)。例如,拉丁语 faciō 的意思是"我在做",con-faciō 的意思则是"我做过了";又如立陶宛语的 darýti(做):padarýti(已做过了);教会斯拉夫语的

wrěti(死):u-mrěti("去死");俄语的 читать(读):прочитать(读过)。闪美特诸语言,严格地说,并没有"时制",只有"体"。阿拉伯语的 yagtulu 并不指明"他现在杀"或"将要杀",只指明他杀的动作还没有完成,从"时制"的角度来看问题,这里所说的动作既可以发生于现在,也可以发生于将来。

"体"的语法范畴是非常复杂而多样化的。一般见到的有进行体、暂时体、完成体、未完成体、起动体、意欲体、使动体、反身体、忍动体、恶果体、善果体、共动体、应然体、似动体、可动体、止动体、小动体、叠动体,等等。"进行体"指明动作或过程正在进行,例如英语的 I am speaking(我正在说话)。"暂时体"指明动作或过程是一发出就结束的,如法语 j'écris(我写)。"完成体"指明动作或过程已经完成了,如俄语的 я прочитаю(我读过了)。"未完成体"指明动作或过程并没有完成,如俄语的 я читаю(我读——即:我还在读)。"起动体"指明动作或过程刚一开始,如峨特语的 ga-uak-nan(刚醒来)。"意欲体"指明想要发出某种动作或过程,如梵语的 vi-vid-iṣ-ati(他想要知道)。"使动体"指明动作或过程可使另一事物产生结果,如拉丁语的 si-stō(我使它站)。"反身体"指明动作或过程反过来对主动者有影响,如希伯来语的 ni-šmar(自卫)。"忍动体"指明主动者在忍耐的试行产生一种动作或过程,如阿拉伯语的 qātala(他试着杀人)。"恶果体"指明动作或过程对人有害,如达恩沙语(Taënsa)的 hai-i-wove-r-i-jehōnì(说我坏话)。"善果体"指明动作或过程对人有益,如杜巴土拉巴尔语(Tūbatulabal)的 wici-nana't(他替他煮好)。"共动体"指明动作或过程是几个人共同发生的,如达克尔马语(Takelma)的 lōⁿ-agwa'en(我跟他一同游戏)。"应然体"指明动作或过程是应当发出的,如土耳其语的 sev-meli(他应当爱恋)。"似动体"指明动作或过程仿佛是发生了,如非洲西勒尔语(Serer)的 bind-adox-(仿佛写的样子)。"可动体"指明动作或过程有发生的可能,如达恩沙语的 vō-rewa(可能爱恋)。"止动体"指明动作或过程停止,不再发生,如福克斯语(Fox)的 pō'ni-pyä'wa(他不再来)。"小动体"指明动作或过程是微小的,如德语的 lächeln(微笑)。"叠动体"指明动作或过程是重复着的,如法语的 rebattre(重复着打)。

"式"的语法范畴说明动作或过程进行的方式。① 这个术语是从拉丁语的 modus 来的,它的意思就是"方式"。

印欧语有四个主要的"式":直陈式、虚拟式、愿望式和命令式。直陈式就是对事实的陈述,例如法语的 je viens(我来),陈述我来这桩事实。虚拟式指明动作或过程之可否实现要依赖其他的条件。虚拟式可以指明说者的欲求,例如拉丁语的 serpat(他要爬行),这种虚拟式就叫做可能性虚拟式。虚拟式也可以指出动作或过程发生的条件,例如拉丁语的 gratias agam si dicas(如果你说,我就要感谢你),这种虚拟式就叫做条件性虚拟式。虚拟式也可以说明将来要发生的动作或过程,例如拉丁语的 video quid sit ex hac re(我看这事情要变成什么样子的),这种虚拟式就叫做预期性虚拟式。虚拟式还可以指明疑惑,例如拉丁语的 in certōquid peterent(他们要找什么还不清楚),这种虚拟式就叫做疑惑性虚拟式。虚拟式退拉斯称之为假设式,因此,有的语法学家就称之为假设式。愿望式的作用在于说明愿望,例如梵语的 prátheya

---

① 这些"式"多半是表示句型的变化的,因为许多语言都把这种句型变化表现在词形的变化上,既表示句型的变化,又表示词法的不同,因此,我们也在这里加以叙述。关于句型的问题,参阅高名凯《汉语法论》中的"句型论"。

paśúbhiḥ(我愿富有家畜)。命令式指明对话者下命令,使其发生动作或过程,例如梵语的 sárpātu(让他爬)。

其他的语言还有其他的"式",例如闪美特语有"强调式",阿拉伯语的 yaqtu lau(我一定要杀)即其一例。闪美特语还有一种"劝告式",例如希伯来语的 'e-šmər-āḫ(还是让我保守罢!)。

"态"的语法范畴说明动作或过程和主体的关系:动作或过程是由主体来完成的,叫做施动态;动作或过程是由主体来忍受的,叫做受动态或称被动态;动作与主体有某种方式的关系的,叫做"中态"。近代印欧诸语言有施动和受动二态,但是古代的印欧语,例如梵语、希腊语和峨特语,则有三态:施动态、中态、受动态(不过古印欧语的受动态为数极少,梵语只有 pacyate 一词有受动态的痕迹罢了)。中态在古代印欧语里有特殊的作用。拉丁语的残缺态(deponens)[①]表示发生动作或过程的主体是为自己而发生这动作或过程的,例如拉丁语的 imitatur patrem(他模仿他的父亲)。古代印度语法学家把这种态叫做 ātmane padam(为自己的词),例如 pácati 是施动态,意思是"他为别人煮饭",而 pácate 就是中态,意思是"他为自己煮饭"。中态还有一种作用,就是表示"反身",指明动作或过程回过头来影响施动者本身,例如梵语的 vártate(他回转身),拉丁语的 vertitur(他回转身)。中态有的时候也可以表示互动,指明动作或过程是和别人互相进行的,例如梵语的 vádanti(他们彼此谈话)。近代印欧诸语言的受动态多数是从"反

---

① 古代语法学家称这种语言事实为"残缺态"的缘故,因为这些动词的变化既缺乏施动的形式,又缺乏受动的意义,它们所有的是受动的形式而有一个宾格的名词作为宾语。

身中态"变来的。

　　以上是就一般常见的语法范畴来加以叙述的。这些语法范畴都有其特殊的语法形式作为外部的标志,但其所以成为语法范畴,则有其特殊的语法意义。值得我们注意的,就是这些语法范畴所包含的语法意义在不同的语言里,范围并不相同。例如印度—伊兰语、吐火罗语及希腊语的愿望式,在拉丁语里则和虚拟式混在一起,而在斯拉夫语里则变成了命令式。这是因为这些意义在逻辑上都有联系,各语言的语法范畴如何在同样的逻辑基础上而有其不同的语法意义的概括,则有各语言的特点。另一方面,虽然退拉斯认为语法范畴是各词类的特点,但就个别的语法范畴来说,则有的语法范畴却可以是不同的词类所共有的。例如,"数"的语法范畴既可以是名词所具有的,也可以是动词所具有的,也可以是形容词所具有的;"性"的语法范畴也是如此,俄语的动词在"过去时"里就有性的区别。不过,在同一个语言里,同样的语法范畴在不同的词类里往往还有不同的语法形式。这是因为各词类的语法意义在逻辑的基础上可以和各种不同的语法意义发生联系:名词可以有数的语法范畴,因为"事物"这个意义可以在逻辑的基础上和"单数"、"双数"、"复数"等相联系,事物总可以有个数目。动词也可以有个"数",因为动作的主体可以是复数的或是单数的,然而名词的"数"和动词的"数"毕竟在同样的逻辑基础上有其不同的意义特点:名词的"数"是名词所指的事物的数目,动词的"数"却不是动词所指的动作的数目,而是发生这动作的主体的数目;它们是拿同样的"数"的语法范畴应用在具有不同意义特点的不同范围里的。

第七章 词类

第一节 对词类的正确理解

语法范畴又指词类。列弗玛特斯基在他的《语言学概论》里说:"但是作为基本的语法范畴的词类问题要复杂得多。"[①]可见,他明白地指出词类是基本的语法范畴问题。布龙达尔甚至于把他的著作《词类论》加上一个副名"语言所有的范畴的研究"。[②] 欧洲人对词类的研究起于希腊人。希腊的诡辩派学者和哲学家们为着修辞和研究逻辑的目的,觉得有把词分类的必要。普逻泰格拉斯(Protagoras),克拉提尔(Cratyle)和柏拉图(Plato)就开始把希腊语的词分为名词和动词。[③] 阿里斯多德又在这基础上加上了连词和冠词,把希腊语的词分成四个词类。其后,画廊学派的哲学家们曾经做过许多词的分类法,并且都给它们起了名称,可惜这些名称都已失传。阿历山大里亚学派的语法学家们对这些名称进行了选择,而由阿里斯达尔科斯学派加以确定。我们所能看到的退拉斯

---

① A. A. Реформатский:《Введение в Языкознание》,249 页。
② Viggo Bröndal:《词类论——语言所有的范畴的研究》(Les parties du discours, étude sur les catégories du langage),法文节本,1928,哥本哈根。
③ 他们所说的名词实在就是主词,他们所说的动词实在就是谓语。

的著作《希腊语法》里所代表的这一学派的词类分类法,是欧洲两千年来词类分类法的滥觞。纪元前第二世纪的拉丁语法学家发郎(Varro)——纪元前116—27——曾经在他的著作《拉丁语》(de Lingua latina)里:把词分为四类:有格的变化的,称为名词;有时制变化的,称为动词;有格的变化又有时制的变化的,称为分词;没有格的变化也没有时制的变化的,称为虚词。纪元后第四世纪的拉丁语法学家唐那杜斯(Aelius Donatus)把词分为名词、代名词、动词、分词、副词、连词、前置词和叹词八类;除了叹词之外,都是沿用希腊人的术语的。① 这种分类法与后世的欧洲语法学家们的分类法没有很大的差别。

后世的欧洲语法学家们在词的分类上和希腊人唐那杜斯的分类法没有什么大差别,但对词类这个概念的理解却有所不同。"词类"这个术语是英语 parts of speech,法语 parties du discours,德语 Redeteile,俄语 части речи 的翻译。英、法、德、俄等语的这些词的来源是拉丁语的 partes orationis,而拉丁语的 partes orationis 则是希腊语 Mérê logou 的翻译。无论是拉丁语的 partes orationis,或是希腊语的 Mérê logou,或是现代欧洲各种语言的 parts of speech,части речи 等,所指的意思都是一样的:言语的各种部分。为什么希腊人,甚至于罗马人,当初要把词类说成言语的各种部分呢?因为希腊人当初是就词的词汇意义,根据词在句子的地位上所表明的意义来分类的。柏拉图和阿里斯多德虽然曾经把希腊语的词分为名词和动词等,但他们所说的名词其实就是句

---

① 唐那杜斯并没有列出形容词一项,一直到中世纪,语法学家们才把名词分为体词(我们一般人所说的名词)和形容词二类。

子中的主语,他们所说的动词就是句子中的谓语;因为句子属于具体言语的结构问题,所以依照词在句子中的地位而分成的类,就称为言语的各种部分。这种说法在词类理论的发展过程中虽然有它的首创的功绩,但却没有正确地理解词类。今天欧洲的语言学家们虽然还沿用当时的术语(言语的各种部分)但语言学家们对词类这一概念的看法已有所不同。列弗玛特斯基曾经批评传统的词类论说:"一直到我们这一时代为止,古代的公式还存在于学校的语法里,这种语法企图把被咒骂的古代的公式预先塞进各不同语言的语法范畴里,而不考虑不同的语言所有的真正的差别。在这种情况之下,一个一个的词类都是拿词的词汇意义,而不是词的语法意义来加以规定的。"[1]希腊和拉丁的语法学家们多少还受到逻辑学的影响,把逻辑判断的主语和谓语来作为划分词类的根据,也就是依照词的词汇意义所表示的逻辑概念来规定词的类别。这种办法是不妥当的,因为词类是语法问题,不是词汇问题,语法学家们之所以把词类看成语法范畴,因为它是语法意义的概括,不是词汇意义的概括。

语法学家们为什么认为词类也是语法范畴呢?他们有什么根据把词分成这些类呢?词类到底是什么呢?原来词类是词的语法分类。库兹涅错夫说:"词类是词的语法分类,由于语义、句法和形态的标志而彼此有所分别。"[2]因为词是语言建筑材料的词汇单位,同时又是语言构造的语法基础,因此,词类是词的基本的语法的种类。因为词类是与某种语法形式结合在一起而表现某种语法

---

[1] А. А. Реформатский:《Введение в Языкознание》, p. 249.
[2] П. С. Кузнецов:《Историческая Грамматика Русского Языка》,1953,莫斯科,30页。

意义的概括的,因此,词类是语法范畴,而研究词类也必须从词的语法意义和词的语法作用下手。词类是词的语法分类,这句话就说明了不是依照词的语法意义和语法作用来加以分类的,并不是语法学上所说的词类。例如依照词的语音特点而加以分类的单音词和复音词并不属于语法学上所说的词类问题的范围,依照词之是否摹仿自然界声音而造成的摹声词和非摹声词的分类也不是语法学上所说的词类,只依照词的词汇意义来区别的词的语义分类也不是语法学上所说的词类。叶斯柏森曾经有过一种理论,他企图把词的分类分为两种:一种是根据词的词汇意义来加以分类的,他称之为词类;一种是根据词在句子中的地位而加以分类的,他称之为词品(ranks);他认为根据词的词汇意义可以把词分为名词、动词、形容词等,根据词在句子中的地位可以把词分为三品——首品、次品、末品。[①]叶斯柏森这种理论正是王力在他的《中国语法理论》里所采取的理论根据。这里,叶斯柏森把词类看成词的词汇意义的分类,是一个错误,因为这样一来,他已经把词类排斥在语法问题之外,把词类和逻辑概念的分类混合起来,同时又把词类和词在句子里的作用割裂开来。其实,词类是词的语法分类,我们只能根据词的语法意义和词的语法作用(包括词在句子中的作用)来划分词类,不能拿词的词汇意义来作划分词类的根据。波斯皮洛夫说:"词类是词的基本的词汇,语法的种类。在这些分类里实现了把最概括的词汇意义改造成对象、行为(作为过程、状态、品质、数量、状况的标志概括的指示等)的抽象化了的语法意义。"[②]这句

---

① O. Jespersen:《Philosophy of Grammar》,伦敦—纽约,1924,96—107页。
② 波斯皮洛夫(Н.С.Поспелов)在苏联科学院关于词类问题的讨论会上的发言,见《关于词类的讨论》,《中国语文》1955年5月号,40页。

话很值得重视。词有它的词汇意义和语法意义。词汇意义不是区别词类的根据,而是区别词的语义类别的根据,因为只根据词的词汇意义,我们就可以把"红"、"黄"、"蓝"、"白"等归为一类,成为"颜色",但我们却没有在语法里有什么名叫"颜色词"的词类。一般的情形,词汇意义是由词根或词干来表示的。麦叶(A. Meillet)曾经在《关于句子理论的几点意见》里说:

> 在我们所能追溯的最古的时代里,印欧语和闪美特语是以'词根'作为构词的原则的。然而,这些词根之被一般规定为'动词词根'并不是偶然的事情。拉丁语使人对这种过程有个概念,例如拉丁语的一个词根 da-(给)一方面提供了动词 dat(他给),dedit(他给过),另一方面又提供了这一类的名词,如 datus(被给予的东西),dator(给东西的人),datio(给东西的动作)。无疑地,datus,dator,datio 是名词,但是人家可以在这些名词里感到有过程的意义贯串其间,而 datus 和过去分词的 datum(一个表示动作的名词的宾格)甚至都被包括在动词的变化之内。如果表明'嫁资'的名词 dōs 和表明'礼物'的名词 dōnum 看来是纯粹的名词的话,这是因为词根是以古代的形式存在于这些词里边的,而这些古代的形式从前是广泛地存在于动词里的,现在却在那里变成了奇异的,同时又因为这样一来,dōs 和 dōnum 就被人家加以不正确的分析了。[①]

虽然麦叶的目的在于说明印欧语的词根最初是动词词根,这种意见是否正确还值得讨论,但是他所举的实例却给我们说明了印欧语的同一个词根可以作为名词和动词的基础。词根本身只有词汇意义,没有词类意义。词汇意义不是词类意义,因为词汇意义只代表没有语法作用的词的词汇部分的意义,并不代表词的语法部分的语法意义。词汇意义也就是逻辑概念之被表现在词里的。

---

① A. Meillet:《关于句子理论的几点意见》(Remarques sur la théorie de la phrase),见其所著《历史语言学与普通语言学》(Linguistique historique et linguistique générale)论文集,第 2 卷,巴黎,1938,7 页。

逻辑概念的语言表达都是名称,逻辑学上并没有名词、动词、形容词等术语,这些术语是语法学上所有的。所以,只有词汇意义,不能划分词类。但词也可以包含它的语法部分,而这些语法部分则包含有语法意义。斯米尔尼茨基曾经在他的遗著《词的词汇成分与语法成分》里列出一个表,而加以解释说:"这里,个别的词素形式是被这样的分配的:横的方面是依照其词汇成分的共同性来加以分配的;纵的方面是依照其语法成分的共同性来加以分配的。"[1]把词的语法成分所包含的语法意义概括起来,可以得出词的词类范畴。这种概括,可以从两方面来进行,一方面是把最概括的词汇意义改造为抽象化了的语法意义,而指明对象、行为等语法意义;一方面是把狭义的语法范畴再加以概括而成功的。

波斯皮洛夫所说的"词类是词的词汇·语法的种类"。这"词的词汇·语法"指的是什么呢?如果认为他所指的是词的词汇意义和语法意义的混合物,这种理解就是不恰当的,因为事实证明只有根据词的语法意义的概括才能有词类;如果认为他所指的是词汇中的词的语法作用,那就是正确的。波斯皮洛夫在解释词的词汇·语法范畴的时候,明明指出:"在这些分类里实现了把最概括的词汇意义改造成对象、行为……的抽象化了的语法意义。"他的意思显然在于说明词类是把词的词汇意义改造成语法意义的结果,作为词类的决定因素的仍然是词的语法意义,不是词的词汇意义。有的人把波斯皮洛夫这段话解释为词汇或语法的意义都可以作为词类的决定因素,这种解释,在我看来,是不正确的。波斯皮

---

[1] А. И. Смирницкий:《词的词汇成分与语法成分》(Лексическое и грамматическое в слове),见《语法构造问题》(Вопросы грамматического строя),苏联科学院,1955,16页。

洛夫所指出的"把最概括的词汇意义改造为……抽象化了的语法意义",则是非常重要的,因为没有把最概括的词汇意义改造为"抽象化了的语法意义"时,这种概括还只是词汇意义的概括,不是语法意义的概括,因此,不属于语法范畴之内,也与词类无关。比方说,俄语的 красивый(好看的),красоваться(显得好看),красота(美观)是三个不同的词,它们有共同的词根 крас-,这个词根的意义是"好看"或"美观"。俄语又有 белизна(白色),белый(白的),белеть(使变白)三个词,其中也有共同的词根 бел-;这词根的意义是"白"。把这两个词根的意义"好看"和"白"以及许许多多其他的词的词根所包含的意义概括起来,就成为了最概括的词汇意义"性质";但这也还只是词汇意义的概括,不是词的语法意义的概括。词是语法的基础,它有它的语法特点,表明一种语法意义。等到我们把词的词汇意义,依照其最概括而具有语法作用的情形加以改造,使其成为抽象化了的语法意义时,才可能有词的语法分类。例如,词根 крас- 和 бел- 所代表的词汇意义的概括可以由于词的语法作用的不同,而被改造为名词 красота 和 белизна,而被改造成动词 красоваться 和 белеть,而被改造成 красивый 和 белый。于是,在同一个词根 крас- 或 бел- 的基础上,就产生了三种具有不同语法意义的词,名词(красота,белизна),动词(красоваться,белеть),形容词(красивый,белый)。正因为这个道理,在词汇意义上是"某种性质"的词,如 красота,красоваться,却是语法上的名词和动词;在词汇意义上是"某种动作"的词,如英语的 action(动),motion(运动),translation(翻译)等,俄语的 причитание(悲泣),убийство(杀人)等却是语法上的名词;在词汇意义上是"某种事物"的词,如英语的 fire(火),book(书)等,却可以是语法上的动词(to fire,to book)。这种情形似乎有点矛盾,其实是不难理解的。语言成分都包含有意义,这意义都有逻辑关系为其基础,而逻辑关系则有客观存在作为它的反映对象。客观事物有许多特点,人类的抽象思维可以在各不同的事务之间只抽象出共同之一点来加以概括,构成一个概念。加尔基那—非多卢克说:"同样的现象能够在我们的思维里产生不同的概括,在词里产生不同的形式,就是不同的词类。"[1]一个事物并不是死的,它总在不断地运动着,它也有其特殊的性质。在具体的世界里,不进行运动的事物是不存在的,不具有性质的事物也是不存在的,运动和性质并且也是事物之中的一种。只有在我们对这些事物加以抽象的时候,我们才依照其共同的一个特点来加以概括。不同的花都是事物,又都有运动,又都有性质;但我们却可以从这些不同的花之中依照其某一共同的特点来加以抽象。于是,我们就可以依照其同是一个事物的角度,把它们概括起来,把它们看成事物;又可以依照其有变成各种颜色的运动,把它们概括起来,把它们看成动作;又可以依照其有各种颜色的性质把它们概括起来,把他们看成性质。结果,"花"就可能具有三种不同的概括,被人看做事物的"花"(我看见一朵花),被人看作动作的"花"(他的头发花了),被人看作性质的"花"(花布)。当然,其所以能被这样加以不同的概括,因为这些不同的方面都是客观存在的。概括不但有不同的程度,而且有不同的方面。依照不同的程度,把"红花"、"绿花"、"牡丹花"、"李花"等概括成"花"之后,又可以把它们和"小狗"、"长虫"、"笔"、"墨"、"土地"、"国家"等在一起,概括成"事物"。依照其不同的方面,则花可以和别的事物在

---

[1] 见《语言学中的历史主义问题》,167 页。

一起,从其有变成各种颜色的方面来加以概括,成为"花"的动作(他的头发花了)。我们说话的时候,总要把我们的思维对客观世界的反映加以表达;表达的时候,到底是从哪一方面去把客观事物加以概括,就要明确地说出来。但在表达的时候,我们要运用语言结构中的两个成分:词汇成分和语法成分。词汇成分的概括是一种概括,语法的概括又是一种概括。于是,在语法概括的时候,我们就可以依照不同的方面把最概括的词汇意义改造成抽象化了[①]的语法意义。换言之,如果我们认为名词指的是"事物",这"事物"也并不是词汇意义所概括的"事物",而是语法意义所概括的"事物"。词有语法特点,有语法意义。如果一个词包含有语法上的"事物"的意义,它就是名词,不管它的词汇意义是什么,虽然这语法上的"事物"的意义是从词汇的意义依照其在语法方面的作用而加以概括的。例如俄语的 красота 这个词的词汇意义是它的词根 крас- 所表示的"某种性质"(好看),但在语法上,它却只能被用作名词,表示"好看"这个"事物"(不是"好看"这个性质);因此它具有"事物"这个语法意义,和其他在语法上具有"事物"这个语法意义的词,合成一类,称为名词。苏联科学院的《俄语语法》对名词的解释是:"名词是一些实词,它们或者是生物的名称(兄弟、蛇、虫子),或者指称客观现实中的事物、现实、事件(城市、树木、墙壁、地震),或者作为思想的对象来指任何行为、状态、特性或关系(斗争、叫喊、运动、游戏、睡眠、勇气、爱情、清洁、密切关系)。"[②]为什么名词

[①] 语言是抽象思维的承担者,词汇意义所代表的概念已经是抽象化了的思维形式,但和语法比,我们又可以说词汇意义是具体的,语法意义是抽象的。关于这一点,请参阅列弗玛特茨基《语言学概论》(俄文本),191—192页。

[②] 《俄语语法》(俄文本),第 1 卷,103 页。

竟可以指任何行为、状态、特性或关系呢？"行为、状态"难道不是动词所有的意义吗？"特性或关系"难道不是形容词所有的意义吗？如果名词所指的竟是动词和形容词所指的意义，名词和动词、名词和形容词又有什么不同呢？在我看来，问题是很明显的。这里所说的"行为、状态、特性和关系"显然指的是词汇意义；名词所指的可以是词汇意义上的行为、状态、特性和关系。例如英语的action（动作）、法语的 tranquilité（清净）都是名词，但其词汇意义却是行为——"动作"，或特性——"清净"。尽管如此，它们却仍然是名词，因为这些名词在语言结构里的语法作用上指的是"思想的对象"，即事物。汉语的"事物"本来就指的是"事"和"物"，"事"是发生的事情，也就是动作，"物"指的是实物，现在把"事"和"物"合在一起，构成"事物"这个复合词，它的意思就指的是所谓名物化了的动作和性质以及实物，也就是说，只要从名物化的角度来进行概括，动作或性质都可以被看成对象或我们平常所说的"东西"。当然语法意义是和词汇意义有关的。语法意义就是从词汇意义加以概括而改造成的。"花"的词汇意义可以有各种不同的概括，"红"的词汇意义也可以有各种不同的概括。如果在语言的词汇里，一个词的意义是把"花"当做一个事物来理解的，其他的词如"红"、"白"、"走"等也是从其作为事物的角度来理解的，那么，这些作为事物看待的词汇意义就可以被概括而改造成词类范畴，即名词，而这名词也正是这些词的语法意义，具有它特殊的语法作用。有的语言在个别的情形下，语法上的名词往往要和词汇意义上表示"事物"的词根的意义相符合，语法上的动词要和词汇意义上表示"动作"的词根的意义相符合。但这不是必然的，也不是到处都是这样的。

另一方面,词类意义是从词的各种狭义的语法范畴再行概括的结果。表示事物之属阳、属中、属阴,表示事物之有多少数目,表示事物与其他事物之间有什么关系的"性"、"数"、"格"①等语法范畴概括起来,就可以成为名词,因为有这种"性"的区别、"数"的区别和"格"的区别的词,它所有的这些语法范畴的意义和"事物"这个概念有逻辑上的联系:只有"事物"才有这种"性"、这种"数"、这种"格"的特点。正因为其具有这种"性"、这种"数"、这种"格"的意义,我们才可以把这些具有这种"性"、这种"数"、这种"格"等语法范畴的词归成一类,称之为名词。我们可以说,正因为它们是"事物",所以它们可以有这种"性"、这种"数"、这种"格"等;也可以说,正因为它们有这种"性"、这种"数"、这种"格",它们才有这些语法范畴所概括起来的"事物"的语法意义。上面已经说过,动词也可能有"性"、"数",但动词的"性"、"数"在意义上就不同于名词的"性"、"数"(不必说,在形式上也不相同);因此,由具有不同于名词的"性"、"数"的语法范畴的"性"、"数"的语法范畴,再加上其他的语法范畴,如"时制"、"体"、"态"、"式"等,就概括成动词。这些语法范畴和语法上的"动作"的意义有逻辑上的关系:只有在语法上具有"动作"这个语法意义的词,才可能具有这些语法范畴。我们可以说,正因为这些词具有动作的语法意义,它们才可以具有"时制"、"体"、"式"等语法范畴;也可以说,正因为这些词具有这些语法范畴,它们才可能被归为动词一类。两者之间有密切的逻辑关系。正因为这个缘故,狭义的语法范畴就成为了词类的特征之一。

---

① 各类的词所具有的"性"、"数"、"格"等有意义上的不同;这里所说的是就其与名词意义有关的"性"、"数"、"格"的语法意义来说的。

退拉斯所以认为各词类都有其特殊的语法范畴(狭义)为其特征,正是这个道理。

第二节　词类的物质标志

任何的语法意义都必须和语法形式结合在一起,因此,尽管我们要从语法意义学的角度来研究词类,我们却必须了解:如果没有形式的标志,也就不可能有词类的存在,也不可能认出哪一个词是属于哪一个词类的。所以,谢尔巴院士说:"不言而喻,这些范畴要有一些外部表现形式。如果没有外部表现形式,那么,在该语言系统里也就没有这些范畴,或者由于实际存在的语义联想,确有某些范畴,那么,它们也只是潜在的,但不是实现了的。"[①]但是,所谓外部表现形式到底是什么呢?

关于词类的外部表现问题,语言学家们还没有一致的意见。有的人认为词类的外部表现就是词的内部形态变化。印度和欧洲的语言学家多半都认为词的内部形态变化是词类的外部表现;我们只能依照词的内部形态变化来规定词的类别。有的人则认为词的句法功能或词跟其他的词的结合性也是词类的外部表现。这不同的意见到目前还没有得到解决。苏联语言学家们曾于1954年6月讨论过这个问题。在这会上,多数的语言学家认为词类的外部表现应当是词的内部形态变化,一部分人认为词的句法功能或词在句子中跟其他的词的结合性也可以是词类的外部表现。巴尔胡达洛夫通讯院士在这会上做出总结后说:

---

① Л. Н. 谢尔巴:《论词类》,见《中国语文》,1956年5月号,41页。

如果把语法范畴了解为反映关系的范畴,那么,就根本不能承认词类是语法范畴;那只是名称的范畴,因为它们只指明物象、品质等。与其说它们可以认为是纯粹的语法范畴,不如说是词汇·语法范畴。作为词类的词的必要标志应该是它们具有外部的、物质的标记……大部分发言者都倾向于不承认词在句子中的功能为区分词类的主要标准。同时,显然的,在表征出词类的若干标志之中,必须包括它们跟其他的词的结合能力。①

这几句话的意思就是说,词类的外部表现主要是词的内部形态变化,但在这主要的词类标志之外,还应当把词的句法功能,词跟其他的词的结合能力包括在词类标志之内。库兹涅错夫也有同类的见解。他说:"词类是词的语法分类,由于语义、句法和(内部)形态的标志而彼此有所分别。语义和句法虽然也是划分词类所需要的,但总是不够的,如果没有让我们能够划分不同词类的(内部)形态标志的话。而鉴定不同词类的(内部)形态的标志,都是每一个被划分的特殊词类自己身上所具备的,它们是特殊词类的语法范畴所固有的,这些语法范畴不但是由属于相应词类的词的结构,同时,在许多情形下,也是由那种在句子里依照它们为转移的词的结构来表现的"。② 把词的内部形态变化看做词类的主要外部表现,仿佛是没有人反对的;但是解决具体语言的词类时,往往有不同的意见,特别是缺乏词的内部形态变化的语言,例如汉语。王力在说明词的内部形态变化是区分词类的主要标志之后,又认为汉语的词可以拿词跟其他的词的结合性来区分,就是这种情形的反映。③

---

① 见《中国语文》1955 年 5 月号,42 页。
② Л. С. Кузнецов:《Историческая грамматика русского языка》,1953,30 页。
③ 参阅《关于汉语有无词类的问题》,见《汉语的词类问题》第二集,中华书局,1956,58 页。

应当指出,词类是词的语法分类,因此词本身所有的词类标志,显然是词的内部形态变化。这种形态变化,有的时候是词根之外的专为表明词类的语法意义的形态,有的时候是词根之外的表示某些狭义的语法范畴的语法形式,因为这些语法范畴是"每一种词(词类)所特有的而不同于其他种类的词(词类)的"。① 这些形态变化而且是抽象性的,不是具体性的,我们不必在具体的言语环境里去找它们,单独地拿出一个词,就知道它有多少形态变化。所以,有词的内部形态变化的词,它的词类是容易加以区分的。当然这些词的内部形态变化也是和词的句法功能有关系的。它们就是把词的具体的句法功能加以抽象化的结果,并且是把这抽象化的结果用特殊的物质外壳巩固下来的。词的内部形态既与词的句法功能有关,那么,词的句法功能或词跟其他的词的结合性也就可以成为词类标志之一了。没有词的特殊的内部形态时,词的句法功能还没有被巩固下来,因此,这种词的词类作用往往是摇摆不定的。这正是没有内部形态的词在词类的划分上有种种困难的原因。此外,我们也往往在具体的语言里找到许多词的内部形态所表示的词类作用和词的句法功能或词跟其他的词的结合性发生矛盾的情形。比方说,英语的 liberation army(解放军)的 liberation,以词的内部形态说,是名词,但在这里却是形容词的句法作用;法语的 comprendre est plus important que lire(理解比阅读重要)的 comprendre 和 lire,以词的内部形态说,都是动词,但是在这里却

---

① 《语法、语言的语法构造》,11 页。

发挥名词的功能。[①] 这种矛盾的情形在语言发展过程中有时是会产生的。在这种情形之下,我们显然只能根据词的内部形态来说明词类,我们只能说 liberation 是名词,而在这里被用做形容词,comprendre 或 lire 是动词,而在这里被用做名词。另一方面,词跟其他的词的结合性是多方面的,只根据这个一般的原则去区分词类,那么,词就可以分为许许多多的类。例如,有些动词虽然也指的是动作,但因为动作还有种种不同的类别,能够同指明这些动作的动词相结合的其他的词就受到了限制,例如我们不能把表明未完成体动词和表示已经完成的副词结合在一起。词类是语法范畴,而语法范畴是语法意义的概括;词类是词的最基本的概括,不是可以概括为一类的都叫做词类。所以,词的结合性只是一种辅助的条件,只有在这种结合性能够表示这个词具有名词意义的时候,这种结合性才可以作为名词的一个标志。在有词的内部形态变化来区分词类的语言里,可能有某些词不具有这种变化,那么,我们就可以依照其能和具有这种变化的某类的词有同样的"结合性"(跟其他的词的结合性的简称)来规定它的词类。例如,俄语的 пальто 尽管没有内部形态变化,但是和其他具有这种变化的名词具有同样的主要结合性,因此是名词。语言当中,有一种消极的语法形式。例如英语的 book 并没有任何表示单数的词法形式,但

[①] 有人认为在这种情形之下,作为主语用的仍然是动词性质的词。这种说法是不妥当的。如果我们知道"comprendre"是动词(因为它有动词的特殊形态),而在这里用作主语,我们就可以说它是动词而在这里具有名词的性质。如果我们并不知道它是哪一类的词;那么,我们就只能说它是名词性质的词,不能说它是动词性质的词,因为主语都指明被叙述的事物,而事物正是名词的语法意义。麦叶曾说过:"由于它的本质,主语必须是名词。"引《关于句子理论的几点说明》,见《Linguistique historique et Linguistique générale》,第 2 卷,5 页。这句话可以作为我们的参考。

它却是单数。因为多数的必须说成 books,两下相比,就显出 book 是单数了。这种消极的形态,语言学家们又称为零形态。词类也是这种情形。印欧诸语言的副词往往是没有词的内部形态变化的,然而它既和有内部形态变化的词类不同,它就应当是另一类,但它却和 пальто 之类不同,因为它并不具备 пальто 所具备的主要结合性。可见,在有词的内部形态变化的语言里,词的主要结合性可以作为区分词类的辅助条件,而区分词类的主要条件却仍然是词的内部形态。传统的语言学家们一向是以词的内部形态为区分词类的标准的,这不但是因为他们所研究的是具有词的内部形态变化的印欧诸语言,同时也因为在实践中,完全脱离词的内部形态变化来区分词类是有极大的困难的。

但是从理论的角度来看问题,我们应当如何解决这个问题呢?近来颇有一些语言学家认为没有词的内部形态变化也可以区分词类;他们的理论根据就是词的结合性可以作为区分词类的标记。我们已经说过,虽然语法意义必须有语法形式作为它的物质标记,但我们可以只就语法意义的角度来研究语法,不管它的物质形式是什么。从这个角度来看问题,没有物质标志固然是不能区分词类的,但这物质标志是否必须都是词的内部形态,则尚值得讨论。词的句法功能或词的结合性也是词的语法特点之一,词的语法形式之一;词的内部形态也就是词的句法功能或词跟其他的词的结合性的一个具体的表现;所以,词的句法功能或词跟其他的词的结合性在理论上也应当被认为可以作为区分词类的标准。不过,这种词的句法功能或词跟其他的词的结合性必须是词类的语法意义的物质标志。不是任何的句法功能或任何的词跟其他的词的结合性都可以作为词类的物质标志。例如,在句子里,凡是作为主语或宾语的,只有一个语法意义——"事物",因为在语言里,只有"事物"才能是被表述的对象(主语),只有"事物"才能是动作的目标(宾语)。如果一个词能够作为主语或宾语用,它就可能被视为名词。如果一个词能够和指明"事物"的词结合在一起,作为这后者的修饰语来限定这后者,它就有可能被视为形容词。为什么说它有"可能"被视为名词或形容词呢？因为它还必须和其他类的词有所不同,如果它也能发挥其他类的词的句法功能,那么,尽管它可以作为主语用,它却不能归成一类。波斯皮洛夫说:"词类的语法形状表现在词形变化的一定性质上(或者相当于这个的不变化的变化——按即消极的词形变化)和它们跟其他种类的词的结合性的一定'限制上'以及构词法的一定的形态学类型上。"[①]这里,他是说词形变化(按即词的内部形态变化)和词跟其他种类的词的结合性,可知,他并不是说只有词跟其他的词的结合性就可以区分词类；但是这个问题我们已经讨论过,这里不必多说。值得注意的是他所说的是词跟其他种类的词的结合性的一定"限制上"。换言之,如果词跟其他种类的词的结合性不是某些词所特有的,或某些词不是有某些特殊受到限制的结合性的话,那么,这些词就不能成为一类。我们还没有对全世界的语言都做过详细的研究,我们还不能证明只就词的句法功能或词跟其他的词的结合性来区分词类是否可以运用在语言的词类区分上,但是我们可以得出三条原则：

(一)词的内部形态变化应当是区分词类的主要标准,词跟其他的词的结合性或词的句法功能只是辅助的条件,在它们和词的

[①] 《关于词类的讨论》,见《中国语文》,1955,5月号,40页。

内部形态发生矛盾的时候,应该以词的内部形态为主。

(二)在理论上,我们可以假设词的句法功能或词跟其他的词的主要结合性可以作为词类的区分根据,如果被研究的语言是没有内部形态或缺乏内部形态的话。这假设之是否可以成为真理,要看实践的结果如何。

(三)如果实践的结果证明这假设是真的,我们也需要把词类分为两种:一是狭义的,一是广义的,狭义的是就其有内部形态的标志来说,广义的是就其没有内部形态的标志来说,因为有没有内部形态是语言的一个重要的特点,不可忽视。语法成分既是语法形式或语法意义的结合,我们有必要在同样的语法意义之下,就其重大的不同形式来加以分别。

为什么我们说只以词的句法功能或词跟其他的词的结合性来划分的词类必须和以内部形态来划分的词类区别开来呢?因为逻辑的规则只允许我们以同一个原则来进行分类,不允许我们依照两个不同的原则来把同一群事物加以分类。我们可以根据国籍的原则来把人们加以分类,于是,我们就分出苏联人、罗马尼亚人、南斯拉夫人、英国人、美国人等,我们也可以根据性别的原则来把人们加以分类,于是,我们就分出男人和女人。但是我们却不能拿国籍和性别两个原则混在一起来把人们分为苏联人、罗马尼亚人、男人和女人,因为男人当中也可以是苏联人和罗马尼亚人,而苏联人当中也可以是男人和女人。一般人认为划分词类的标准有三个:意义、词的内部形态和词的句法功能或词跟其他的词的结合性。这三个标准要如何地运用呢?如果我们把它们看成三个不同的原则,那么,拿其中的一个标准运用在某些词的分类上,又拿其中的另外一个标准运用在另外一些词上,再拿其中的第三个标准运用在第三批词上,这种分类法是不合逻辑的。我们只能拿三种方式之中的一种来运用这三个原则:(1)这三个标准是结合在一起的,缺一就不行,于是,这三个标准的结合就成了单一的原则。依据这种方法,要把任何一个词归入任何一类,都必须要求这个词在三方面都具备词类的条件,缺一就不行。这样说起来,缺乏词的内部形态,就不能分类。(2)在这三个标准之中认定其中的一个是主要的标准,其他只是辅助的标准,主要的标准不可缺少,辅助的标准只在于补助说明而已。正因其如此,我们同意苏联语言学家们的意见,认为词的内部形态是划分词类的主要标准,词的句法功能或词跟其他的词的结合性只是划分词类的辅助标准。(3)三个标准各自独立,由这三个不同的标准所分出来的词类是不同性质的"词类"。依照这样的了解,根据词的语法意义来分类是基本的原则,因为词类是语法范畴的问题,亦即语法意义学的问题。但是只依据词的语法意义来划分词类而不从这种语法意义的物质标志来下手,既不可能,也不必要,因为意义必须和语法形式结合在一起,脱离了形式,意义就不存在,有词类的语法意义自然也有词类的语法形式。问题只在于这形式到底是什么。于是,事实上只剩下两个标准,词的内部形态和词的句法功能或词跟其他的词的结合性。这两个标准如果是独立的,那么,根据它们而划分出来的词类就是两种不同性质的"词类"。因此,我们认为,如果词的句法功能或词跟其他的词的结合性可以被证明确有单独划分词类的作用的话,这种词类就必须和依据词的内部形态所分出的词类不属于同一个范围,前者是词的句法作用的词类,后者是词的形态的词类,也就是一般语言学所了解的词类。

词类既是词的语法分类,它就要随着各语言的语法结构的不同而不相同。我们已经说过,语言中的意义并不等于逻辑中的概念,语言中的语法结构也不等于逻辑规则,每一个词所有的词汇意义及其语法意义都要看它在某一具体语言的结构中所占有的地位或所起的作用而定,因此,各语言的词应当依照其语法作用分为多少词类,各词类的界线应如何地划分,都要看各语言的各自的情形而定,不能预先给所有的语言规定一个共同的、一般的词类系统。

第三节 汉语的词类问题

汉语的词类问题是语言学家还在争论的问题。汉语的实词和虚词的区分是许多语言学家都承认的。实词和虚词的区分并且也是印欧诸语言所有的。主张以词的内部形态为区分词类的语言学家并不一定否认实词和虚词的分别,因为虚词是语法工具,它的语音结构就是它的语法意义的物质标志,和词里作为语法意义的物质标志的形态有同等的作用,引不起是否还需要词的内部形态来规定它的语法作用的问题。汉语显然有许多虚词的类别。虚词和实词之间既有区分,就不能说汉语没有词类,而主张汉语的实词没有词类分别的说法也不能被视为否认汉语词类的存在。[1] 但是汉语的实词是否可以再行分类,则是一个问题。要解决这个问题,就要看汉语的具体事实。我们已经说过,语言成分都是意义和形式的结合,词类也不能例外。汉语的一个实词是否有固定的词类意

---

[1] 我曾提过汉语的实词不能区分词类的意见,许多人都误会了,以为我说汉语没有词类。

义呢？只要看一看事实，我们就知道汉语的实词并没有固定的词类意义，例如，"红"既有语法上的"性质"的意义（这朵花是红的），又有语法上的"动作"的意义（这朵花渐渐地红了），又有语法上的"事物"的意义（红是一种颜色）。一般人以为"红"是"性质"，这只是就词汇的意义来说的，不是指语法的意义而言的，因此，根本上是解决不了汉语的词类问题的。要知道，就是作为语法意义的基础的词汇意义来看，在汉语的"红"里也有不同种类的意义："花红了"的"红"就和"红是一种颜色"的"红"在词汇意义上有所不同，而这不同的词汇意义却是同一个"红"所具有的，因为同一个词原可以兼具中心意义和许多附加意义，词汇意义上的多义性是所有的语言的绝大多数的词的公共的特点。当然同一个语言形式可以具有不同的意义，例如俄语 книга 的-a 既代表"阴性"，又代表"主格"，又代表"单数"。"红"这个声音也可以代表不同的意义，一个词汇意义，一个语法意义。词是语法的基础，它总有语法意义，所以，"红"在语法上也有词类意义。问题在于它所具有的语法上的词类意义是多样性的。汉语绝大多数的词都具有两个以上的语法上的词类意义，而任何一个汉语的词都可以具有"事物"和"性质"两种语法上的词类意义，极大部分的汉语的词可以兼具"事物"、"性质"和"动作"三个语法上的词类意义。洪心衡曾就中小学的语文课本所收集的具体实例加以分析，证明汉语实词在广泛性的用法上有各种词类的效用，[1]亦即具有多种的词类意义。我们是不是可以因此而把汉语的实词分为"名—形词"，"名—形—动词"两类呢？分类要有一定的标准和原则。如果汉语的实词可以分为两

---

[1] 《汉语语法问题研究》，上海新知识出版社，1956，1—11页。

类,那么,在语法上表示"动作"的词就不应当也表示其他的词所表示的"事物"和"性质"。词类之分为名、动、形等是有逻辑根据的,虽然它不等于逻辑。然而我们却没有能够根据词的词类意义来把汉语的实词分为名词和动词两类,或动词和形容词两类,或名词和形容词两类。这些词所具有的词类意义是彼此交叉的,不同类的东西可以在许多特点方面彼此交叉,具有相同的特点,但这相同的特点不能是本质的特点。词类的本质特点就在于它具有不同于其他词类的特殊的语法意义的概括。在这概括的语法意义上彼此相同,就不能把它们区分为不同的词类,何况"名—形词"或"名—形—动词"是不可理解的术语呢。①

从语法的物质标志方面来看问题,汉语的实词是不是可以分类呢?区分词类的语法形式,如上所述,不外是词的内部形态变化和词的句法功能或词跟其他的词的结合性。汉语的词有没有词的内部形态变化呢?郭路特曾经说过:"显然,把形态了解为词形变化(狭义上所讲的,即变格和变位),对汉语来说是不实用的。"②郭路特的意见也就是一般语言学家的意见。但是,没有狭义的形态是不是就没有形态呢?关于这个问题,我们已经在上面说过,词的分析形态或外部形态也有其存在的权利,只是我们必须区别其和狭义形态的不同特点罢了。汉语有分析形态,③"了"、"着"等就是

---

① 俄语的形动词是可以理解的,因为它的意思指的是由动词化来的形容词,它只具备一种词类的本质特点。但是我们这所说的"名—形词"或"名—形—动词"则是另外一回事,这后者在逻辑上是讲不通的,因此是不可理解的。
② 《近几年来苏联东方学研究中的汉语形态问题》,见《中国语文》1955 年 12 月号,31 页。
③ 我从前不同意分析形态,但经过细细研究之后,认为有承认分析形态存在的必要。

一种形态,它们是"辅助词形态",虽然它们和印欧语的词的内部形态变化不同。但是这种形态不能解决汉语实词的词类问题。形态必须和语法意义结合在一起,它是和词类的意义有关的,"了"、"着"等和动词的词类意义有关,它们只能是动词的补助词形态,然而汉语的一个实词,例如"吃",既可以有这一套与动词有关的补助词形态,又可以有一套与名词有关的补助词形态(例如"他只懂得一个吃,别的都不管啦"等)。从这个角度来看问题,汉语的词就没有固定在一个词类里。这和上面所说的汉语的词有多种的词类意义正好是同一个事实的不同表现:因为有不同的词类意义,所以可以具有不同种类的补助词形态。郭路特教授曾经转述宋采夫对这问题的论证说:

> 以上每一组的每一个词都有自己一套形态和一套句法标志。比如,当动词用的"锯"字只不过是一个动词的"零形态",除了这个"零形态"之外,它还有许多其他形态:"锯了","锯着"。而当名词用的"锯"字就不可能有这些形态。从语音面貌上看,作动词的"锯"和作名词的"锯"在词汇的形式上彼此没有区别。但是,由于作动词的"锯"还有"锯着"等形态,所以可以认为作动词的"锯"字跟作名词的"锯"字在物质上是有区别的。……这是两个不同的词。……它们只在一个形式上是相符的,那就是在词汇形式上。[①]

宋采夫这种说法好像可以把问题解决了,其实不然。词类是词法问题;词既是词汇单位,又是语法基础;是不是同一个词并不能以其是否具有同一个语法形式来规定,而是以其是否有同一个中心的词汇意义和一个特有的词的形式来决定。俄语的 книга,

---

[①] 郭路特:《近几年来苏联东方学中的汉语形态问题》,见《中国语文》1955 年 12 月号,32 页。

книгу,книги……等语法形式各不相同,我们并不能因此认为它们是不同的词,而应当认为它们是同一个词的不同语法变化。"锯"既有一套名词的形态和句法功能,又有一套动词的形态和句法功能,这正说明"锯"的语法作用是多方面的,就是在词类问题上(词类也是词的语法作用)也是如此,并不说明它是几个不同的词,因为宋采夫已经说得很清楚,"它们只在一个形式上是相符的,那就是词汇形式上"。因为它们在词汇形式上既然相符,而它们的中心的词汇意义又是一样的,它们就不可能不是同一个词。可知,在这个问题上,郭路特教授、宋采夫等语言学家和我们所看到的事实是一样的,不过他们认为在这种情形之下,无数像"锯"这样的词是好几个词,而我则认为它们是同一个而具有不同语法作用(包括词类作用)的词罢了。尽管在实践上,他们也得同样地说"作为名词用的'锯'、作为动词用的'锯'",和我所说的同一个"锯"具有动词作用、名词作用……没有什么不同,但在理论上却有区别。因为根据他们的说法,我们就连什么是一个词都成了问题,更谈不到其他的了。有的人认为词可以被划分为几个区域,因此,同一个词汇形式的词,可以被划分而列入不同的词的区域里去,其实,词的区域就是词类范畴,我们固然可以根据词的语法意义把词划分为几个区域,但词到底是属于哪一个区域还得看词到底是否只属于其中的一个区域,并且首先要看它到底是不是一个词。词的区域是就词的词类范畴来说的,然而词却不只有词类范畴,而且有词的形式;一个人可以兼属于两个团体,但不能因此而被认为是两个人,一个词可以在词类范畴方面兼属于两个区域,但我们不能因此而认为它是两个词。

从词的句法功能或词跟其他的词的结合性来说,也是同样的情形。汉语的任何一个词都可以当做句子的主要成分(主语和宾语等)用,这些并且是规定词类的主要的句法功能,然而汉语的任何一个词却都兼而有之。汉语的词尽管在某种情形之下可以具有跟其他的词的不同的结合性,但在表明词类意义的这种结合性当中,则没有一定的"限制"。"锯"既能和可以表示其有动词的词类意义的"已经"、"慢慢"、"先"、"后"等相结合,又能和可以表示其有名词的词类意义的"铁"、"大"、"小"等相结合,还能和可以表示其有形容词的词类意义的"形"(锯形)、"齿"(锯齿)等相结合。这里,必须澄清几个问题。有人认为像"锯形"、"中国人民"之类的结合虽然是限定关系,由"锯"和"中国"来修饰名词,但是,这种修饰是名词修饰名词,不是形容词修饰名词。当然在有词的内部形态变化来规定词类的语言里,名词也可以修饰名词,那正是我们上面所说的词类和词类的句法功能发生矛盾的情形或是表示领属关系的。然而形容词的本质特点就在于能在句子中用作修饰语,汉语的词既要看它的句法功能来规定它的词类,那么,我们就应当以其句法功能为先决条件,因为我们还不知道它是什么类的词,如何能够先假定它是名词,而说它是名词修饰名词呢?说这种结构是名词修饰名词的人,事实上已经推翻了他自己所定的划分词类的标准,因为他已经不是依照词的句法功能来规定它的词类,而是先在脑筋里依据词的词汇意义来说它是修饰名词的名词。其实,这里的"锯"和"中国"应当是具有形容词功能的词,而不是具有名词功能的词,因为它所发挥的功能正是作为形容词本质特点的修饰作用。有人又认为这一类的结构是名词的领属关系。其实领属关系也有个限制:表明"种"和"类"的关系的是修饰关系或限定关系,表明个别特殊事物所占有的才是领属关系,如英语的 royal palace (王宫)是修饰关系,因为这只说明这是"宫"之"类",一般王者之宫,不是公侯之宫;然而 king's palace(国王的宫殿)则是领属关系,因为它说明这是这个个别特殊的国王所有的宫殿。因此,不能把"锯形"和"中国人民"这一类的结构都说是名词之间的领属关系,它总有被用作修饰语的时候,因之它也总有具备形容词的功能的时候。

有的人又把词跟其他的词的结合性理解为词和作为语法工具的虚词的结合性。姑不论这种结合多半是属于词法问题,即外部形态的问题,就是把它理解为词跟其他的词的结合性,它也没有能够解决汉语的实词的词类问题,因为,正如上面所说的,可以跟汉语的某一个实词结合在一起的可以是不同套的、表示不同词类作用的虚词。

有的人又认为汉语的词尽管可以发挥不同的词类功能,但在这些词类功能之中总还有一个主要的。这就是所谓"本性"与"变性"的问题。"本性"和"变性"的说法本来是王力提出来的。[①] 王力之不再主张这种理论,不是没有道理的,因为我们应当依照什么来规定一个词的"本性"和"变性",是找不到根据的。有固定的内部形态来表示词类的词,可以说到"本性"和"变性"或"本性"和"词类的转化",例如英语的 translation 本来是名词,而被用在 translation work 这个结构里时,就"转化"为形容词或变了性,然而没有固定形态而有不同词类作用的词要凭什么来规定它的"本性"和"变性"呢?可能的根据有两个:(1)依据词的词汇意义来决

---

① 王力:《中国文法学初探》,1930,47—60页。

定,比方说,从词汇意义的角度来说,"花"总是一个事物,因此是名词。然而,正如我们上面所说的,"花"的词汇意义就有几个(一个中心意义和几个附带意义),应以何者为准本已成了问题,何况词汇意义与语法意义是两回事,而词类意义则是语法意义,不是词汇意义呢!(2)以应用的频率为标准来决定,比方说,"花"多用在"事物"的语法意义上,因此,它的本性是名词。然而词的实际应用是言语的问题,不是语言的问题,而语法则是语言问题,不是言语问题,何况言语环境是和应用语言的具体条件有关的,我们可能在一段话里找到完全把"花"用在动词意义之上的情形,也可能在另外一段话里找到完全把"花"用在名词意义之上的情形。再说,要把每一个词在其所有的应用环境里来加以统计,也是不可能的。这种统计在理论上并无根据(一个事物的本质特点不能以其应用频率的"量"来加以决定,一个兵士可以没有上过一次战场而仍然是一个兵士),在实践上又不容易做到,我们如何能够拿它来做规定词的"本性"和"变性"的标准呢?

有的人又认为可以从总的角度上依词的词类作用的总趋势来把它规定为某类的词,然后把它的不同用法说成"转化"之类。这其实是"本性"的说法的变相。要知道总的看法,不等于把所有的特点总括起来,而是总括其本质特点,汉语的词既在词类的本质特点上具有多义性,无论如何的总法,也不可能把它总括成单种词类作用的词。

至于有的人把汉语词汇里的所有的词分为好几批,其中的一批拿词的内部形态来加以分类,另外的一批则拿词的句法功能来加以分类,并且分的结果又正好是前一批的词所分出的同样的类别,则是不合逻辑规则的分类法。关于这一点,我们已在上面说过,这里不再多说了。

由此可见,无论从哪一方面来看,汉语的实词都具有不同的词类功能;汉语的实词可以在不同的言语环境里发挥不同的词类功能,但汉语的实词本身却没有被固定在哪一个词类里。我们说它具有不同的词类功能,不但是就其词类意义的多样性,外部形态的多样性,同时也是就其句法功能的多样性或词跟其他的词的结合性来说的。汉语一词多类的事实是谁也承认的。王力虽然主张汉语的实词有词类,但是也说,"在汉语里一词多类的情形比较普遍"。① 这里,王力只说"比较普遍",因为他认为应当把"锯形"、"中国人民"之类的结合看做名词修饰名词。如果认识到这种结构应当被看做具有形容词功能的词和具有名词功能的词之间的修饰关系,那么,一词多类的情形就不只是"比较普遍"而已,而是几乎没有例外地存在着。我们所说的汉语的实词没有词类的区分就是说汉语的实词具有多种词类的功能,可见,表面上尽管在争论,实质上主张汉语的实词没有词类区分的人却多得很;因为事实如此,谁也不能加以抹杀。其实,一词多类的情形也并不是一般主张要用不同于印欧语的标准来划分汉语词类的人所说的汉语所特有的特点,它是绝大多数的语言所共有的特点,英语中就有难以数计的一词多类的情形,不过,汉语的词都是一词多类的,这则是其特殊的特点。

---

① 《关于汉语有无词类的问题》,见《汉语的词类问题》,第二集,60页。

第四节　虚词的词类问题

　　虚词的分类是语言学中没有很好解决的问题之一。虚词也是一种词,它也应当在词类中占一席之地。自从阿里斯多德把希腊语的词分为四类的时候起,语言学家的词类分别中就有虚词的一份。阿里斯多德的四个词类之中,虚词就占了两类(连词和冠词)。发郎的四个词类之中,虚词是一类,唐那杜斯的八个词类之中,也有不少是属于虚词的。即以现代的语法著作来说,苏联科学院出版的《俄语语法》也在俄语的词类中让虚词占了不少地位(如连词、前置词等)。但是我们也不能否认欧洲的语法学家对虚词的分类还没有给以足够的重视,例如他们对实词的词类性质都有比较详细精确的解释,而于虚词的特点则没有那样的加以充分的论述,一直到现在为止,什么是冠词,什么是前置词,什么是副词(把一部分的虚词也说成副词,而副词所包括的东西几乎是无所不包的)都没有弄清楚。这是因为印欧诸语言虽然也有虚词,但其语法的特点基本上是由词形变化表现出来的,不是拿虚词来表达的,结果就把注意力放在词的内部形态变化或与词的内部形态变化所表示的语法范畴有关的实词的语法作用的研究上,而忽视了虚词的各种不同的性质。其实虚词的语法作用在某些语言里是有特殊的地位的。即以汉语来说,虚词的作用实在是汉语语法的重点之一,把汉语的虚词都依照其语法作用而归成类别,对汉语语法的掌握具有头等的重要性。其所以重要,不难理解。在印欧各语言多半用同一个词的内部形态变化来表示语法作用的地方,汉语并不是都像印欧诸语言似的也拿词的内部形态变化来表示,而多半是拿虚词来表示的。从广义的角度来看,尽管虚词也是形态之一,说成外部形态或补助词形态,但是这种形态本身却是一种词。所以,印欧各语言多半应用词的内部变化来表示语法作用的地方,汉语却可以用虚词。印欧诸语言的语法只把实词加以分类之后,就连带地把词的内部变化所起的语法作用说清楚了,既无需也不能够把这种表示语法作用的词的内部形态变化另归成词类,因为它们根本上就不算是词,如何能归成词类?然而汉语的情形就不同了。汉语的实词不易分类,正因为它们缺乏固定的词的内部形态变化或固定的外部形态(补助词形态并不固定为某种词所专有),这情形就使得汉语表示语法作用的虚词有相当的独立性(不是完全独立的),而汉语由于缺乏内部形态的结果而运用的虚词,也就自然而然地比起印欧诸语言来,要多得多。这样一来,在汉语的词类问题上,虚词的类别就要自然而然地成为一个重要的问题。汉语虚词种类之多,正好同汉语实词之无固定的词类成为一个对照,并且是互为因果的:正因为汉语的实词没有固定的词类,许多印欧诸语言作为实词词类标志之一的内部形态的作用在汉语里是由词外的虚词来负担的;汉语实词之所以不能固定,正是汉语虚词之所以多样化的一个原因;而汉语虚词之所以多样化,也正好是汉语实词之所以不固定的一个缘故。因此,如果我们说汉语的实词没有固定的词类,这不但不否认汉语词类的存在,实际上反而要承认汉语词类的众多。汉语的虚词都有其一定的语法意义和语法作用,把这些语法意义和语法作用概括起来,可以归成很多的词类,例如把"给"、"被"、"让"、"吃"等概括起来,可以归成"态词"或"表示被动态的虚词",把"很"、"颇"、"甚"等概括起来,可以归成"量词"。这样地概括起来,汉语的虚词将要被归成许多的词类。然而一直到现在为止,我们的语法学家却要一味地模仿印欧语的语法,拿印欧语的语法来套汉语的语法:印欧语的实词分类分得很清楚,我们也要跟着把汉语的实词勉强地照样分一分;印欧语没有多少虚词,因而不再把虚词加以细分,我们也就不再加以细分。在我看来,这种办法并不能正确地解决汉语的词类问题,[①]同时在普通语法学方面,也不能否认虚词词类划分的合理性。

[①] 这里不是专论汉语词类的地方。关于汉语的词类问题,我于《汉语语法论》(1957,科学出版社)的修订版里有较详细的说明,这里只好从略了。

第八章 造词学

第一节 词和造词学

词是什么,如何划分一个词,这些都是语言学中还在讨论的问题。不同语族的各种不同语言的词和语言发展不同阶段上的词都在结构上有所不同,所以科学地了解词不是一桩很容易的事。方德里耶斯甚至于在他的《语言论》里认为对不同语言的词应当有不同的定义。① 这种因噎废食的办法自然是不恰当的,但词之难于下定义也是实在的情形。麦叶曾经给词下过一个定义,他说:"词是一定的意义和能够表达某种语法功能的一定的音组发生联系的结果。"②然而马露佐却在他的《语言学词典》里对麦叶这一定义加以评论说:"这个为着能够应用在一切语言之中而用一般的说法来组成的公式,使我们难于对词做下精确的定义。词的界限甚至于都不容易认清;……"③一般语言学的著作对词的解释各有各的出发点。大别之,不外有三种,语音的解释、语义的解释和语法的解释。④ 根据词的语音特点来解释的语言学家们认为词总有特殊的

---

① Vendryès:《Le langage》,p. 103.
② 见《Revue métaphysique et éthique》,1913,p. 11.
③ 《Lexique de la Terminologie Linguistique》,p. 123.
④ 《论词的形式(上)》,见《俄语教学与研究》,1957年第6期,1页。

音位信号,作为它的界限的标志。① 但是事实证明在某些语言里,词的界限却并没有语音的标志。麦叶曾经说过:"词不像音节那样,可以从语音方面下准确的定义。事实上,词不是语音方面的概念,而是形态和句法方面的概念。我们可以清楚地指出印欧语言形态词的起迄点,但是语音词的界限却可能有所不同。"②谢尔巴也在他的《法语语音学》中说:"法语中就没有什么特殊的手段将词与词在语音上隔离开。"③根据词的语法特点来解释词的语言学家们认为词的语法特点可以做为词的界限的根据。例如萨皮尔就曾在这方面给词下过定义说:"词是句子所表达的单独的思想中的许多最小的、独立的片段之中的一个片段。"④然而维诺格拉多夫院士却批评这种见解说:"但是这个公式并不能同样恰当地适用于一切类型的词,因为有很多词只不过是词素而已;也有不少的词素有时能充当词。"……诚然,词和词素似乎在下述事实中表现出了巨大的差别,即只有词能在句中或多或少地自由移动,而词中词素的位置通常是固定的(但是,试比较 лизоблюд[谄媚者]和блюдолиз[白食者],скалозуб 和 зубоскал[二词词义均为"揶揄者"];然而щелкопёр[下流作家]和 перощелк 却是不同的词)。不同语言中,词在句中移动,变换词序的可能性也是大不相同的。因此,确定词的独立性的这条标准也是游移不定的。有时候将形态特征——即词中不能嵌入别的词——也算作一条标准。例如,在俄语这类语

---

① N. S. Trubetzkoy:《Principes de la phonologie》,布拉格,1939,p. 241—242.

② A. Meillet:《Introduction à l'étude comparative des langues indoeuropéennes》,巴黎,1913,p. 116.

③ Л. В. Щерба:《фонетики Французского Языка》,1953,p. 88.

④ Sapir:《Language》,1921,p. 35.

言中,词与词素的区别之一是不能将别的词或词组嵌入同一个词中;但是所有这些特征对不同类型的词或词形来说,价值是不同的。……这样看来,即使从语法的角度来看,各种类型的词也是不相同的,它们没有共同的固定的特征。[①] 根据词的语义特点来解释词的语言学家们认为词可以拿它所表达的概念来作为它的界限。他们认为"词是一个表达概念的语言形式"。维诺格拉多夫院士对这种主张有明确的批评。他说:"如果始终贯彻这个观点,那末,不仅'三角形'是一个词,而且三角形的定义,由三根交叉成三个内角的直线组成的几何图形,也应当被认为是一个词。……如果把上述定义中的'概念'一术语用'意义'一术语替换,附合传统的观点,那么,所得来的,就是一个古老的、更加糊涂的定义,'含有意义的语音叫做词',或者言语中的任何一个音素,只要它在语言中有不依附于其他词的独立的意义,就是词。'意义'这个说法太含糊,太不具体,容易产生歧义。因为一般说来,语言中的一切都含有意义,都可以理解,换句话说,语言中的一切单元都有意义。"[②]

语言学家们对词的解释所以不能令人满意,在我们看来,就是因为没有认识清楚词在语言中所处的地位的结果。许多语言学家没有理解语言和言语的区别。没有理解言语单位和语言建筑材料单位的区别,结果对词不能有明确的认识,自然也就不能令人满意地解释词的本质特点了。许多语言学家都说词是语言的单位,这种错误的理解是不能够解释词的根本来源。其实,语言的单位是

---

① 见《俄语教学与研究》,1957年第6期,3页。
② 同上书,2页。

汉语、俄语等具体语言或福州话、宁波话等具体方言之类的语言系统，不是词，他们所以说词是语言的单位，因为他们认为每说一句话都得有词来作为组成语句的单位。然而他们没有明白句子本身就不属于语言的问题，而是属于言语问题，只有句法是语言问题。如果就言语的角度来看，言语的单位也不是词，而是句子。任何一个人的任何一个具体的言语都是以句子为单位的，哪怕是不成句的句子。词既不是语言的单位，也不是言语的单位，它是语言建筑材料的单位。词既是语言建筑材料的单位，我们就不能以其在具体言语组织中（即句子里）所有的某一特殊的形式，无论是语音的或语法的，来判定它是一个词。维诺格拉多夫院士提出一种主张，认为有把词和词位（лексема）这两个概念区分开来的必要。根据他的解释，他所说的词位就是语言的词汇单位，它是该词在整个语言结构中所拥有的一切形式与功能的体系，[1]这种词的形式体系取决于词汇和语法因素的相互作用。[2] 他所说的词位就是我们所说的语言建筑材料的单位，也就是词汇的单位（因为词汇是语言的建筑材料）。换句话说，我们不是拿具体言语中（即句子中）的某一个词的形式作为词的独立性或界限的根据，而是就其作为语言建筑材料的词汇的一个单位来了解词的。同一个语言建筑材料单位的词，如同可以拿来建造各种不同建筑单位（例如拿砖来建造客厅或卧室）的建筑术中的建筑材料单位似的，可以被用来建造各种句子，进入句子，作为句子的成员。为着适应这具体句子的环境，它必须具有可以适应这句子结构的语法特点，特殊的语法形式，甚至

---

[1] 见《俄语教学与研究》，1957年第6期，3页。
[2] 同上书，7页。

于语音形式;但这只是词的一种变体,不是词本身。因此,拿词在言语结构中的作用来划定词的单位,就会造成难以理解的错误的结论。有的语言学家因为没有理解词是语言建筑材料的单位这一原理,只把词看成言语结构中的单位,结果就把同一个词在不同句子中的变体看成不同的词。对此乌沙科夫就曾说过:"词形变化这个术语使人以为 рука,руку,рукой(手)是一个词的不同变化,其实,这是不同的词。"[①]这里,他把词在各不同句子里出现的不同形式看成不同的词。波铁布尼亚也有同样的论调,他说:"在词典里,为了节省时间和篇幅,在一个语音组合中通常总是列举出它的全部意义。这个习惯是必需的,但是不能因此认为,词可以有好几个意义。同音词只是一种幻觉,产生这种幻觉的原因是人们所认作词的不是真正的词,而是音。真正的词不存在于词典和语法中,在这里面只有词的标本,真正的词要到言语中去找,在言语中每一次都要说出一个词,而且每一次每个词的语音构成都只有一个意义。"[②]这里,波铁布尼亚明确指出词只存在于言语,可是他似乎没注意词是语言建筑材料的单位。语言建筑的具体表现是言语,但语言建筑材料则还不是语言建筑,它只是具备有适应于语言建筑的各种特点的语言建筑材料的单位。当然这种建筑材料是要拿去建造言语结构的,但它本身还不是言语结构。正因为它还不是言语结构,而是言语结构的筑建材料,它有必要具备适合于不同的言语结构的可能的特点,这些特点也正是它所具备的各种变化或形式,而这些变化或形式也就成为了它的变体。一个词的统一性就

---

① Щ. Н. Ушаков:《Краткое Введение В Науку О Языке》,莫斯科,1929,第 8 版,69 页。

② 见波铁布尼亚《俄语语法札记》(俄文本),第 4 卷,1941,96 页。

存在于它在这些变体之中的共同的特点。尽管俄语的 рука, руку, рукой 是不同的形式，但它们却都是同一个词的不同变体，因为它们之中有共同的特点，都是指明"手"这个词在不同言语结构中的变体。我们不能把它们看成不同的词，因为它们都是属于词汇体系中的同一个词的不同的变化。

作为语言建筑材料的单位，词必得以整个结构系统的某种变体出现在句子里。比方说，俄语的 сестра 是一个词，当它进入句子，作为句子成分的时候，它不可能只存在一半，而是以整个词的某一种变体出现的：Есть у вас сестра? У меня никогда не было сестры. 或是 сестра, 或是 сестры, 但词或词的变体本身却是一种结构，它可以是由更小的单位组织而成的，不过这更小的单位不能被称为语言建筑材料的单位，而只是构词的单位或词素罢了。比方说，俄语的 перевозчик（翻译家）是一个词，它在句子里必得以某种变体的姿态出现，不然就不可能是这个词，但它本身却是由三个单位构造而成的：пере-, -воз- чик。一个词或词的变体内所有的构成元素或单位，称为词素。

一般地说，研究词素之如何构成词或词的变体的，可以称为构词法；但这是广义的理解，狭义的理解，构词法只指由同一个词根构成不同的词的方法。语言学中所说的构词法，事实上是指这后者而言的。法国的语言学家们甚至于只把构词法称为派生法（dérivation）。马露佐在他的《语言学词典》里说："人们从原有的词的基础上构成一个新词的方法，叫做派生法。"[1]库兹涅错夫说："在语法学和词汇学（即研究语言词汇的学问）的分界线上有构词

---

[1] 《Lexique de la Terminologie Linguistique》, pp. 65—66.

法这一部门——研究如何从一个词根构成不同的词的学问。"[1]可见,他也是就狭义的意思来理解构词法的。一般语法学家既然都是就狭义的意思来理解构词法的,为着方便起见,我们就有必要把有关词的构造的学问分为两个部门:一是词素分析法,一是构词法,而把这两者都归属于"造词学"之下。造词学既要研究词或词的变体的结构,又要研究从同样的词根如何构成不同的词。

造词学是词法中的一个问题,但它却有它的独特的性质。它和词法中的构形法形态所组成的各种语法规则有所不同,因为它并不研究同一个词的不同的语法作用,而是研究词或词的变体的一般构造以及从同样的词根构成不同的词的方法。和其他的语法学的部门一样,造词学又可以分为造词形式学和造词意义学两方面。

第二节 词素分析法

词素分析法的目的在于分析一般的词或词的变体的结构。正如上面所说的,尽管从语言建筑材料单位的角度来看,词是不能再行分解的最小的单位,但是从词本身来说,词却已经是一个结构,词的变体也同样地是一个结构,词或词的变体都可能是由几个构词单位组合而成的。当然,因为词是语言成分之一,它也是语音和语义的结合物,我们所说的构词单位也必得是语音和语义的结合物,不能只是纯粹的语音结构。构成词或词的变体的各个词内的构造单位,叫做词素,因为它们都是构成词或词的变体的元素。这

---

[1] 《语法、语言的语法构造》,17—18页。

些词素也都是语音和语义的结合物。"词素"这个术语是英语 morphem 或俄语 морфема 的翻译。这个术语的最初的意思指的是形态学的研究对象，即形态单位。但是因为布龙菲尔德等人对形态有特殊的解释，这个术语的含义就起了变化，指的是词素，不是形态单位。布龙菲尔德是美国结构主义语言学的代表，他把语法和词汇混在一起，因之没有区分词中的词汇部分和语法部分，把词中词汇部分的词根和语法部分的附加成分等都一律称为形态或形态单位。这自然是错误的。但是，如果只从词或词的变体的结构这一角度来看问题，不把构词单位这一概念和形态单位这一概念混同起来，那么，给构词单位一个名称，就是必要的。这名称就是布龙菲尔德所借用的 morphem，也就是我们所说的词素。尽管词根不是词的语法部分，但它却必得是词的构成单位，因此也是词素之一。

　　从语法形式学的角度来看问题，词素必得是包含有意义的词或词的变体之内的语音结构。这种语音结构可能是音位，也可能是几个音位的结合，但它们却必定是词素音位。"词素音位"（morphonem）指的是作为词素用的音的结构单位。因为语言是表达思维的工具，不表达意义的语言成分是不存在的，词素既是语言成分之一的词的构成单位，它本身也必得包含有意义，不论是哪一种意义，而这意义必得有个语音结构作为它的物质外壳。比方说，俄语的 дух（精神）和 душа（灵魂），其中的 дух- 和 душ- 都是词根，并且是同一个词根，不过在不同的地方有不同的变化罢了。不但词可以有变体，词素也可以有变体；这些不同的变化其实是同一个词根的变体，也就是同一个词素的变体，因为它们都表示词根所具备的同一个意义。这些变体表现在语音结构的形式方面，而这种语音结构并不是个别的音位,而是作为词素的物质外壳的语音结构;因此就称为词素音位。词素音位可能是由一个音位组成的,例如俄语的 руку,其中的-у 是一个词素,它表示单数宾格的意义,它就是由一个音位 у 所组成的词素音位,词素音位也可能是由几个音位组合而成的。例如俄语的 дух 就是由三个音位(д,у,х)组合而成的一个词素音位。"词素音位"原是波兰语言学家乌拉莘(Henryk Ulaszyn)所发明的一个术语,由特鲁别茨可伊加以发扬光大的。特鲁别茨可伊曾经对词素音位作为解说。他说:"例如,在俄语的词 рука(手)和 ручной(手的)里,рук-和 руч-这两个语音的结合被理解为存在于语感里的同一个词素的两个语音形式。同时,在这两个语音形式,或更正确地说,在 ру$\frac{к}{ч}$(其中$\frac{к}{ч}$是复合的形象)这一个形式里……这些能够以词的形式结构条件的派生物的资格,在同一个词素内彼此交替的两个或更多的音位的复合形象,可以称为词素音位。"[1] 列弗玛特斯基曾经对特鲁别茨可伊这个理论加以批评,认为特鲁别茨可伊把[к-ч][г-ж][п-пл]之类的事实带到复合的形象(idée complexe)上面去是不可思议的,因为这种交替只是语法上的屈折,其中找不出"一般的表现"。列弗玛特斯基一方面否认词素音位这一概念,可是一方面却认为词素音位学是有用处的。特鲁别茨可伊曾经说明他所以倡议建立词素音位学的目的:"作为联系声音学说和形式学说(即语法学说)之间的环节的词素音位学,仅由于它在语法系统中的中心地位,就负有重要的任务,即为每一种语言的特征提供一切特点的任务,并且从词

---

[1] N. S. Trubetzkoy:《Sur la Morphonologie》,见《Travaux du cercle linguistique de Praque》,第 1 期,1929,p. 85.

素音位学的观点来加以研究,可能更容易地在世界各语言的主要的地区类型学里分配某些语言类型。"[1]列弗玛特斯基对特鲁别茨可伊这段话是表示同意的。他说:"特鲁别茨可伊的这两种想法并没有疑问。"[2]既然同意词素音位学这个名称,为什么却反对词素音位这个主张呢?这其间显然有不一致的地方。在我们看来,乌拉莘和特鲁别茨可伊所说的词素音位固然和音位没有什么区别,因之没有成立的必要,并且有把语法问题(屈折交替)和语音现象相混的错误,但我们也未始不可以依照另外一种理解来同意词素音位的合理性。我们所说的词素音位指的是同一个词素所有的各种变体之中的语音上的统一性。例如俄语的 рука 和 ручной,它们之中的词根词素有两种不同的变形 рук- 和 руч-,但是尽管是不同的变体,却是同一个词根。我们尽管不能像特鲁别茨可伊那样,把 рука 和 ручной 之中的 $\frac{к}{ч}$ 看成什么复合的形象,但却有理由说 рук- 和 руч- 是同一个词素的不同变体,因之在这些变体之中有它的统一性。这种表示同一个词汇意义而在语音形式上有不同变体的语音结构的单位,就叫做词素音位。当然,语音结构可能有复杂的来源,表示同样词汇意义的不同形式的词素可能是不同来源的词素;在这种情况之下,不同的语音形式就不是同一个词素音位的不同的变体,而是两个词素音位的运用。比方说,俄语的 человек(单数的"人")和 люди(复数的"人"),其中的词根(词素之一)指的

---

[1] N. S. Trubetzkoy:《Gedanken übèr Morphonologie》,见《Travaux du cercle linguistique de Praque》,第4期,1931,p. 163.

[2] А. А. Реформатский:《О соотношении фонетики и грамматики》,见《Вопросы грамматического строя》,1955,p. 101.

是同样的词汇意义,但语音的结构不但不是同一个形式的不同变体,并且不是同一个来源,而是不同的词素在历史的发展过程中形成的语法上的联系。我们是否可以把 человек 和 люди 这一类的现象看成横序语言学中的同一个词的不同语法变化,则是值得怀疑的。

有的时候,一个词素可以只有一种语音结构,没有语音结构的变体。在这种情形之下,这个语音结构也就是这个词素的词素音位了。例如英语的 change(变化)在任何情形之下(如在 changed, changes, changing, to change, changeable, changeling 等情形中),都不变化其语音的结构。于是,change 就是一个词素音位了。

正如上面所说的,一个词或词的变体可以有许多词素,一个词或词的变体可以由许多词素组合而成。在这种情形之下,词或词的变体到底有哪些不同的词素呢?

词或词的变体之中的主要词素就是词根。词根是词或词的变体的最根本的部分,表示最根本的词汇意义,也就是词缀和词尾以外的最根本的含义部分。例如俄语的 вода(水)водяной(水的),водный(与水有关的),водянистый(水量过多的),подводный(水底下的)等之中的 вод-就是词根,它指明这些词的最根本的词汇意义是"水"。词根可以是同一个词的不同变体的最基本的、不可再分的词汇含义部分,也可以是同族词的共同的、不能再分的部分。比方说,俄语的 рыба("鱼"——主格单),рыбы("鱼"——属格单数),рыбе("鱼"——与格单数),这些都是同一个词的不同变体,其中有最基本的词汇含义部分,即 рыб-;рыб-并且是不可再行分析的,因为如果把 рыб-再行分析为 p, ы, б, 那就成为不包含词汇意义的音素(或音位),而不再是词素了。词的变体和词根的变体是两个不同的概念。上面所说的 дух- 和 душ- 是词根的变体,亦即词素的变体;这里所说的 рыба 和 рыбы,рыбе 等是词的变体,虽然它们的词根部分并没有发生变化,但从整个的词的结构来说,它们已经是同一个词的不同变体了。同族词并不是同一个词,但却是有历史渊源的词,这些词都是由同一个词根产生出来的,但是不是同一个词,因为它们的词汇意义不是相同的。例如,俄语的 возить 和 возчик 是两个不同的词,它们的词汇意义各不相同,前者指的是"搬运",后者指的是"车夫",但是这两个却是同一来源的词;它们在词汇意义上有一个共同的来源:возить 指的是"搬运"的动作,возчик 指的是"某种搬运的人——车夫"。其所以有这共同的词汇意义的来源,因为它们有共同的词素 воз-;这种词素既是各词的共同的词汇部分的来源,它就成为了各词之间的共同的词根。所以词根有两种意义:从纵序语言学的角度来看,它是各词之间的共同的词汇部分的历史来源;从横序语言学的角度来看,它是任何一个词的最基本的词汇意义的词素。同族词的共同的、不可再行分析的词素也就是这些同族词之中的任何一个词的最基本的、不可再行分析的、含有最基本的词汇意义的词素。不过同族词的共同的词根,也和同一个词的不同变体之中的词根似的,可能有不同的变体罢了。

除了词根之外,词还可以有其他的词素,即词缀或词尾。词缀或称附加成分,它是附属于词根的任何一个词尾以外的词素。词缀共有三种:前缀、中缀和后缀。放在词根之前的,叫做前缀或词头或前加成分;插在词根之中的,叫做中缀或词嵌或中加成分;放在词根之后的,叫做后缀。词尾则是另外的东西,它的作用在于表示同一类的语法意义的更替,而由语音的有规律地更替来表达的。

关于这些,我们已经在上面讨论形态的时候加以说明,这里不再多说。但是为着阐明词或词的变体的结构的一般情形,我们却有必要说明可能的词或词的变体的结构中所用的词素。

有的词或词的变体只有一个词素。不消说,这个词素必得是包含有词汇意义部分的词素,不然它就不成其为词或词的变体了。比方说,俄语的 брат(弟兄);英语的 say(说),book(书);法语的 bon(好),preuve(证明);汉语的"来"、"水"、"马"、"虫"、"树"等。这种词,语言学家们称之为词根词,因为它们就像是词根似的,具有最基本的词汇意义,而没有其他词素。马露佐在他的《语言学词典》里说:"人们可以把它看成不可再行分解的成分(词根)构造而成,而没有加上其他任何一个构词成分的结构,就是词根词(mot-racine, Würgel-wort)。"[1] 如果我们可以用 R 来代替词根的话,这种结构的公式就是这样的:

R

例如:俄语的 брат(弟兄),汉语的"人"、"水"。

在词根后面往往可以有不同的词尾,作为词的变体的形式。表示同一个词的同类语法的变化,而用有规律的语音更替来表示的,叫做词尾。如果我们可以拿 d 来代表词尾,这种结构就是这样的公式:

Rd

例如:英语的 books("书"——多数)

在词根前面往往可以有前缀。一般的情形,前缀只有一个,例如俄语的 ходить(走),其中的 ход- 是词根,在这词根之前可以有

---

[1] 《Lexique de la Terminologie Linguistique》, p. 123.

一个前缀,成为 входить(走入),выходить(走出),отходить(走开)。但这些词都只有一个前缀。有的时候,一个词可以有两个或两个以上的前缀。比方,法语的 disposition(禀性),其中的 pos-是词根,在这之前的 dis 已经是一个前缀,现在还可以在 disposition 之前加个前缀,成为 prédisposition(天性)。因为前缀的数目可多可少,我们不妨拿 Pn 来代替它,P 表示它是前缀,n 表示前缀的数目可多可少。如果这样的话,加前缀的词的结构就是这样的公式:

  Pn R

例如:汉语的"阿姨"[aji]或

  法语的 prédisposition(天性)

有的词,在词根之后往往有后加成分或后缀。这种后缀并且可以不只一个。比方说,俄语的гористый(多山的),其中 гор-是词根,гор-之后的-ист-已经是个后缀,现在在-ист-之后又加上一个后缀-ый。因为后缀的数目可多可少,我们不妨拿 Sn 来代替它,S 表示它是后缀,n 表示它的数目可多可少。如果这样的话,加后缀的词的结构就是这样的公式:

  R Sn

例如:俄语的точильщик(磨刀匠)或

  英语的 nationality(国籍)

有的时候,在词根里有中缀。例如拉丁语的 iugum(肩轭),其中 iug 是词根;但有的时候,这词根里却可以插入一个中缀-n-,成为 iungit(他背上肩轭)。我们可以拿 R 来代替它,R 指明词根,i 指明词根之中的中缀。如果这样的话,这一类的词的结构就是这样的公式:

  R_i

例如：古爱尔兰语的 boi-n-g(破碎)。

词素不外是词根、前缀、中缀、后缀和词尾。这其中前缀和后缀可以不只一个。但一个具体的词或词的变体，到底有哪些词素，就可能有各种不同的情形。除了上面所举的几个公式之外，我们还可以有：

  Pn Rd

例如：俄语的 входу(进口——宾格)

  R S_n d

例如：英语的 writers(作家们)

  Pn R Sn

例如：俄语的 подголóсок(应声虫)

  Pn R Sn d

例如：法语的 inconstitutionnels(违反宪法的——多数)

  Rd

例如：立陶宛语的 ju-n-giu(他背上肩轭)

当然，从原则上说，词根里有中缀(R_i)的，也可以有前缀、后缀等。但这种情形，一般并不多见，这里也就不必多说了。

词尾表示同一个词的同一类语法意义的变化，它的作用是特殊的，因此，语言学家们往往把词分为两部分：一部分是词尾不计算在内的词干，一部分是词干不计算在内的词尾。换言之，词根可以和其他的词素(除了词尾之外)结合在一起，组成词干。

以上所说的是单纯词的结构。如果一个词有两个或两个以上的词根，这种词就是复合词。复合词的结构，一般的情形，只有其中的一个词根有词尾的变化，也可能没有词尾，但各个词根都可以有词缀。如果我们可以用这个符号去代表可有可无的情形的话，复合词的结构公式就是这样的：

$$P_0 \ R \ S_0 + P_0 \ R \ S_0 + \cdots + d$$

例如，拉丁语的 arti-fex（工匠）是两个词根的复合词，德语的 Eisen-bahn-fabr-preis（火车费）是四个词根的复合词。

从语法意义学的角度来看，词的结构当然也牵涉到意义的问题。词既是由词素组织而成的，词素与词素之间自然就有意义上的联系。正如上面所说的，词根是词的最基本的词汇意义的部分，前缀和后缀也表示意义，但这种意义和词根的意义却可能是两种不同的关系：一种是表示词根的词汇意义的某种语法作用的，例如俄语的 писать 和 написать，由于前缀的有无就发生了语法意义上的不同，两者都是"书写"，但前者是未完成体的"书写"，后者则是完成体的"书写"。[①] 词根的意义没有变动，但是受语法意义的支配。另外一种则表示词汇意义的变化。换言之，有了前缀之后，词的词汇意义却不只是由词根来表示，而是由词根和前缀的混合的意义去表示的，词根受了前缀成分的影响而产生词的词汇意义的变化。这种前缀，语言学家称之为"限定性词素"(determinative)。[②] 例如阿拉伯语的词根 k-t-b（书写）之前加上前缀 ma-或 ta-，就使词汇意义起变化。这些前缀给词根的一般的最基本的词汇意义限定得更加明确了，ma-ktibun 不只是"书写"而已，而是"书写的地方"；ta-ktibun 不只是"书写"而已，而是"教人书写"。我们可以说这一类的前缀是限定性词素之一种。后缀也是同样的情形。有的时

[①] 有人以为这种不同不表示语法作用的不同，只表示词汇意义的变化。这是不正确的看法。"完成体动词"和"未完成体动词"这些术语已经说明了它们的区别主要在于"体"的语法范畴所包含的语法意义的变化上。

[②] 参阅 Gray《Foundations of Language》,pp. 155—160。

候,后缀只表示同一个词的不同的语法作用。例如,俄语的 красивый(美丽的)——красив-ee(较美丽的),красивеиш-ий(最美丽的)就是拿后缀来表明等级的。词汇的意义并没有改变,但语法意义有所更动。有的时候,后缀却可以使词的词汇意义起变化,给词根一个"限定"。如果这样的话,这种后缀也就是限定性词素之一种了。比方说,俄语的 горец(山地居民)是由词根 гор- 和后缀 -ец 结合而成的。词根的意义是"山",但是这个词的词汇意义却不只是"山"而是"山地居民",因为它已经是词根 гор-(山)和后缀 -ец(人员)的混合的意义,其中词根的意义已经受到了后缀的限定,而后缀也就成为了这一个词内的限定性词素,起着限定词根意义的作用。如果我们可以把一般的词缀和具有限定作用的词缀区别开来,拿 D_n 去代替限定性词素(其中的 n 指明数目可多可少)的话,我们就可以把一般的词的结构的意义关系定出这样的公式:

$$P_n \; D_n \; R \; D_n \; S_n \; d$$

不过,这公式里所提的 R 已不只是词根,而是词根在词汇意义上所起的作用,这公式里所提的词素都是就其在词内的各种词素的意义关系上所起的作用罢了。

第三节 构词法

造词学的另一个问题就是构词法。构词法的任务在于研究从同一个词根构成不同的词的方法,不仅是词或词的变体的结构的分析。任何一个词或词的变体都可以是词素分析法的研究对象,因为任何一个词都是一种结构;但不见得任何一个词都有构词法的问题。比方说,当我们研究俄语的 серп(镰刀),серпа,серпу, серп, серпом, о серпе 的时候，我们也研究这个词的各种不同变体的结构、词根和各种词尾的结构，但我们却没有进行构词法的研究，因为我们并没有研究到如何从同一个词根构成不同的词的问题。构词法的特点既在于研究从同一个词根构成不同的词，那么，凡是从同一个词根构成不同的词的方法就都是构词法所要研究的问题，不论这同一个词根是在什么情况之下参与词的词汇意义或词汇部分的形成的。

构词法可以分为两大类：一类是词法结合的构词法，一类是句法结合的构词法。

从形式的角度来看问题，词法结合的构词法就是形态构词法，也就是以词的形态变化为构成新词的手段的构词法，句法结合的构词法就是词序构词法，也就是以词序的结合方式为构成新词的手段的构词法。

先述词法结合的构词法。我们已经说过，词法是词范围内的语法变化的问题，所以词法结合的构词法就是词范围内的构成新词的方法。换言之，只在一个词的范围内加以变化，使其成为另外一个新词的，叫做词法结合的构词法。从语法形式学的角度来看问题，词内的变化也就是形态变化，所以词法结合的构词法也就是以形态变化为构词手段的构词法。我们曾经说过，形态可以分为构形法形态和构词法形态两者，这里我们所说的就是运用在构词法方面的形态，因为我们的着重点在于说明构词法，形态变化不过是构词法之一种，因此，我们就把这种构词法叫做形态构词法（我们不要把构词法形态和形态构词法混为一谈）。因为形态变化原来就是同一个词根上面或前后所起的形式的变化，形态变化所引起的构词作用自然就会是从同一个词根构成不同的词。比方说，

俄语的 соль（盐），它的词根是 сол-，在这同样的词根旁边加上形态变化，例如加上一个后缀-ить，这就构成了另外一个新词 солить（腌），或加上另外一种形态变化，成为 солёный（腌的），又是一个新词。这种由同一个词根经过形态变化而构成的新词事实上是同旧词在一起成为一群同族词的，因为同族词就是词根相同的不同的词。库兹涅错夫说："因为构造新词也能用表示语法范畴的那些附加成分的增添……音的替换……之类，所以构词法也属于语法学，即属于形态学。"[①]事实上，许多种类的形态变化都可以被运用来作为词法结合的构词法的语法形式。人们曾经用词的内部屈折，即词根的屈折，来构造新词，例如何拉伯语的 kitāb（书）和 kātib（写书的人），只由于词根的内部屈折就构成了不同的同族词。人们也曾经运用过前缀来构成新词，例如英语的 construction（建设）和 reconstruction（重建）就是由于后者加前缀 re-而形成的两个不同的同族词。人们又曾经运用过后缀来构成新词，例如俄语的 общественн-（社会）加上后缀-ость 就构成了一个新词，общественность（"社会性"、"社会人士"或"社会舆论"）。人们又曾经运用重音的变化来构成新词，例如，俄语的 крýгом（"圆圈"名词造格），кругóм（"绕圈子"——副词）就是由于重音的不同所构成的两个不同的同族词。人们又曾经运用声调的变化来构成新词，例如：汉语的"揹"[pei˥]就是从词根"背"[pei˩]加以声调变化而构成的不同于"背"的同族词。人们甚至于运用词的外部形态来构成新词，例如德语的 anfahren（到达）就是从同一个词根 fahr（旅行）加上外部形态 an 所构成的不同于 fahren 的同族词。总之，除了

---

① 《语法、语言的语法构造》，17—18 页。

词尾之外,所有的词法方式都可以被运用来构造新词。

从语法意义学的角度来看,用形态构词法来构造新词的时候,词根所表示的意义和限定性词素所表示的意义的结合就使词的整个词汇意义起了变化。比方说,拉丁语的词根 can- 是"唱歌"的意思,canō 是"我唱歌"的意思。如果在这词根后面加上一个限定性词素 -t-,词的整个的词汇意义就改变了,指的是"高声的唱",cantō 的意思是"我高声唱歌"。如果在这词根后面加上限定性词素 -till-,词的整个的词汇意义就起了变化,指的是"温和地唱",cantillō 的意思是"我温和地唱"。同族词之间有一种区别:虽然词根是相同的,整个的词汇意义却不相同。正因其如此,它们才是不同的词。整个的词汇意义之所以不同,因为词根受到限定性词素的影响,派生出新的整个的词汇意义。例如,拉丁语的词根 amā- 是"爱"的意思,但是,加上限定性词素 -si- 的时候,它的整个的词汇意义就改变了,amāsius 的意思是"爱人"。因为这新的词汇意义仍然是从词根所表示的意义发展出来的,这样造成的新词,它的整个的词汇意义仍然要和词根的意义有联系,"爱人"尽管不是"爱",但却与"爱"有关。换言之,经过限定性词素的影响之后,词根就和限定性词素结合在一起,构成词干,而这词干所表示的词汇意义也一定是从词根引申出来或派生出来的意义。可见,这样造成的新词都具有从词根所表示的最基本的词汇意义所发展出来的派生意义。正因为这个道理,法国语言学家把这种构词法就直截了当地称为派生法。

当然,派生也有个规则。新词的词汇意义要如何地从词根里派生出来,要看限定性词素所起的作用。限定性词素之所以具有限定作用,因为它自己包含有某种语法意义。这种语法意义限定了词根意义的时候,派生出来的意义就有一定的范围。比方说,俄语的限定性词素-ник 是"动作者"的意思,词根 работ- 是"工作"的意思,拿-ник 来作为 работ- 的限定性词素,работник 就是"工作人员"的意思。"工作人员"是从"工作"派生出来的,但其所以这样地派生,而不是另一种派生(例如派生出"工作过程"的意义),则受限定性词素的特定的语法意义所支配。每一种语言都可以具备一套限定性词素,作为构词之用。这些限定性词素也都有其特殊的语法意义。比方说,印欧语就有一些具有一定语法意义的限定性词素:

-no- 指明"所造成",例如拉丁语的 aē-nu-s＜* aie-no-s(黄铜所造成的);英语的 braze-n(黄铜所造成的),silver-n(白银所造成的)。

-tor- 指明"动作者",例如梵语的 dá-tor(赐予者),拉丁语的 da-tor(赐予者)。ōr ā-tor(演说者),amā-tor(爱恋者)。

-tu- 指明抽象化,例如拉丁语的 ad-ven-tu-s(到来),por-tu-s(通过),古代高地德语的 fur-t(通过),英语的 for-d(通过),英语的 dea-th(死亡)。

但是,由于构词法所构成的是词,而词又是词汇的成员,新构成的词的整个词汇意义却是特殊的;因此,这种派生的结果到底是什么具体的词汇意义要看具体的情形。比方说,俄语的реформатор 是由限定性词素-тор(动作者)所构成的不同于реформ-(改革)的新词,它的意思是"改革者",指的是人,然而俄语的рефлектор 也是由限定性词素-тор 构成的新词,它的意义却是"反射器",指的不是人,而是机器。又如俄语的речник 是由限定性词素-ник(动作者)来给词根加以限定而派生出来的,它的词汇意义是"河运工作人员",реч(河)＋ник(动作者)＝"河运工作人员"。俄语的сборник也是由限定性词素来给词根加以限定而派生出来的,但它的词汇意义却是"汇集、论文集",不是进行сбор-(收集)工作的人,"收集人"是由另外一个词сборщик来表示的。这种情形所以产生,因为构词法尽管是语法学的问题之一,却与词汇学有特殊的联系,尽管是用语法手段来构词,但构成的词却是词汇成员之一。词汇成员所具有的词汇意义都是特殊的,独一无二的。尽管在构词的过程中,它所用的是具有一般的语法意义的一般的语法手段,但这语法意义和词根相结合的时候,却会产生出一个具体的整个的词汇意义,于是就产生了一般之中的特殊的表现。例如,尽管реформатор和рефлектор都有一个限定性词素-тор,这限定性词素也都指的是"动作者";但前一个动作者指的是人,后一个动作者则指的是机器。进行同样动作的可以有许多事物,包括人和其他的事物,就是同类的事物,在同样的动作里也可以担任不同的角色。于是为"动作者"这个语法意义所支配而产生的词汇的意义就可以有不同的具体意义。同样地指明"动作的人"的限定性词素-ист,加在реформ-之后,成为реформист,却不指"改革者",而指"改良主义者"。不过,无论在什么情形之下,构词法中的限定性词素都给词根所表示的最基本的词汇意义部分加以限制,加以影响,使词从词根所表示的意义中派生出另外一个有关的意义,成为整个的词汇意义,则是无可怀疑的。这些限定性词素,一般地说,都具有某种语法意义,尽管在具体运用这些限定性词素时,由于它们的参与而形成的词汇意义可能有出入。每一种语言的研究者应当把他们所研究的语言的限定性词素所具有的语法意义加以阐明和分析。例如研究汉语构词法的人应当把汉语中的前缀限定性词素"阿"(如"阿姨"),"老"(老爷),后缀限定词素"者"、"子"、"头"、

"儿"等所表示的一般的语法意义加以阐明和分析。

再说句法结合的构词法。句法结合的构词法又称为词序构词法,也就是一般人所说的复合词的构造法。由于传统的语法学的影响,一般语言学只把形态构词法看成构词法的问题,而把句法构词法排斥在构词法之外。这种论点当然不是我们所能同意的。词的结构固然不等于构词法,但构词法却显然不只是形态构词法,也可以是句法结合的构词法。语言学家们所理解的构词法是从同样的词根而构成新词的方法。既然如此,只要是从同样的词根,经过某种方式而派生出新的词汇意义,构成新词的,就都有资格被称为构词法。复合词的构词法正是这样的。复合词是两个或两个以上的词根结合而成的词。这几个词根都是几个不同的词的一种变体,因此,事实上,也就是几个不同的词的结合而构成的新词。值得注意的是,复合词尽管是由两个词结合而成的,但其作用却等于一个词,无论从意义的角度或由形式的角度来看问题,都是这样的。因为它事实上是不同于原有的几个词的词。因此,它已经是新构成的不同于原有的词的词,而它的构成也要有一定的规则。复合词中的两个或两个以上的词根都在彼此的结合中受到影响,新生的词的整个的词汇意义而且是从原有的两个或两个以上的词根所表示的意义派生出来的,都与它们有关联,不过不是从一个词根,而是从两个或两个以上的词根共同派生出来的罢了。

复合词也和单纯词似的,是词汇的成员,因此我们也必须把它理解为语言建筑材料的单位。从各族的书面语言来看,复合词的书写方法并不一致,有的写成几个各自隔开的单字,(如英语的 united states——"合众国"),有的用联结号把它们连在一起写(如英语的 blue-bird——"青鸟"),有的就写成一字(如英语的

blackboard——"黑板")。但从语言的角度来看,不论书写的形式如何,复合词都自成一单位。问题在于我们不仅要把复合词看成言语的组成成分,而且更重要的,要把它看成语言建筑材料的单位。如果只从其在某一句子里的地位来说,复合词和词组,甚至于和词素就无从区别,因为它们都同样地存在于句子里,都具有意义,都具有语音形式。只有把复合词看成可以作为许多不同的言语结构的成分用的语言建筑材料的单位,我们才有可能理解什么是复合词。比方说,"大小"是个复合词,这是因为它是以整个的结构当作语言建筑材料的一个单位而被人们用来组成各种不同的句子的(例如"我要这样大小的一件衣服","衣服大小要合身","你试一试看,大小合适不合适"等)。换言之,"大小"在汉语词汇系统里,是不同于任何其他的词的一个词,它具有一个特殊的词汇意义,既不是"大"也不是"小"所有的;用在句子里来组成言语结构时,它总是以一个完整的单位的资格出现在句子里的。

我们可以说,复合词有三个特点:

(1) 它必得是由两个或两个以上的词根组合而成的;

(2) 它是一个词,尽管它的来源是两个或两个以上的词;因之,它必须具备不同于原来的两个或两个以上的词各自所具有的词义的复合的词义。

(3) 用在句子里时,它是一个不可分割的整体或单位。

复合词既是两个或两个以上的词根组合而成的新词,词根和词缀的结合所构成的就不是复合词。汉语中有些词,它们是由一个词根和一个词缀结合而成的,例如,"明儿"、"吃头"等,有的人认为这些词是复合词,那是错了,因为这些词中只有一个词根,"儿"、

"头"等只是词缀,不是词根,也不是一般人所说的词尾。① 词根是词的最基本的词汇部分,是词的最基本的词汇意义的承担者,可是"儿"、"头"等却没有充分的词汇意义,它们也不能独立存在(虽然在历史的发展过程中,他们曾经作为独立的词在古代汉语里独立存在过)。只有汉语中的"左右"、"多少"、"红花"(一种植物的名称)、"皮带"、"电灯"、"红绿灯"之类的词才是复合词,因为它们都是由两个或两个以上的词根结合而成的。

因为复合词是一个词,而且是由两个或两个以上的原有的词组合而成的新词,它就必得有一个不同于原有的词的意义的特殊的意义。比方说,汉语的"红布"就不是一个复合词,而是一个词组,因为在这个结构里,"红"仍然是"红颜色"的意思,"布"仍然是"布料"的意思,"红布"的结合只表现词组结合中前一成分对后一成分的修饰。"红"修饰"布",正如一切词组里前一个词修饰后一个词似的,并不产生出一个新的词汇意义,像"左右",既不是"左"又不是"右",不是指方位,而是指人。从这个原理出发,我们就知道许多人把汉语中的"热水"、"下雨"、"细长"、"狠毒"之类看成复合词是不正确的,因为这些结合都只是词组的结合,并没有构成新词。"热水"仍然是"热的水"的意思,"热"和"水"的原来意义都照样地被用上,"下雨"仍然是"把雨落下"的意思,"下"和"雨"的原来意义都照样地被用上,"细长"仍然是"又细又长"的意思,"细"和"长"的原来的意义都照样地被用上。这情形显然和"哑铃"、"大学"、"扶手"之类的结构有所不同,"哑铃"、"大学"、"扶手"等词都不能仅仅由于懂得其中构成成分的每一个词的意义,并懂得词组

---

① 词尾是屈折,不是构词形态的后缀。

的语法结构就被认识,因为它们都具有特殊的复合的词汇意义。

语言中的任何成分都是语音和语义的结合物,复合词的词汇意义的统一性和独立性也表现在它的形式的统一性和独立性上。换言之,在形式方面,复合词是一个不可分割的整体,它是一个词汇成员的单位,它在句子中也充当最小的一个句子成分,不能再加以分割。比方说,英语的 blackboard(黑板)是个复合词,我们不能把它分割成一半来运用它。如果有人问"Do you see the blackboard?"(你看见黑板吗?)而我们要用省略的方式去回答的话,我们就可以把 blackboard 整个省去,却不能只省略其中的一半。我们可以说:"Yes, I see."而不能说:"Yes, I see the black."或"Yes, I see the board."以这个情形来说,复合词甚至于和表示同一个词的不同语法作用的词的外部形态不同。这种词的外部形态就是补助词,补助词尽管要和词连用,但不是词的不可分割的部分,因之,用在言语结构里时,可以在某种情况下不和词一同说出,例如我们在回答上面的问题时,可以说:"Yes, I do",而省略"see"。可是,在运用辅助词来构词的时候,情形就不同了。例如德语的 aufgeben(投递)是由外部形式(辅助词)auf 和 geben 结合而成的词,尽管它不是复合词,但是因为它已是一个新词,用的时候,就不能把它分割为一半,虽然可以把它分开。我们可以说"Ich gebe einen Brief auf der Post auf"(我在邮局递一信),也可以说"Ich werde einen Brief auf der Post aufgeben"(我将在邮局发递一信),但是不能说"Ich gebe einen Brief auf der Post",也不能说"Ich werde einen Brief der Post geben."这一类词尚且如此,复合词更不必说了。总之,复合词虽然是两个或两个以上的词结合而成的新词,但因为它已不同于原来的几个词,它已经是另外的一个词。它的完整性是不能分割的,分割了就不算是复合词。根据这样的原理,我们就知道许多人把汉语的"吃饭"、"坐车"、"洗手"之类的结合说成复合词,是不正确的。"吃饭"并没有构成一个新词,它是"吃"和"饭"的句法的组合,它是一个词组,因为它不但可以分开,而且可以分割。我们不但可以说:"我吃了一顿饭",而且可以在回答人家的问话"你吃饭了吗?"时只说:"我吃了"。如果"吃饭"是个复合词,我们就不能这样地省略了"饭"。我们不能省略半个词,我们可以省略句子成分,省略一个词。

复合词在形式方面还有一个特殊的情形。一般地说,因为复合词仍然只是一个词,它的语法变化往往只发生在其中的一个成分上,就是最后的一个成分上。比方说,拉丁语 arti-fex(技工)是主格,它的属格是 arti-ficis 而不是 artis-ficis 或 artis-fex;德语的 Eisen-bahn-fahr-preis(火车费),它的属格是 Eisen-bahn-fahr-preises,而不是其他的情形。不过,有的时候,偶尔也有其中的两个成分(或至少两个成分)都起语法变化的情形。例如拉丁语的 ius-iurandum("发誓"——主格)——iuris-iurandi("发誓"——属格)res-publica("公共利益"——主格)——rei-publicae("公共利益"——属格)前一种复合词叫作纯粹的复合词,后一种复合词叫作不纯的复合词。不纯的复合词往往是历史较短的复合词,它事实上是从词组变成复合词的发展过程中的过渡状态。

复合词可以分为三大类:限定结构复合词、支配结构复合词和并列结构复合词。这些结构方式原是句法结构的原则,现在就拿句法结构的原则来构成复合词,因之,复合词构词法又称为句法结合的构词法。因为句法结构在形式上采取词序的安排,所以,从语法形式学的角度来看,复合词构词法也可以称为词序构词法。限定结构的复合词构词法是以句法中的限定结构为原则来把两个或两个以上的词根结合起来,成为一个新词的。例如汉语的"黑锅",梵语的 nilotpala(粉色莲花),拉丁语的 angiportus(窄的街道),德语的 Jungfrau(少女),教会斯拉夫语的 dobro godu("好时间",即问好之意)等。其中一个成分是限定者,另一个成分是受限定者,限定者给受限定者的意义范围加以限定。支配结构的复合词构词法是以句法中的支配结构为原则来把两个或两个以上的词结合起来,成为一个新词的。例如汉语的"管家",英语的 forget-me-not(一种花名),梵语的 mad-viyoga("去我执"),gráma-vasin-("村居"),拉丁语的 cre-do("我树立信仰"="相信")等。其中一个成分是支配者,另外一个成分是受支配者。在意义关系上,支配者指明某种动作,受支配者指明承受运动作支配的对象。并列结构的复合词构词法是以句法中的并列结构为原则而把两个或两个以上的词根结合在一起,成为一个新词的。例如汉语的"青绿"(山水画之一种),梵语的 jaya-parājayau(胜败),拉丁语的 reci-procas(向后,又向前),教会斯拉夫语的 bratŭ-sestra(兄弟姊妹)等。其中的各个成分是以平等的地位,属于同类意义的范围,并存于新词之内的。此外还有句子形式的复合词构词法,这种构词法是以主谓的结构为原则,而把两个或两个以上的词根结合在一起,成为一个新词的,例如汉语的"龙虎斗"(一种食品);不过这种复合词构词法并不普遍。

　　要是从形式的安排上来看,这种复合词构词法所运用的也就是句法中的词序。因为各语言的词序可能有所不同,哪一个成分在前,哪一个成分在后,就要看各语言的具体情形而定。不过,从一般的规则来说,复合词的各组成成分必须依据一定的词序结合起来,成为一个新词,则是无疑的。

第九章 词组

第一节 句法中的词组

除了词法之外,语法学还要研究句法,以句法为研究对象的学问,称为句法学。句法又可以从语法形式学和语法意义学两个角度来加以研究。

"句法"这个术语是英语 syntax,法语 syntaxe,德语 Syntax,俄语 синтаксис 的汉译。这些语言的这些词都是从希腊语的 suntaxis 传过去的。希腊语的 suntaxis 是由 sun(合在一起)和 taxis(次序)两个词素组合而成的词,意思是"组合的次序"。所以,传统的语法学家们认为,凡是研究语言建筑材料的单位(即词)在句子中的结构方式的,都可以称为句法学,不只是研究句子的结构的。正因为这个缘故,有的人就把俄语的 синтаксис 理解为"结构学"。例如《俄语语法》的译者就把《俄语语法》中的 способы организации слов в словосочетания и в предложения, … составляют предмет другого отдела грамматики——синтаксис…[①] 译成"将词组织起来造成词组或句子的方法,构成语法的另一组成

---

① А Н СССР:《Грамматика русского языка》,I,стр.130.

部分——结构学……"。① 然而"结构学"这个术语是不妥当的。我们知道,语法的研究对象都是各语言成分之间的结构关系,词法也不能例外。如果拿"结构学"这个概念去替代"语法学",还可以勉强说得过去,拿它去替代"句法学"显然是不妥当的,因为句法学并不研究词的结构,如何能够称为"结构学"？应当指出,拿 syntax(或 syntaxe,或 синтаксис)去替代"语法学"的语言学家确有其人,比方,桑德曼就曾在他的《主语与谓语》中把"语法"说成 syntax。他说:"有一大类的语言信号并不表现任何语法结构或(也许我们要说得更确切些)syntactic structure。"②《法兰西科学院词典》也说:"它(syntaxe)也指明词的结构和句子的结构的规则本身。"③这些语言学家既把语法结构(或词的结构和句子的结构)看成 syntax 或 syntactic structure,他们所说的 syntax 事实上就是语法,因此,把研究语言各成分之间的结构方式的学问(即语法)称为"结构学",还可以勉强说得过去。然而就是这种情形,也并不是很妥当的,因为语言结构还可能是语音结构,不是语法结构。拿"结构学"来替代"语法学"仍然有混淆视听的毛病。近年来我国某些个别语言学家之所以拿"结构学"来代替"句法",显然是有原因的。他们以为 syntax 的研究对象既然不只是现在一般人所了解的句子的结构,还包含有词组的结构,把它说成"句法"就不能说明问题,因为,在他们看来,"句法"只能是句子结构的法则,不涉及词组结构的法则,于是,他们就根据 syntax 或 синтаксис 的词源,把它理解为"结构学",结果反而不能说明问题。其实,"句法"这个术

---

① 《俄语语法》(中译本),第 1 卷,时代出版社,6 页。
② M. Sandmann:《Subject and Predicat》1954,p. 123.
③ 《Dictionnnire de l'Académie Française》,II. p. 631.

语是正确的。问题在于对汉语的"句"的了解。因为句法学也讨论句子的结构,而"句子"是英语 sentence 的汉译,有的人就强以为汉语的"句"和英语的 sentence 完全一样,只指有主谓关系的言语结构,不指词组。这其实是一种误会。汉语的"句"从来也没有只指 sentence 的,它既指 sentence,又指词组。古代汉语是这样,现代汉语也是这样。朱骏声《说文通训定声》说:"……《诗:关雎》疏:句者局也。联字分疆,所以局言者也"。① 只要是"联字分疆"的"局言",都可以称为"句"。《诗:关雎》的"关关雎鸠,在河之洲,窈窕淑女,君子好逑",称为四句,其中的两句"关关雎鸠"和"窈窕淑女"都不是 sentence,只是词组。在现代汉语里,我们所说的"句"也不一定都是 sentence,我们平常说:"我不喜欢'好为人师'这句话","好为人师"只是词组,然而我们却把它看成一句话。我们平常所说的诗句,也不见得就是 sentence。例如下面的一首诗:

> 走一社,又一社,
> 社社办得工厂多,
> 两条板凳一把钳,
> 白手起家不简单。②

这首诗里的"两条板凳一把钳"就只是词组,不是 sentence。所以把 syntax 或 синтаксис 理解为"句法"是正确的,何况"句法"这个术语已经通行,无需标新立异。

可见,句法的研究对象虽然是"组合的次序",但这"组合"却不

---

① 朱骏声:《说文通训定声》(万有文库本),第 7 册,1395 页。
② 《乡乡社社工业化》,见《红旗》1958 年第 3 期。

是语音的组合,也不是词素的组合,而是词的组合;词的组合既可以成为句子,又可以成为词组。不过,我们应当把汉语的术语"句子"和"句"区别开来。"句"既指有主谓结构(一般的情形)的言语单位,又指词组,"句子"则只指有主谓结构(一般的情形)的言语单位,不指言语结构材料单位的词组。我们也应当把"词的组合",和"词组"区别开来,词组是一种词的组合,但不见得一切的词的组合都是词组。句子的结构也是一种词的组合,然而句子并不是词组。总而言之,句法学的研究对象是词组的结构方式和句子的结构方式。这种意见是许多语言学家所同意的。苏联科学院的《俄语语法》就是这样理解句法学的,它说:"作为语法一个部门的句法学是以词在词组及句子中的组合方式,同时又以句型、句型的构造、功能及其运用条件为研究对象的。"[1]马露佐也在他的《语言学词典》里说:"句法学是研究词在句子里或词组中彼此相结合去表达概念之间的关系的语法方式的学问。"[2]美国的结构主义者布龙菲尔德也在他的《语言论》里说:"传统的习惯,许多语言的语法都分为两个部门,形态和句法。……这种分法是否有用处,如何划分这两个部分的范围,曾经成为相当大规模的辩论的题目。……无论如何,传统的分法是合理的……所以,句法结构就是没有拿粘结着的形式去作为直接构成成分的结构。"[3]这里,布龙菲尔德所说的句法指的是能够被单独说出的语言成分(即词)的任何组合,包括我们所说的词组和句子的结构。美国的结构主义者、描写语言学学派的代表葛礼桑也有同样的看法。他说:"本书所用的'语法学'这个

---

[1] 《俄语语法》(俄文本),第2卷,第1册,6页。
[2] J. Marouzeau:《Lexique de la Terminologie Linguistique》,p. 179.
[3] L. Bloomfield:《Language》,p. 184.

术语将包含两个方面而不能加以明确划分的部门,形态学和句法学。前者是对词素的更为密切的结合(即一般人所粗略称为"词"的)的描写,后者是对以形态学(按即词法学)所描写的结合为基础单位的更大的结合的描写"。① 他又说:"我们可以对句法加以粗略的定义,认为它是把派生作用和屈折作用所形成的结构结合成各种不同的更大的结构的安排原则。"②这里,葛礼桑所指的就是词法以外的语法结构,亦即词组的结构和句子的结构。可见,就是企图拿词素的结合去解释一切语法现象的结构主义者们也不能推翻传统语法学对句法的特点所作的阐明的基本论点。

还有的说法是把词组的特点和复合词混淆了。两个以上的词相联结,构成一个复合的意义单位的,可能只是分析形式和实词的组合,属于词法的范围,谈不到是词组,这种结合也可能只是复合词,不一定就是词组,复合词和词组显然是两回事,不能混为一谈。沙赫玛托夫也曾对词组做过解说,认为句中次要成分的表现形式便是词组,因此他把词组与句子成分的关系看做是词组学的主要任务。沙赫玛托夫这个解说显然是值得考虑的,正如切尔诺娃所说的,根据他的理论,他就只能划分与句子次要成分相对应的词组,不能划分与句子主要成分(例如主语)相对应的词组。③ 其实,词组和句子成分是从两个不同的角度来研究句法结构的,词组可以和任何的句子成分相对应,例如"伟大的祖国是在党的领导下飞跃前进的",其中词组"伟大的祖国"是句子里的主语部分,而"全中国的人民都爱戴共产党"之中的词组"爱戴共产党"则是句子里的

---

① H. A. Gleason:《An Introduction to Descriptive Linguistics》,p. 58.
② 同上,p. 128.
③ В. И. 切尔诺娃:《论俄语词组》,见《俄语教学与研究》,1957 年第 3 期,3 页。

谓语部分,"老林的父亲的意志是坚强的",其中词组"老林的父亲"则是句子中的次要成分(定语)。可见沙赫玛托夫对词组的解说不够全面。维诺格拉多夫也曾对词组做过解说,他认为"词组是根据某个语言的规律而被组织起来的,能够表达某种概念的词的结合,虽然它的标志可以是复杂的、灵活的。这是相当于熟语单位的自由的单位。"[1]这里,维诺格拉多夫把熟语排斥于词组之外,认为词组只是相当于熟语的自由的单位。其实熟语也是词组之一种,它和一般的词组的不同只在于它的组合是固定性的,它有历史的根源,它的意义可能有特殊的色彩。对词组的解释比较完善的是苏联科学院的《俄语语法》。《俄语语法》说:"通常人们称之为词组的这一语法单位,是由两个或两个以上的实词构成的,用来表示一个完整的但是可以分解的概念或观念。"[2]"词组和词一样,也是语言的表名工具,表示事物、现象、过程等的工具。"[3]这里,《俄语语法》除了没有说明词组不同于复合词的特点之外,其他的都说得很好。值得我们注意的,就是《俄语语法》所标明的"用来表示完整的但是可以分解的概念或观念",这句话明确地指出词组和句子的区别。原来句子所表示的是完整的思想,而词组所表示的却只是完整的概念或观念,而不是由概念所组成的思想过程。不过,这种概念并不是单纯的概念,而是可以加以分解的复合的概念罢了。例如汉语的"红旗"是一个词组,它是由两个实词"红"和"旗"组合而成的,其中的每一个单纯词"红"和"旗"都表达一种单纯的概念,然而整

---

[1] В. В. Виноградов:《Идеалистические основы синтаксической системы проф. А. М. Пешковского》,见《Вопросы Синтаксиса Современного Русского Языка》,1950,p. 42.
[2] 《俄语语法》(俄文本),第2卷,第1册,6页。
[3] 同上书,10页。

个的词组却表达这两个单纯的概念所组成的复合的概念。"红旗"所表达的既不是"红"这个单纯的概念,也不是"旗"这个单纯的概念,而是"红旗"这个复合的概念。不过,这里不妨对《俄语语法》所没有提到的词组和复合词的区别,作个补充说明。复合词也是由两个实词所构成的,也表示一种完整而能分解的复合概念,如果只把词组理解为"由两个或两个以上的实词构成的,用来表示一个完整的但是可以分解的概念或观念"的语法单位,我们就不能区别词组和复合词。复合词不止是由两个甚至由两个以上的实词组合而成,表示一个完整的而又可以分解的概念,但是它的组成成分(即组成复合词的各个单纯词),却不能以词汇成员的资格存在于词汇里,而能保持其为复合词的构成成分,也不能以句子成分的资格存在于句子里;换言之,复合词是以一个词汇成员的资格而存在的,它是词典的搜集对象,它是以一个言语结构的材料单位的资格存在于句子结构里,作为不可再行分解的句子成分的。然而词组却不是这样的,词组的组成成分能够以词汇成员的资格存在于词典里,而不损失其词组组成成分的作用。它的组成成分可以在句子结构里被用作句子成分,它本身就是一个句法结构,不像复合词似的,只是句法结构的材料单位。《俄语语法》所说的"词组和词一样,也是语言的表名工具,表示事物、现象、过程等的工具",也是值得注意的,因为这句话表明了词组不是句子。句子是判断的语言表达,然而词组却不表达判断,只表达构成判断的思维材料的单位,即概念;因此,和词一样,只是语言的表名工具。为着更加明确地解释词组的本质特点,我们无妨对词组加以这样的解说:词组是由可以作为句子成分用的两个或两个以上的实词在句法中所组成的,表示一个完整而可以分解的复合的概念的语法结构。[1]

第二节　词组的特点

词组既是句法的特殊结构,它就具有它的特殊的特点。这些特点表现在下面几个方面:

(1)词组是两个或两个以上作为言语结构建筑材料单位(词汇单位)的词(无论是单纯词或复合词)所构成的组合。这一特点说明词组和复合词是两个不同的语言结构。复合词是一种由两个或两个以上的单纯词(或词根)组合而成的结构,词组也是由两个或两个以上的单纯词组合而成的;但是复合词只是言语结构的词建筑材料的单位,亦即语言的词汇单位,而词组却是言语结构材料的单位(亦即语言的词汇单位)所组合而成的。比方说,汉语"红绿灯是交通信号"之中的"红绿灯"是由三个单纯词"红"、"绿"和"灯"组合而成的复合词,它已经是语言词汇的一个单位,我们可以在词典里找到它,它是以一个词汇单位的资格而被自由运用来构造言语结构的。在这个例子里,它被用作言语结构(句子)的主语。然而汉语"红的花好看"之中的"红的花"则是词组,因为它本身就是由词汇单位的"红"和"花"组合而成的一种言语结构,而不是言语结构的建筑材料的单位(即词汇单位),我们不能在词典里找到它。当然词组也和词一样,可以拿来构造句子或句子成分,但是它本身

---

[1] 这里有必要分别语言结构和言语结构,语言结构可以指明任何语言成分之间的组合,构词法中的词素与词素之间的组合也是一种语言结构,但是言语结构却指的是在说具体的一句话中,作为言语单位的句子或其部分的结构,因此,只有作为句子成分的语言成分之间的组合才能说是言语结构。

却已经是一种言语结构,不像复合词似的,只是言语结构的建筑材料的单位,不过,我们可以再拿它来构造更大的言语结构罢了。比方说,我们可以拿"青"和"山"两个词汇单位来构造"青的山"这个词组,又可以再拿"青的山"跟"喜欢"相组合,构造成更大的言语结构"喜欢青的山",甚至于再拿它跟"喜欢"和"我"相组合,构成更大的语言结构"我喜欢青的山"。然而,尽管如此,"青的山"这个词组却必得是由两个词汇单位"青"和"山"组合而成的一种言语结构。

(2)词组是句子成分,不是句子。换句话说,词组这种言语结构本身不是句子,只是构成句子的句子成分。两个或两个以上的建筑材料的单位组合起来,就成为了一种结构,但是结构却可以有各种不同的情形。句子是一种结构,词组也是一种结构,但两种结构却有性质上的不同。句子是主谓的结构,它是言语的单位,代表思维中的判断,词组却不是主谓的结构,不是言语的单位,不代表思维中的判断,只代表思维中的概念,不过是复合的概念罢了。因为概念是判断的构成成分或材料单位,代表概念的词组也只是句子的构成成分,即句子成分。所以,语言中的词组总是作为句子成分用的,或是主语,或是谓语,或是定语,或是状语,而不是作为句子用的。比方说,汉语"党的领导是正确的"之中的词组"党的领导"是这个句子的主语部分,"共产党领导人民"之中的词组"领导人民"是这个句子的谓语部分,"浅红的颜色不同于红的颜色"之中的词组"浅红"是这个句子的主语的定语,……。苏联的切尔诺娃曾在文章中提过:有的语言学家,例如弗尔杜拿托夫、彼什可夫斯基,曾经提出一种主张,认为词组是句法的唯一研究对象。把词组和句子混淆起来,自然就会认为词组是句法的唯一研究对象。弗尔杜拿托夫说,词组是两个实词的任何组合,彼什可夫斯基把词的各种组合都算做词组,甚至连复合句也算在内,有时竟把一个词组成的独词句也看作词组。[1] 这就证明了他们把词组和句子混淆起来。这可能是他们没有注意到分析不同的言语结构的结果。其实,词组是一种特殊的言语结构,它既不等于复合词,也不等于句子,而是作为句子成分用的词的组合,不论这种组合的材料单位是单纯词或复合词。有的语言学家,例如吕叔湘,曾经有"主谓短语"(按即主谓词组)的说法,认为像"中国的解放"之类的结构是主谓结构的词组。[2] 这种说法是不妥当的。"中国的解放"分明是限定结构的词组。然而吕叔湘却辩论说,这种结构和"庆祝中国解放"可以说成"庆祝中国的解放"而不改变意思一样,事实上就等于"中国解放",其中有主谓关系,所以是主谓短语。他这一解说却提出了一个问题,即在他看来,"庆祝中国解放"之类的句子中的"中国解放"是主谓词组(或他所说的主谓短语)。这种意见,则是我们所不能同意的。当然在这一类的句子里,"中国解放"之类的结构是包含在整个句子里的一个言语结构,它在这里也起了句子成分的作用,但这是另外一个问题。正如我们可以把词当作句子成分用,而不因此而说词是词组似的,我们也不能因此把作为句子成分用的主谓结构看成词组。词组虽然是句子成分,但却不是句子。句子的特点在于有主谓结构,"中国解放"之类既然有主语和谓语,它就已经是一个句子式的结构,不过是一个被包含在更大的言语结构(整个句子)里的句子式的结构,作为整个句子的成分罢了。我们只能说它是用作句子成分用的句子式的结构,而不能说它是词

---

[1] 参阅 В. И. 切尔诺娃,《论俄语词组》见《俄语教学与研究》,1957 年第 3 期,3 页。

[2] 吕叔湘、朱德熙:《语法修辞讲话》,第 1 讲,1951,9 页。

组。在这个问题上,我们认为王力所说的"句子形式"[1]更为妥当,因为"句子形式"这个术语可以说明这种结构的特点:具有句子的结构形式而用作整个句子的成分。总之,词组虽然是句子成分,但却不是句子或作为句子成分用的句子形式。

(3)词组是两个或两个以上的实词的组合,虚词或实词的组合不是词组。我们知道,自从西洋的语法学传入我国以来,有不少的人把一般英语语法书中所说的 phrase 译成"短句"、"仂语",或"词组"。《辞海》的"短语"条就注上英语的原词,认为"短语"就是英语的 phrase,就是"有两词以上,而不能成句之语也"。[2] 译名尽管不同,把一般英语语法书中所说的 phrase 看成我们现在所说的词组,则是一样的。其实一般英语语法书上所说的 phrase 并不等于我们现在所说的词组。一般英语语法书所说的 phrase 指的虽然可能是两个实词的组合而不能成句的,但也可能是虚词和实词的组合而不能成句的。一般的英语语法书既把 red flower(红的花),reading newspaper(读报)之类的结构称为 phrase,也把 to study(读书),can go(能去)之类的结构称为 phrase。这正是《辞海》所说的"两词以上不能成句之语",组合在一起的词不论都是实词,或是虚词和实词。一般英语语法书之所以这样地理解 phrase,也是没有正确理解词组的表现,而我们跟着跑,自然就上了当。其实,把词组理解为两个或两个以上的实词的组合而不成句的(复合词不在此例),是现代语言学的一个进步的理解,它是认识词的外部形态的一个必然的推论。虚词也是一种词,从前的语言学家没

---

[1] 王力:《中国语法理论》,上册,中华书局,1954年,65页。
[2] 《辞海》,957页。

有把某些和实词组合一起的虚词看成词的外部形态,只把它看成独立的词,他们自然就把虚词和实词的组合而不成句的语言结构看成词组(或 phrase)。他们没有理解到这些虚词其实是语法工具,它们是和它们相组合的实词的一种语法变化,它们也是一种形态,不过是外部形态罢了。如果我们理解这种虚词是词的外部形态,总要和实词连用,它们是词法的研究对象,不是句法的研究对象,我们就可以理解虚词和实词的组合不是词组了。前文我们已经一再说过,词组虽然是一种词的组合,但不是所有的词的组合都是词组。再比方说,英语的 to speak(说话),俄语的 буду писать(我将要书写)都是词的组合,但其中的一个词(英语的 to,俄语的 буду)只是虚词,它的作用是在于表明和它连用的实词(英语的 speak,俄语的 писать)的某种语法作用,它事实上是这实词的外部形态,我们要把它当做一个词的变形,当做一个词汇单位或言语结构建筑材料单位的变形来看待,因之,也就不能构成词组。[1]

(4)词组包含有一个复合的概念,不包含一个复合的概念的同等成分的组合的不是词组。许多语言学家把言语中的同等成分的组合看成词组,于是,就认为有同等关系的词组结构的存在。根据这种意见,"你我"、"你和我"或"你或我"之类的组合就算是词组。例如吕叔湘所说的"联合短语",[2]王力所说的"等立仂语"。[3] 这种说法是不恰当的。我们已经说过,词组是特殊的组合,不是所有的语言成分的组合都叫做词组,词组的一个特点是具有一种复合的

---

[1] 参阅 В. И. 切尔诺娃《论俄语词组》,见《俄语教学与研究》,1957 年第 3 期,11 页。
[2] 吕叔湘、朱德熙:《语法修辞讲话》,第 1 讲,1951,9 页。
[3] 王力:《中国语法理论》,47 页。

概念,被组合在一起的两个或两个以上的词彼此之间在意义上有相互影响的关系。比方说,"伟大的祖国"之中的"伟大"和"祖国"相组合之后,这"伟大"就受了"祖国"的影响,指的是属于"祖国"的"伟大"的性质,而"祖国"也受了"伟大"的影响,指的是具有"伟大"性质的"祖国"。"伟大的祖国"具有"伟大"和"祖国"这两个词的意义所组成的复合的意义或概念。但是"你和我"的情形就不同了:"你"虽然和"我"组合在一起,但是不组成复合的概念,"你"仍然是"你","我"仍然是"我",它们并且不是当做一个句子成分被运用的,而是当做两个同等的句子成分被运用的。这和词组的性质并不相同,因为词组既然表达一个复合的概念,它就只能成为句子成分的一个单位,不能成为两个同等的句子成分的单位。正因为这个道理,切尔诺娃在她的《论俄语词组》里指出,同等成分词组(如война и мир)不是词组。[①] 其实在句子中具有同等作用的句子成分还不只是一般人所了解的"并列结构",或"等立仂语",或"联合短语",还有一般人所说的"同位成分"。例如,"我的哥哥,这个六十多岁年纪的老年人,是个煤矿工人。"其中"我的哥哥"和"六十多岁年纪的老年人"就是处在同位关系的两个结构。如果词组的作用等于作为句子成分的词,这两个结构就和"你或我"似的,都在句子里起着同等的句子成分的作用。(我们也可以说:"我的哥哥或这个六十多岁年纪的老年人。")这种同位成分既没有被认为是词组结构,"我或你"之类的结构也就不能被认为是词组。总之,这一类的结构只是同等句子成分的并列,并不是词组,虽然并列也是一种结构。词组的构成成分之间必得有一种从属关系,其中有一个

[①] 见《俄语教学与研究》,1957 年第 3 期,11 页。

词(或关系项)是主导词,另外一个词是从属词。比方说,"伟大的祖国"之中的"祖国"是主导词,"伟大"是从属词,"打击敌人"之中的"打击"是主导词,"敌人"是从属词。没有这种关系而组合起来的结构并不是词组。

第三节　词组的语法意义和语法形式

词组既是作为句子成分用的两个或两个以上的实词在句法中所组成的,表示一个完整而可以分解的复合的概念的语法结构,那么,这种结构总必须依照一定的语法规则组合起来,总必须具有一种语法意义和一种语法形式。

从语法意义学的角度来看词组,词组所表示的不是两个或两个以上被组合的词所表明的概念之间的限定关系,就是它们之间的支配关系。比方说,汉语的"幸福的生活",这个词组是由"幸福"和"生活"组合起来的,在"幸福"和"生活"之间存在有限定的语法意义,它指明"生活"这个概念所指明的事物的范围受到了"幸福"这个概念的限定,使整个词组的复合的意义既不是"幸福",也不是"生活",而是"幸福的生活",换言之,是被限定于"幸福"范围内的"生活",不是苦痛或其他种类的"生活";是属于"生活"上的"幸福",不是属于其他方面的"幸福"。在词组结构中,只要表明这种限定关系的,都属于这一类,都具有这同样的语法意义。例如,汉语的"快乐的新年","党的政策","人的头脑","慢慢地走","一个诸葛亮"等;俄语的 коммунистическая партия(共产党),маленькая картина(小图),угнетённые народ(被压迫的人民),мой брат(我的兄弟),внимательно читать(仔细地读);这里面的实词与实词之间都具有这种语法意义。这种结构就称为限定关系的词组结构,其中的主导词称为受定者,其中的从属词是限定者。此外,还有一种表明被组合的词之间的支配关系的,称为支配关系的词组结构。在支配关系的词组结构中,主导词是表明发出某种动作的词,从属词是表明受到动作的支配的词,例如汉语的"读报",其中"读"表明发出阅读的动作,"报"表明被阅读的动作所支配的目的物或对象。在词组的结构中,只要表明这种支配关系的,都属于这一类,都具有这同样的语法意义,支配关系的语法意义。比方说,汉语的"抵抗侵略","解决问题","领导群众","学习文件","过新年","看小说"等;俄语的 читающий книгу(正在看书的),строит новый Китай(建立新中国),лежит на столе(放在桌上)等之中的实词之间都具有这种语法意义。因为支配关系的词组结构之中的主导词总是表明发出某种动作的词(动词或具有动词功能的词),这种词组结构之中的从属词总是表明受到动作的支配的词(宾语),这种结构又称为动宾结构的词组。某些语言学家还认为有一种一致关系的词组的存在。这种说法是不妥当的。一致关系是一种特殊的问题,不能与限定关系及支配关系相提并论。它所涉及的不是词组结构中的词与词之间的语法意义,而是词与词之间的语法上的一致性,例如俄语的主语是阴性、单数、主格的名词时,和它组合在一起作为它的定语的形容词也就要是阴性、单数、主格的形容词,求得语法上的一致。一致并不说明词所表明的意义之间有一致的关系,它只说明词所具有的语法作用在某种场合下要一致起来。其实,这种一致关系也可以存在于限定关系的词组结构之中的各词之间,例如俄语的限定关系的词组结构 октябрьская революция(十月革命)之中就有一致关系:因为 революция 是阴性、单数、主格的名词，限定它的形容词也就是阴性、单数、主格的形容词 октябрьская。一致关系不但可以存在于限定结构的词组里，它也可以存在于句子成分之间，例如主语和谓语之间。例如，俄语的主语用第三人称、阴性、单数代名词的时候，它的动词谓语在现在时方面就要用第三人称、单数的现在时动词，在过去时方面，就要用第三人称、单数、阴性的过去时动词：она читает（她现在读），она читала（她过去读）。可见，一致关系是另外一回事，它只说明各构成成分之间要有一致的语法意义，并不指明其所表示的语法意义是什么，不能被视为词组结构中所表达的词与词之间的语法意义。

从语法形式学的角度来看问题，限定关系的词组结构和支配关系的词组结构是用词序、重音、词的语丛音变、词的特殊变化等来作为表达的工具的。运用词序的安排来表达词组的语法意义是多数语言所有的情形，但词序的安排往往要随着各不相同的限定关系和支配关系的情形而有所不同，各语言之间的用法也不一致。比方说，汉语的情形，一般的限定关系的词组要把从属词放在前面，主导词放在后面。但是"好极了的东西"、"好得很"之类的结构却把从属词"极"和"很"之类放在后面，而把主导词"好"之类放在前面。就支配关系的词组结构而论，则汉语的这种结构之中的词序，一般的情形，是把主导词放在前面，从属词放在后面的；然而也有不是这样的情形，例如古代汉语可以把代词宾语（从属词）放在具有动词功能的词前面（比方，"匈奴不我击"，"唯汝予同"）。越南语的情形又与汉语不同。一般的规则是：限定关系的词组结构的主导词要放在前面，它的从属词要放在后面，例如 bình trà（"瓶茶"="茶瓶"），nước sông（"水河"="河水"），nước mưa（"水雨"="雨水"），nhá in（"房印"="印房"，即印刷厂），nhà lớn（"房子大"=

"大房子"),tàu lớn("船大"="大船"),nói mau lắn("说快很"="很快地说")。但是也有相反的情形,例如当限定关系之中的从属词是数词的时候,它就往往要放在主导词之前。một con chó(一条狗),ba con chó(三条狗)。在支配关系的词组结构方面,一般的情形,越南语要把支配者放在受支配者之前,例如 lốy rửou(拿酒),ăn cởn(吃饭),ăn cá(吃鱼),cấm một cái cấy(持木棍),uống trà(饮茶)等。但也有相反的情形,例如:ăám ruông nấy tôi có ma(这块田,我已经买了),cả bạc ăiổng có mê sa(赌钱,不可有其瘾)。当然这种词序的改变也有一定的作用,往往是用来区别不同的意义的。比方说,都是限定关系,但限定关系之中也有不同的情形,数目字和指明事物的词之间的关系是限定关系,形容性的词和被形容的词之间的关系也是限定关系,但两者情形不同,所以,在越南语里就加以区别,在数目字和指明事物的词之间的限定关系,要把限定者放在受定者之前。有的时候,为着区别不同的意义,可以有两种不同的说法,这种不同的说法事实上都是同样的语法结构,不过由于说法不同而具有不同的关系项罢了。比方说,越南语有lớn gan(大胆)和 gan lớn("大肝")两种说法,但意义却不相同;又有 lớn ruộng(大地主)和 ruộng lớn(大块田)两种说法,意义也不相同。不过,这两种说法却是同样的语法结构,即限定关系的语法结构,其中限定者在后,受定者在前。正因为在两种说法之中的关系项起了变化,gan lớn 以 gan 为受定者,以 lớn 为限定者,lớn gan 以 lớn 为受定者,以 gan 为限定者,所以,两句话的意思就有所不同。

　　重音也可以作为词组的形式结构成分。有的语言,例如法语,有一种词组重音的存在。这种重音就是用来标明词组的。法语的语音规则,重音要落在每一个词的最后一个音节上;如果一个词只有一个音节,这个音节也就是重音所落的地方。但是,如果词和词结合起来构成词组的话,每一个词的最后一个音节上就不见得有重音,只有整个词组的最后一个词的最后一个音节才是重音降落的地方。比方说,法语的 revolution(革命)平常要在最后一个音节(-tion)上重读,法语的 prolétarienne(无产阶级的)平常也要在最后一个音节(rienne)上重读。但是当这两个词在句子里组合起来,构成 revolution prolétarienne(无产阶级革命)这个词组的时候,revolution 上面的重音就不存在了,人们只在 prolétarienne 的最后一个音节(-rienne)上重读。所以,重音的改变可以标明词与词组的不同。

语丛音变是许多语言的一种特殊的语音变化现象。这种现象本来是属于语音结构方式的范围的,但是,在某些场合下,有的语言可以拿语丛音变来作为词组的形式成分之一。这表现在把词组的组成员单位和词区别开来。我们知道,词组是由两个以上的实词组合而成的,其中的每一个实词都是词组的组成员单位;然而到底在一个句子里的一个词是否词组的组成员单位,就要看具体的情形如何。当一个词在句子里当做一个词组组成员的单位而被运用的时候,它就和其他的词发生了语丛关系,因此也就可能引起语丛音变,在这种情形下所引起的语丛音变自然也就成为了词组的一种形式成分,作为人们认识它的一种标志。比方说,在福州话里,如果你说 ŋuai kʻaŋ kieŋ xua piŋ,这意思可能是"我看见花瓶",但是如果你说 ŋuai kʻaŋ kieŋ xua βiŋ,这就只能是"我看见花瓶","花瓶"是个词组。如果你说 ŋuai tʻian po-ko,这意思就可能是"我听,我报告",但是如果你说 ŋuai tʻiaŋ mo-ko,这就只能是"我听报告","听报告"是个词组。当然语丛音变是语音变化问题,但是在这些地方,它却有标出词组的作用。

词和词的组合所形成的词组,在某些语言里是由词的形态变化来表示的。比方说,在俄语里,限定关系的词组是拿词的形态变化来表示的,无论你说 революционное движение,或说 движение революционное,意思都是"革命运动";哪一个词放在前面,哪一个词放在后面,都不影响这种限定关系的语法意义的表达,因为词的形态变化(движение 之中的词尾 -ие,революционное 之中的词尾 -ое)已经表明得很清楚,движение 是作为受定者的名词,революционное 是作为限定者的形容词。这种情形正是由词法来表示句法关系的明显的例证。

第四节 复合词组和固定词组

词组的结构可以是复杂的,即可以在词组之内包含其他的词组。比方说,汉语的"伟大的祖国的成就"就是一个组织比较复杂的词组。其中"伟大的祖国"限定着"成就",说明这是"伟大的祖国"的"成就",不是别的东西的成就,而"伟大的祖国"这个限定者本身却又是一个词组,它是由"伟大"和"祖国"组合而成的,并且也是一个限定关系的结构,其中"伟大"限定着"祖国",指出这是"伟大"的"祖国",不是平凡的祖国。这种包含有其他词组的词组尽管结构比较地复杂,但是仍然是一个词组,因为它也是两个或两个以上的实词所构造而成的结构,它也只充作句子成分用,它也只表达一个复合而可以分解的概念。我们可以称这种词组为复合词组。

因为复合词组是由三个或三个以上的词组合而成的,其中的结构情形比较地复杂,大约可以分为这几类:

(1)传递式的限定关系的结构。这一种结构是由三个或三个以上的词结合而成的,各词之间的关系都是限定关系,除了其中有一个是限定者,另外一个是受定者之外,其他的词就既是限定者,又是受定者。比方说,"浅红的布",这里,"浅"是限定者,"布"是受定者,然而"红"却既是限定者,又是受定者,它一方面受到"浅"的限定,一方面却限定着"布"。我们所以说它是传递式的限定关系,就是指明这种能够将别的词的限定作用接受过来,而又拿它和自己在一起来限定另外一个词的意义的情形而言。"布"事实上是受"浅红"的限定,不是受"浅"的限定。如果我们说,"这是浅的,红的布"(一块一边浅颜色、一边红颜色的布),这就是另外的结构,其中的"浅"直接限定"布",不限定"红","浅"和"红"是两个并行的句子成分,因之,在"浅"和"红"之间也不能形成词组结构。可是,这里,我们所说的是"浅红的布","红"接受了"浅"的限定,而又拿它和自己在一起来限定"布";因此,在"浅"和"红"之间有限定关系,而这整个的限定关系的词组结构(即"浅红")又被用来作为更大的词组结构的组成成分。

(2)累积式的限定关系的结构。这种结构也是由三个或三个以上的词结合而成的,各词之间的关系也具有限定关系,但其中却可以有两个以上只作为限定者的词。比方说,"浅红的布的昂贵的价格"就是这种结构。这里"浅"是一个限定者,它不受其他的词的限定,但"昂贵"也是一个限定者,它也不受别的词的限定。这个词组的整个的结构是这样的:"浅"限定着"红","浅红"又限定着"布";另一方面,"昂贵"也限定着"价格";但"浅红"既不限定"昂贵"，也不限定"价格"，它只限定"布"，不过，这整个的"浅红的布"却又限定着"昂贵的价格"，换言之，个别地说，"浅"和"红"都不限定"价格"或"昂贵的价格"，但是和"布"累积在一起，"浅红的布"就限定了"昂贵的价格"。在这种结构里，包含有几个小词组，"浅红"是个词组，"昂贵的价格"也是一个词组，"布的昂贵的价格"也是一个词组，"浅红的布"也是一个词组，它们都是依照限定关系而构成的，并且依照限定关系构成更大的整个的复合词组"浅红的布的昂贵的价格"。

（3）包含限定关系的支配关系的结构。这种结构也是由三个或三个以上的词组合而成的，不过各词之间的关系有的是限定关系，有的是支配关系。比方说，汉语的"慢慢地看报"，其中"看报"是支配关系的词组，"看"是支配者，"报"是受配者，"慢慢"又和"看报"组成更大的词组，"慢慢"和"看报"发生限定关系，"慢慢"是限定者，"看报"是受定者。这种结构并且是多样性的，至少有下列几种不同的情形：

甲、限定者限定支配关系中的主导词。例如，"轻轻地打着门"，"快快地炼钢"，"紧紧地赶英国"，"狠狠地敲钉子"……等。这里，"轻轻"限定着"打"，"快快"限定着"炼"，"紧紧"限定着"赶"，"狠狠"限定着"敲"，这些被限定的词都是支配关系中的主导词。

乙、限定者限定支配关系中的从属词。例如，"吃着冷饭"，"走社会主义的道路"，"同意老王的见解"，"瞧新鲜的事儿"，"说漂亮的普通话"，"过着幸福的生活"……等。这里，"冷"限定"饭"，"社会主义"限定"道路"，"老王"限定"见解"，"新鲜"限定"事儿"，"漂亮"限定"普通话"，"幸福"限定"生活"。这些被限定的词都是支配关系中的从属词。

丙、支配关系中的主导词和从属词各有限定者。例如,"赶快改造资产阶级思想","轻松地过着幸福的生活","老实地坦白过去的历史","密切地注意群众的动态","大力地批判错误的思想","热烈地欢迎亲爱的朋友"……等。这里,"赶快"限定着"改造","资产阶级"又限定着"思想","改造"是支配关系中的主导词,"思想"是支配关系中的从属词;"轻松"限定着"过","幸福"又限定着"生活","过"是支配关系中的主导词,"生活"是支配关系中的从属词;"老实"限定着"坦白","过去"又限定着"历史","坦白"是支配关系中的主导词,"历史"是支配关系中的从属词;"密切"限定着"注意","群众"又限定着"动态","注意"是支配关系中的主导词,"动态"是支配关系中的从属词;"大力"限定着"批判","错误"又限定着"思想","批判"是支配关系中的主导词,"思想"是支配关系中的从属词;"热烈"限定着"欢迎","亲爱"又限定着"朋友","欢迎"是支配关系中的主导词,"朋友"是支配关系中的从属词。

丁、支配关系中的主导词或从属词是(或都是)传递式的限定关系结构的受定者。例如"非常慢地走路","喜欢浅蓝的花儿","非常快地瞧着灰白的天空"。这里,"非常快地走"是个传递式的限定关系的结构,其中"走"是受定者,同时是支配关系的主导词,它的从属词是"路";"浅蓝的花儿"是个传递式的限定关系的结构,其中"花儿"是受定者,同时是支配关系中的从属词;"非常快地瞧"是个传递式的限定者,其中"瞧"是受定者,同时是支配关系中的主导词,而"灰白的天空"也是一个传递式的限定关系,其中"天空"是受定者,同时是支配关系中的从属词。

戊、支配关系中的主导词或从属词所具有的限定者也是支配关系的结构。例如"走马看花地看了书","欢迎解放中国的解放军","赶着跳墙的人","看批判资产阶级的文章",……等。这里，限定支配关系(看……书)中的主导词"看"的词组本身也是一个支配结构的"走马看花",限定支配关系(欢迎……解放军)中的从属词"解放军"的词组本身也是支配结构的"解放中国",限定支配关系(赶……人)中的从属词"人"的词组本身也是支配关系的结构"跳墙",限定支配关系(看……文章)中的从属词"文章"的词组本身也是一个支配关系的词组"批判资产阶级"。

以上只是就其大者而言。其实，由于各关系项之间的不同的配合，可以构成各种不同类型的词组结构。但在任何情况之下，无论这种词组的结构是怎样的复杂，它都总得是个词组，即由两个或两个以上的实词在句法中所组成的词的特殊的组合，这种组合在句子中起着句子成分的作用，表示一个完整而可以分解的复合的概念。

词组既然是依照一定的规则而组合在一起的语言结构，这种组合的规则就应当是抽象性的，不是具体性的。换言之，语言中的词都可以依照一定的规则结合成词组。但是，尽管词组的组合规则是抽象性的，某些具体的词依照这规则而构成的词组却是一个具体的言语结构。这种具体的言语结构要用哪些词，依照什么关系组合起来的，则有不同的情形。有的时候，某些词组的组合是由固定的词依照一定的规则组合而成的，这种词组就称为非自由词组。有的时候，某些词组的组合是由人们的自由选词而构成的，这种词组就称为自由词组。自由词组和非自由词组的区别只是相对的。从一种角度来看，无论是自由词组或是非自由词组，都必须遵守语言的词组组合的规则，不能越出这规则而自行形成。因此，就无所谓自由词组和非自由词组的区别。但是从另外一个角度来看,有的词组,它所运用的组织材料(词)及其安排的情况,都是历史上的既成事实,不能由运用语言的人加以更改。有的词组,它所运用的组织材料(词)及其安排情况,则可以由运用语言的人加以选择,两者之间是有区别的。因此,语言学家就把前者称为非自由词组,后者称为自由词组。

非自由词组又称为固定词组,因为它的组成成分和安排情形都已在历史的发展过程中被巩固下来,成为一种"定型"的词组。比方说,汉语的"甘拜下风"、"杯水车薪"、"走江湖"、"走马看花"、"登龙门"、"发号施令"……等都是非自由词组或固定词组。这些词组所用的构成成分不能由运用语言的人加以更改,例如人们不能把"甘拜下风"改为"苦拜下风",或"甘拜上风",也不能把"杯水车薪"改为"滴水斗薪",或"瓶水车薪",也不能把"走江湖"改为"走江海"或"游江湖",也不能把"走马看花"改为"走驴看花",或"走马看树",也不能把"登龙门"改为"登山门"或"走龙门",也不能把"发号施令"改为"发言施政",或"出号下令"。当然,这一类的词组之中也可能在个别的情形下改变一点它的构成成分或安排情况,例如,"登龙门"可以说"登上龙门",但这种改变是受限制的,有一定的限度。这一类词组里的词在结构里所占据的地位并且是固定的,一般的情形,不容易发生变动。例如我们不能说"下风甘拜",也不能说"施令发号",也不能说"看花走马"(当然,在个别的情形下,有的时候可以略为更改,例如把"五光十色"。改为"十色五光",但这情形也是受限制的,有一定的限度)。其所以如此,因为这一类的词组已经在历史发展的过程中,成为巩固性的结合,不是人们根据词组结构的一般规则自由运用语言中的词汇材料加以组合的。自由的词组则不然。我们可以依照词组结构的规则自由运用语言中的词汇材料,构成词组,来表达我们所要表达的复合的概念。比方说,汉语中有"水"、"流"、"东"、"花"、"看"、"山"、"石"、"青"、"红"、"折"等词汇材料,我们可以从中加以自由选择,选用其中的某些词,拿来自由组合各种不同的词组,例如:"青的山","红的花","看花","折花","水流","东流之水","青石","山花","红花石","青石山"……等等,只要能够表达一种复合的概念,就可以自由地加以组合。非自由词组或固定性词组又有两种不同的情形。一种是一般的非自由词组或固定性词组,词组所用的材料(词)及其安排的次序是固定的,但其意义则可以按照一般词与词之间的关系来加以理解,例如"发号施令"固然是由固定的材料"发"、"号"、"施"、"令"组合而成的,不能换上其他的材料,也不能改变其安排的次序,但我们却可以由于了解其中的每一个词的意义,按照词与词之间的一般的意义关系来了解它。这种固定性词组可以称为熟语。一种是特殊的非自由词组或固定性词组,不但它的材料和材料的安排次序是固定的,它的意义也具有特殊性,不能依照词与词之间的意义上的关系来加以理解。这种非自由的词组或固定性的词组可以称为成语。成语和自由词组及熟语的区别在于两者都表达一种复合的概念,但复合的情形却不相同。自由词组所表达的复合的概念可以由词的意义的直接的结合里看得出来,比方说,只要我们知道"青"这个词的意义是"青的颜色",又知道"石"这个词的意义是"石头",那么,"青"和"石"的组合所形成的复合的意义就可以直接被我们所了解,它指的是"青颜色的石头"。熟语的表达的复合的概念也是这样的,例如上面所说的"发号施令"。然而成语就有所不同,它的复合的概念不能这样直接地被理解。比方说,知道了"走"的意义是"走路","江湖"的意义是"水流和水泊"的人,并不能因此就了解"走江湖"的意义,"走江湖"指的是到处奔波,给人表演技艺。当然,成语的意义也是由各构成成分的意义的组合而形成的,但这种复合的意义往往要从各意义所结合成的象征性的意义来加以理解。"走江湖"当然也有"在江湖上行走"的意义,但这只是象征的意义,指明这种在江湖上行走,为的是要到处奔波来为人们表演技艺。这也正是成语具有复合词的性质的地方,虽然它不是复合词。不过,尽管熟语或成语必须是在历史的发展中被固定下来的结构,不是我们所能加以自由组织的,但是,其中的组成成分却仍然是语言建筑材料的单位,它们的组合却仍然要受语言语法规则的制约,和自由的词组并无二致,并且也只能用作句子成分,所以,仍然是一种词组,不过是特殊的词组罢了。这种特殊的词组维诺格拉多夫院士称之为熟语,不过为了区别两种不同性质的非自由词组起见,我们只拿"熟语"去指一般的非自由词组,而拿"成语"去指特殊的非自由词组。

第十章 句子

第一节 各不同学派对句子的不同理解

词组是作为句子成分的资格而存在的。离开了句子,词组也就不成为语言结构的材料。可见,只研究词组还没有尽到句法学所要尽的任务;句法学还要进一步的研究句子及其结构,虽然词组的结构也是句法学的研究对象。

任何的语法书都谈到句子,然而句子到底是什么,到今天为止,还是语法学家们所讨论的问题。大家的意见也非常地分歧。黎斯(John Ries)曾经在他的著作《句子是什么?》里[1]列举在他之前各语言学家对句子所下的一百五十个不同的定义,这也就说明了各语言学家对句子的了解是如何的不同。

传统的语法学家们一向都把句子看成逻辑判断的语言表达,把它看成一个完整或完全的思想的语言表达。夏布沙尔(M. Chapsal)就是这样给句子下定义的。[2] 这种定义显然是以阿里斯多德的解释为滥觞的。阿里斯多德认为一个完全的思想就是一个

---

[1] John Ries:《Was ist ein Satz?》,1894,Marburg.
[2] 见 Ch. P. Girault-Dnvivier:《Grammaire des Grammaires》,Paris, 1879, i, p.440,注。

逻辑的判断,逻辑的判断是由两个概念结合而成的,其中一个概念是判断的主语,另外一个概念是判断的谓语。这种判断的语言表达就是命题或句子,因之,句子也有主语和谓语。句子是由代表概念的词组织而成的,作为主语的词是指明"本体"的词,作为谓语的词是指明"属性"的词;谓语总是对主语所指明的"本体"所加的"属性"的表述。阿里斯多德对句子的这种理解曾经成为语法学界所公认的句子的定义。然而,近世以来,由于人们对各种不同语言的研究,发现各语言的句子结构各有不同的特点,于是,就对这种句子的定义起了怀疑,有的语言学家甚至于认为句子是不能下定义的。例如俄罗斯的语言学家波铁布尼亚(Потебня)就曾经认为语言是每一个人的心理过程的表达,因此,句子的定义是没有的,因为它是主观的东西。[1] 在这种情形之下,对句子的不同了解就随着对语言的不同了解而在语言学家中引起极端的分歧。我们无妨把近代各语言学家对句子的不同了解归成几类来加以叙述。

(1)个人心理主义的了解。这一学派的语言学家们认为语言是个人的心理活动;因为个人的心理活动不只是抽象思维的活动,而且还有感觉、感情和意志等,因此,他们认为句子不能是判断的语言表达;又因为判断是抽象思维(或逻辑思维)的活动,而在他们看来语言所要表达的主要是人们的感觉(或表象)感情和意志,于是,他们就对句子做出不同于传统的语法学家所下的定义。例如德国的著名学者温德(Wundt)对句子所下的定义就是把句子说成对一个复杂的表象所加的分析。[2] 斯坦泰尔(Steinthal)也认为句

---

[1] А. Н. Потебня:《Из Записок по Русской Грамматике》,Т. I. Харьков. 1888, стр. 6.

[2] Wundt:《Völkerpsychologie》,i, 2. Leipzig,1900,pp. 234. ff.

子是对复杂的表象所加的分析。换言之,当传统的语法学家把句子理解为判断的语言的表达时,这些个人心理主义学派的语言学家们就把句子理解为个人心理活动中的表象的复合物,而不是概念的复合物。保罗(H. Paul)也曾经对句子下过类似的定义。他说:"句子是语言的表达,是某些表象或某几组表象的结合在说话人的心里得以实现的标志,同时也是为了使听话人的心理引起这些同样的表象的同样的结合的工具。"[1]俄罗斯的语言学家弗尔杜拿托夫(Ф. Ф. Фортунатов)也是从心理主义出发来解释句子的。他认为句子是心理的判断,作为这种心理判断过程的出发点的表述是判断中的主语,"在判断的过程中被理解为和主语的表象结合在一起的或者和它区别开来的表象,就是判断中的谓语。"[2]这里,弗尔杜拿托夫不把句子看成逻辑判断的语言表达,而把它看成是心理的判断,认为主语和谓语所指明的都是心理现象的表象,而不是概念。沙哈马托夫虽然注意到句子的语言结构的特点,但他也仍然拿心理活动来解释句子。他说:"在形式上是一个语法的整体,在意义上是和两个被故意结合在一起的简单的或复杂的表象相符合的人类语言的最简单的单位,可能是一个句子。"[3]他并且是拿心理学的观点来解释句子中的主语和谓语的。他说:"在每一个判断中应该有某种东西得以肯定或加以否定,同时也正是它被肯定了或被否定了,在逻辑学中把第一个项目叫做判断的主语……而把第二个项目叫做判断的谓语。心理学也跟在逻辑学之

---

[1] H. Paul 在《Prinzipien der Sprachgeschichte》中所说的,见 Е. М. Галкина-Федорук《Суждение и Предложение》,第 18 页中所引。

[2] Ф. Ф. Фортунатов:《Сравнительное Языковедение》,стр. 178.

[3] А. А. Шахаматов:《Синтаксис Русского Языка》,Т. I. ,Ленинград,1925,стр. 12.

后,采用了对判断的这些部分来说是同样的名称……我们在心理的判断中将采用拉丁语的术语:主语和谓语。"[1]沙哈马托夫提到"表象"和"心理的判断",这就证明了他如何的把语言看成心理现象,如何的把语法的基础看成表象,而不是逻辑思维的规则。

(2)结构主义的了解。不顾语言中的意义部分,只求研究语言形式的结构主义者,对传统的句子定义采取反对的立场,是自然的结果。他们对句子所下的定义是奇异的。布龙菲尔德在他的《语言论》里,对句子所作的解释就是这样的:在言语里,一个语言形式可能是以更大的形式的构成成分的资格出现的,可能是以独立的形式,即不包含在其他更大的形式里的形式的资格出现的,在后一种情形之下,这种语言形式就叫做句子;"每一个句子都是一个独立的语言形式,这种语言形式不因为语法的结构而被包含在任何更大的语言形式里。"[2]布龙菲尔德在他后来所发表的一篇书评里[3]更加明确地解释他的看法。他认为在语言中出现许多现象,某些语言形式并不包含和其他的语言形式相同的语音-语义的形式,它们并不包含更小的有意义的形式,这种语言形式称为"简单形式";某些语言形式包含有和其他形式相同的语音-语义的形式,这种语言形式称之为"复合形式",它们包含两个或两个以上的"被包含在内的形式"。在具体的语言中,如果一个语言形式是和整个言语结构范围相等的话,这就叫做言语中的"最大的形式";最大的形式可能是简单形式,也可能是复合形式;某些语言形式从来也没有被用作最大的形式,这种形式称为粘结着的形式,其他的叫做

---

[1] А. А. Шахаматов:《Синтаксис Русского Языка》,Т. I. ,стр. 3—4.

[2] L. Bloomfield:《Language》,p. 170.

[3] L. Bloomfield:《评 Was ist èin Satz?》,见 *Language*,1930,第 7 卷,204 页。

"自由形式";简单形式就是词素(morpheme);最大的形式就是句子(sentence),最小的自由形式就是词,非最小的自由形式就是词组。哈里斯也在他的《结构主义语言学方法论》里说:"能够满足这些公式(按:即相同的言语结构的类型)的言语片段,或更大的言语过程的段落,可以称为句子。"[1]葛礼桑也在他的《描写语言学概论》里说:"无论如何,重要的概念是:句子有一定的形成规则,这种规则可以拿ICs来加以表达"。[2] 葛礼桑所说的ICs是 immediate constituents(直接的构成成分)的缩写,他的意思就是说,有一定规则的词素的直接结合的结构,就是句子。我们可以看出,结构主义者是如何的抛弃传统的语法学家对句子的解释,如何的拿形式主义的观点来解释句子。他们认为传统语法学家对句子所下的定义不是语言学的定义,而是哲学的或逻辑学的定义;要从语言学的角度来对句子下定义,就只能从语言结构的形式或形式的类型(公式)来着手。

(3)重复传统的句子定义或略加修改的解释。另一部分语言学家则重复传统语言学家对句子所做的解释,或就传统的解释而略加修改。例如,马建忠在《马氏文通》里对句子所下的定义就是传统的句子定义。他说:"凡字相配而词意已全者,曰'句'。"[3]黎锦熙也是同样的解释句子的。他说:"就一种事物述说它的动作,或情形,或性质、种类,能够表示思想中一个完全意思的,叫做'句

---

[1] Z. S. Harris:《Methods in Structural Linguistics》,p. 352.
[2] H. A. Gleason:《An Introduction to Descriptive Linguistics》. p. 137.
[3] 马建忠:《马氏文通》,上册,第1卷,1912,商务印书馆,9页。马建忠在第10卷中重述这个定义时有了一些修改,他说:"首卷界说有言曰:凡有起词语词而辞意已全者曰句。"

子',通称'句'。"①萨皮尔对句子所下的定义也是这样的。他说："它(按:即句子)的定义并不困难。它是命题的语言表达。"②有的语言学家则对传统的句子定义加以轻微的修改,但其基本的精神则是一样的。例如俄罗斯的语言学家保克罗捷茨基就是这样解释句子的。他说："表达完整的思想和明显地在语法上加以组织过的词的每一种结合(有时候是一个词),叫做一个句子。"③巴尔胡达罗夫也在他的《俄语语法》里说："一组词的结合或者是表达'完整思想'的一个单词,就叫做句子。"④席姆斯基、克留基哥夫、斯维特来也夫合编的《俄语语法》也有类似的说法："句子是和相当完整的思想相符合的。在语法上组织过的最小的言语片段。"⑤维诺格拉多夫院士也对句子下个定义说："句子是语法上根据某一语言的规律,在语法上组织起来而成为形式的、表达思想和述说思想的主要工具的一个完整的言语单位(也就是具有基本的结构特点的不可分割的言语单位)。"⑥葛莱伊也曾说过："言语的单位既不是个别的声音,也不是个别的词,而是句子,即表达一个完整概念的一个词或一群词;每一个词是由个别的声音组合而成的,而一个单词的意义(如果句子只有一个单词的话),或一群词的联合的意义具有一个统一的意思。"⑦

---

① 黎锦熙:《新著国语文法》,4页。
② E. Sapir:《Language》,p. 37.
③ В. А. Бокрородицкий:《Общий курс Русской Грамматики》,莫斯科——列宁格勒,1935,стр. 200.
④ Бархударов:《Грамматика русского языка》,Ч. 2.,1939,стр. 3.
⑤ Земский,Крючков,Светлаев:《Грамматика русского языка》. 1950,Т. II. стр. 1.
⑥ В. В. Виноградов:《Некоторые задачи синтаксис-простого предложения》,见《语言学问题》1954 年第 1 期,3 页。
⑦ L. H. Gray:《Foundations of Language》,pp. 224—225.

第二节 对各派句子理论的批评

上述各种对句子的不同的解释,反映了各不同的语言学家对句子的不同的理解和观点。在这些不同的理解之中,我们要采取什么态度呢?首先,应当指出,各语言学家对传统的句子定义所采取的不同态度,是有原因的。这原因就在于传统的句子定义,一方面有它的缺点,一方面也有其可取的地方,因此,有的人就接受传统的说法,有的人就反对传统的说法,有的人就想对传统的说法加以修正。个人心理主义对句子的看法一方面反映他们看到了传统的句子定义的某种缺点,一方面也暴露了这些语言学家的错误的观点。传统的语法学家继承了阿里斯多德的观点,把句子看成仅仅是判断的表达,这是它的缺点。事实证明,语言不但是抽象思维的担负者,同时也是人们表达感觉、感情、意志的工具。语言中有许多句子是说话人用来表达他的感觉、感情或意志的。比方说,汉语的"我觉得背上有一盆冷水泼在上面似的难受。"这句话就表达了说话人所有的感觉。"我真不能忍受你这流氓的无耻行为!"这句话就表达了说话人的愤怒的感情。"我决心要改造自己。"这句话就表达了说话人的坚毅的意志。正因为这个道理,有的语言学家甚至于认为句子和逻辑的判断是毫不相干的。例如塞留斯就在他的《逻辑—语法平行论》里说:"这就是说,语法工具必得是思维中的逻辑关系的表达,例如,判断必得由命题(按:他所说的命题就是句子)来指明吗?不。因为我们刚才所说的命题已不再适合于判断;从这个观点来看,一个孤立的词能够等于一个句子……一个感叹词或一个手势就够了,这些都是真正的谓语,它们已经构成了判断。所以,一个孤立的词可以不构成命题(按:即句子),但却指明一个判断。"[1]应当指出,塞留斯这样的否认判断和句子的关系是一个严重的错误的观点,但是传统的语法学家把逻辑的判断和语言中的句子混合起来也是它的缺点。当然传统的语法学家们只说句子是逻辑判断的表达,并没有说逻辑的判断等于句子,但在解释或运用这个定义的实践中,他们是把逻辑的判断和句子混合起来的。柏拉图和阿里斯多德就曾表示过,句子必须是主语(名词)和谓语(动词)的结合。阿里斯多德甚至于说,孤立的词,例如,"人"、"山"、"走"、"胜利"……,不能构成一个言语单位,即句子,因为它既不表达肯定的判断,也不表达否定的判断,换言之,它并不是逻辑判断的表达。这种思想正是后来的传统语法学家认为句子必须是主语和谓语的结合的看法的来源。其实,句子虽然是逻辑判断的表达,但是不等于逻辑判断,而句子所表达的也不仅是逻辑的判断,还有说话人的感觉、感情和意志。[2] 心理主义者看到语言在表达感觉、感情、意志方面的作用,这是他们的贡献;但是他们却犯了严重的错误,因为他们把语言中的词看成只是表象(即感觉的单位)的表达,而不是概念的表达,把语言中的句子看成是个人心理状态的表达。他们既没有看到语言本质上是抽象思维的担负者,也没有看到语言是交际的工具,因之,没有看到句子基本上是以表达抽象思维的方式作为人们在交际中的言语单位的。所以,尽管这一学派提醒我们注意语言的表感觉、表感情、表意志的作用,他们却把语言的这些作用加以夸张,抹杀了语言的本质特点。

---

[1]　Ch. Serrus:《Le parallèlisme logico-grammatical》,pp. 158—159.
[2]　关于这个问题,我们以后再谈。

结构主义者企图冒称是站在语言学的立场来给句子下定义或做解释的。然而他们却忘记了语言学的立场并不排斥对语言或思维的关系的正确的理解。他们以为把句子理解为逻辑判断的语言表达不是对句子的科学的理解。布龙菲尔德甚至于嘲笑黎斯对句子所做出的定义。黎斯在列举150种不同的句子的定义之后,曾经提出自己的定义说:"句子是语法上结构的言语的最小单位,这种言语的最小单位依照言语和现实世界的关系表达句子的内容。"[①]然而布龙菲尔德却嘲笑他说:"这些都与语言学的解说无关;无论这种定义对哲学家们来说是如何明晰清楚的,但在语言学的世界中却是没有意义的。"[②]当然,黎斯对句子的解释也是有缺点的,他对句子所下的定义没有表明句子和逻辑判断的关系,只表明句子和客观世界的关系,也没有表明句子和表达感情意志的关系。但是布龙菲尔德对黎斯的嘲笑显然是因为黎斯没有依照他所说的从语言学的立场来解释句子。然而布龙菲尔德自己如何了解语言学的立场呢?依照他的见解,纯粹根据他所谓的语言结构的形式,不考虑这种语言结构的形式和它所表达的思维的情况,来给句子下定义,这就算是语言学的立场。于是,他对句子所下的定义就是"最大的形式"或"独立的形式"。布龙菲尔德忘记了他所说的可以是自由形式的最大的独立的形式可以是一段话,难道一段话不是言语结构中的最大的形式吗?例如,"凡人皆死。孔子是人。孔子是要死的。"这样的推理形式在言语结构里难道不是一个最大的形式吗?然而就连布龙菲尔德恐怕也要把它看成三个句子,而

[①] J. Ries:《Was ist ein Satz?》,p. 99.
[②] L. Bloomfield:《评 Was ist ein satz?》,见 *Language*,1930年第7卷,205页。

不是一个句子，因为他认为有的时候，英语的 It's ten o'clock. I have to go home.（十点钟了。我得回家。）是两个句子，如果在这两个形式之间有个句终语调的话。可是，布龙菲尔德又认为这也可能是一个句子，只要我们拿停顿的语调去替代句终语调的话：It's ten o'clock, I have to go home. 我们并不否认语调的作用，但是语调的作用是什么呢？如果有人问你：Why do you go?（你为什么走了?）而你回答说：It's ten o'clock, I have to go home.（十点钟了，我得回家）在这种情形之下，就是因为你说话时有其他的情景，例如，说了一半，本想只回答 It's ten o'clock（十点钟了），后来觉得要说 I have to go home，尽管你在 It's ten o'clock 后面用了句终语调，你所说的 It's ten o'clock, I have to go home 也仍然只是一个句子。可见，这个言语结构到底是一个句子或两个句子还要看它所要表达的是什么意思。如果你要说明你所以要回家的缘故是因为时间已经十点钟了，这两个言语形式之间就说明了因果的关系，因此是说明因果关系的复合句；如果你只叙述两桩事实，一桩是时间已经十点了，一桩是你要回家，它们就成为了两个句子。换言之，仅仅是从形式来了解句子，而说句子是最大的形式，这"大"的标准是难于确定的；没有说完的一个句子也往往是最大的形式（例如我们说"他简直是——我不说了"之中的"他简直是"也是最大的形式），也有所谓句终语调，然而没有人会把它看成句子，人们反而要把它看成没有说完的话。所以，形式主义是不能解决问题的，因为它忽视了语言是抽象思维的担负者这一原理，它切断了语言和思维的关系。当然，我们也不否认结构主义者在这个问题上所给做出的贡献，它提醒我们在了解句子的时候，不能像传统语法学家似的只顾到句子是逻辑判断的表达，而忽视这种表达的语言形式。但是,结构主义者抹杀了语言的本质特点,抹杀了语言的表达思维的功能,割裂了语言与思维的关系,则是他们的严重的缺点,因之,他们对句子的解释也是不足为训的。

接受传统的句子定义和修改传统的定义的语言学家们的立场基本上是正确的,但还存在着大小不同的缺点。传统语法学家对句子所做的解释基本上是正确的,只是在实际运用这个定义的时候,他们忽视了语法和逻辑的区别,而把它们混为一谈,同时也忽视了句子的形式标志。他们对句子所下的定义也具有简单化的毛病,没有能够把句子的特点解释清楚。所以,完全接受传统的看法的语法学家们也不能完善地解释句子。比方说,马建忠所说的"凡字相配而词义已全者,曰'句'",就没有把句子的特点解释清楚。难道说单独一个词(按:相当于马建忠所说的"字")就不能成为一个句子吗?什么叫做"辞意已全"呢?一个判断是完整的思想单位,难道三段论法所包含的三个句子结合在一起就不是完整的思想吗?这些问题都值得怀疑。黎锦熙所说的"能够表示思想中一个完全意思的,叫做句子"也有同样的缺点。什么是完全的思想?许多语言学家在给句子下定义时所说的"表达完整的思想"都有这种毛病,因为他们没有把"完整的思想"到底是什么解释好。至于葛莱伊所说的"表达一个完整的概念的一个词或一群词"更是不能令人满意。

第三节 对句子的正确理解

那么,句子到底是什么呢? 我们认为句子具有下列几个特点:
(1)句子是言语的最小的完整的单位,不是语言的单位。王力曾经对句子下个定义说:"所以句子是语言单位。"①这显然是把语言和言语混为一谈的一个具体的表现,因之,也就把句子的特点误解了。"语言"指的是全民社会所运用的交际工具,一个全民的语言社会只有一种语言,然而"言语"却可以指明人们所说的具体的话,它是语言的具体的应用。句子是人们运用语言时所构成的一个具体的言语的完整的最小的单位,不是语言。语言的单位是汉语、俄语、英语,然而言语的单位则是我们所说的具体的话。所以,鲁宾斯坦说:"直接的表现在人们口头上或形成于书面的具体句子本身并不属于语言,而属于言语。"②言语可能是我们所说的一大段话,一篇演说,但是,一般地说,言语的最小单位则是句子,因为我们在交际的场合中,必须说出一句话才能使人了解。当然,在个别的情形下,我们也有由于某种原因,没有把一句话说完的情形,例如怕把句子说错了而把下半句话"吞下去"的情形;如果这样的话,这种言语单位就是不完整的。所以要使它成为完整的句子,就要使它成为完整的最小的言语单位。在这个问题上,我们同意维诺格拉多夫院士的主张。维诺格拉多夫院士明确地指出,句子是"一个完整的言语单位(也就是具有基本结构特点的不可分割的言语单位)"。③ 因为句子是属于言语结构的范围的,不是逻辑结构,要了解句子首先要从它在言语结构中的特点来加以解释。忽略了句子是完整的言语单位或把句子在语言中的地位解释错了,就会

---

① 王力:《中国现代语法》,上册,1954,中华书局,56页。

② С. Л. 鲁宾斯坦:《论语言、言语和思维的问题》,见《语言学译丛》1959年第1期,44页。

③ В. В. Виноградов:《研究句子的句法结构的一些问题》,《语言学问题》1954年第1期,3页。

使我们不能对句子有明确的认识。

(2)句子是以逻辑判断为基础的表达人们的思想、感觉、感情、意志的语言状态,不是纯粹的表象的表达。传统的语法学家所说的"句子是逻辑判断的语言表达",基本上是正确的。但是传统的语法学家对这问题却没有明晰的解释,同时也把逻辑的判断误解了。语言是抽象思维的表达工具,这是不可动摇的原理。离开了抽象思维,语言就不能存在,所以,在理论上,我们不能否认语言与思维的密切联系,不能否认语法和逻辑的密切联系,也不能否认句子和逻辑判断的密切联系。当然,句子是完整的最小的言语单位,它并不是逻辑思维的完整的最小单位,但它却是以逻辑判断为基础的;离开了逻辑判断,句子就不能存在,因为离开了它所表达的对象,表达者也就不能存在。许多语言学家说句子是完整的思想的表达工具,但是什么是完整的思想,他们没有加以明确的说明。"完整的思想"这句话所指的可能是整个推理,可能只是一个判断。所以只说句子是完整的思想的语言表达,还没有解决问题。作为完整的言语单位的句子之所以不同于词组和整段话。就在于它是判断的语言表达,不是概念(像葛莱伊所说的那样)或推理的语言表达。思维是一个过程,它所产生的产物是思想。思想是一种结构,在思想的结构里,作为材料单位的是概念,但是思想结构的最小的单位则是判断。我们在进行具体的思维活动时,都是拿概念所组成的判断来作为思想结构的单位的。单独一个概念不能进行思维,也不能构成思想,虽然概念也是前人或前次的思维活动所获得的成果。在进行思维的时候,我们都是把我们所已知的概念和另外一个概念结合起来,来构成新的思想结构的。比方说,我们已经知道了这个人是"林老师",现在为着更进一步地了解这个老师到底是怎样的一个教师,我们就进行思维,反映了客观的事实,拿另外一个概念来和"林老师"结合起来,构成判断,而想到"林老师是爱护学生的教师"。如果单单只想到"林老师",这就是另外一个判断:"这个人是林老师"。当我们知道"林老师是爱护学生的教师"之后,我们又可以更进一步地进行其他的判断,例如"爱学生的教师林老师是学生们所爱戴的"。在这种情形之下,"爱护学生的教师林老师"就成为了一个概念,不是判断。在语言里,我们也只有在表达这种判断的时候,才能构成一个句子。我们都是拿表达概念的词或表达复合概念的词组结合起来去表达思维中的判断的。如果不是表达思维中的判断,我们的语言结构就不可能是句子,而只是词或词组,或一段话。所以,要了解句子,就得理解句子在表达思维作用之中的表达判断的作用。

有的语言学家,因为看到语言里有独词句或单部句的存在,就认为句子不是判断的语言表达,因为在他们看来,判断既是两个概念(即主语和谓语)的结合,只表达一个概念的词(独词句中的词)或语(单部句中的主语或谓语)就不能是判断的语言表达。这种看法,其实是一种误会。波波夫曾经对这种看法提出批评。他认为在说出独词句或单部句的时候,人们所用的语调和语言环境都可以证明它事实上已经是一个判断。[①] 首先,我们要知道,我们只认为句子是判断的语言表达,并不认为句子就等于判断,所以尽管句子必得以判断为基础,它却不等于判断,它却不必和判断一样,都得具备明显的语法上的主语或谓语。萨皮尔对这种情形曾经有过一个解释。他说,"它(按:即句子)把一个主语和说明这主语的表

---

① П. С. Попов:《Суждение》,莫斯科,1957,стр. 17—18.

达结合起来。主语和'谓语'可能集合在一个词里,例如拉丁语的dico——'我说';可能独立的被表达出来,例如英语的同一句话 I say——'我说'。"[1]葛莱伊也有同样的解释。他说:"当一个句子必须包含一个主语和一个谓语的时候,这并不是说它们必得是分开的词。因为同一个词可能包含这两个成分,例如拉丁语的currō——'我忙着'……。"[2]这里,萨皮尔和葛莱伊把拉丁语的词尾所表明的人称说成语法上的主语,这是他们的错误,但是他们的解释却给我们一个启发,让我们了解在这一种情形里,逻辑主语是存在的,它是由词尾表达出来的,这一类的独词句尽管在语法上看没有主语,其实逻辑上的主语就包含在作为谓语用的词里,这种独词句也仍然表达了逻辑上的判断,换言之,它仍然是以逻辑的判断为基础的。有的时候,语言里有由一个无人称动词或一个名词,甚至于一个形容词、一个副词之类或其词组来构成句子的情形。例如现代法语就经常出现有不用动词的短小的句子成分。柯恩(M. Cohen)曾经在他的《语法与风格》里告诉我们,法国现代作家皮埃尔·古尔达德在他的《捷美》(Jimmy)里有这一类的句子:un homme solide. Le teint frais et les cheveux blancs. De quoi vous donner envie de vieillir. vraiment une vie sans pli. (一个结实的人。清爽的脸色和洁白的头发。使您产生要做老年人的念头。真的没有受过折磨的生活。)[3]这些句子都只是单部句,它们都是由名词性词组构成的。我们不能在这些句子里找到明显的主语-谓语的结构。那么,这些句子到底是不是逻辑判断的表达呢? 反对

---

[1] E. Sapir:《Language》,p. 36.
[2] L. H. Gray:《Foundations of Language》p. 229.
[3] Marcel Cohen:《Grammaire et Style》,Paris,1954,p. 213.

句子是逻辑判断的语言表达的语言学家们认为这些句子并不表达判断,因为它们没有逻辑上的主语,然而却是句子。这种看法其实只是一种误会。要知道思维是内在的心理活动,语言是思维的物质外壳,但这种物质外壳可以是内部的语言,即没有说出的语言。在进行判断的时候,我们可以没有把主语说出,但这不等于说没有逻辑判断上的主语。每一个人都有这种经验,就是在语言环境的许可下,我们往往把主语省略掉,例如回答人家的问话:"你来不来?"而只说"来"。这并不是没有主语的句子,而是把主语省略掉,也就是说,没有把主语说出口来,其实主语已经存在于内部语言里。我们知道我们所说的"来"就是"我来"。然而这些所谓无主语句不是在会话的场合中所说时情形又怎样呢?它们也可能是在某种原因下所说出的省略句。即使不是这样的情形,我们也不能否认它们是逻辑判断的语言表达。阿里斯多德曾经把逻辑判断规定为必得是主语和谓语的结合,然而许多逻辑学家却有"无主语判断"的主张。苏联的逻辑学家波波夫就有这种见解。他认为:"逻辑的主语多半是标示世界表面的事物和对象的,所以,现实现象的某种片段,世界的可理想的片段——它可能没有被命名——就是主语的基础。"[1]因为判断是人们对客观事物的认识的反映,在认识客观事物的时候,我们的认识总是有对象的;这对象是通过人们的感觉,再由抽象思维加以概括而成逻辑的概念的。在进行思维的时候,我们可能只由感觉认识了客观事物,还没有对它加以命名,就对它下个判断。在这种情形之下,逻辑上的主语还没有形

---

[1] П. С. Попов:《Суждение и его строение》,见 Философские записки,第 4 卷,1953,31 页。

成，但逻辑的判断却已经形成了，因为我们所说的话仍然是对这判断的对象（尽管还没有加以命名）所加的判断。正因为这个缘故，我们往往要把这一类没有主语的命题理解为有个"这"作为它的主语，例如把"一个结实的人"理解为"这是一个结实的人"——"这"是个非常不明确的命名；因为逻辑的判断可以缺乏主语，因此，句子也可以缺乏语法上的主语。然而这没有语法上主语的句子却仍然是逻辑判断的语言表达。

反对句子是逻辑判断的语言表达的语言学家们又以句子可以表达感觉、感情、意志等为理由，认为句子可以不表达判断。这也是一种误解。毫无疑问，语言不仅是抽象思维的担负者，它也表达人们的感觉、感情和意志。在语言里我们也有许多不同语气的句子。然而这是不是说句子就可以不表达逻辑的判断呢？巴甫洛夫曾经告诉过我们，人的第二信号系统是和第一信号系统紧密地联系在一起的；在人类的心理活动中，理智、感情和意志是交织在一起的，不是孤立的。巴甫洛夫说："因为我们不仅在交际中利用词，而且在体验中也利用词的，所以，这一件全人类所共有的事实，即第二信号系统不断暗地里控制着第一信号系统的事实，就是很容易理解的了。"[①]马希尼科在解释巴甫洛夫第二信号学说的时候，明确地说："在人身上，纯粹的第一信号系统是不存在的。"[②]可见，就是感情或意志的表达也脱离不了抽象思维的表达的控制。加尔金那-费多卢克也说："要知道，人在认识了自然和社会的时候，就永远表现了自己的态度——从理解和感情的各个方面来评价它

---

① 《巴甫洛夫星期三》（俄文本）1949，第1卷，319页。
② В. И. 马希尼科：《巴甫洛夫关于两种信号系统的学说》，科学出版社，1956，47页。

们。他感受了需要的和不需要的,有益的和有害的,快乐的和苦闷的各种现象,因为他是从个人的或社会的需要出发的。人感受了客观事物的时候,就表现了他自己的富有感情的态度,这种态度也是在社会历史条件的影响下形成起来的。因此,像 Какой человек！('什么人!')Как я люблю его！('我是如何地爱他呀!')Все люди должны чтить и уважать его！('所有的人都应当追悼和尊敬他!')这些句子,都是表达被意识到的感情和意志的双部句,但是这些句子是以判断作为基础的。在这些句子中,我们不仅表示了自己的感情和意志,同时也把认识到的某种东西理智地告诉给别人。"[1]这一段话把语言表达中的表感情、表意志和表理智的成分之间的关系解说得很清楚。语言是交际的工具,我们之所以要用语言来表达感情和意志,也为的是把它告诉给别人。这种情形就是把我们所感受的感情当做一种知识来告诉给别人,使别人理解我们所感受的是什么,或我们所有的是什么愿望。可见,在语言里,我们还是用表达我们对我们所感受的感觉、感情和意志所下的判断的方式来表达我们的感觉、感情和意志的。所以我们仍然不能不是以判断为基础来附带地表达我们的感觉、感情和意志的。例如,当我们说"真好看!"的时候,这句话无疑地表达了我们的欢欣的心情,但它却同时是个逻辑判断的表达,它告诉听话人我们所要表达的对象的确是非常好看的。又如,当我们说:"我恨帝国主义!"的时候,这句话当然也表达了我们的愤恨的感情,但它却仍然是以逻辑的判断为基础的,因为它同时把我对恨帝国主义这一事实所下的判断的理智告诉给听话的人。所以,就是表达感情、表达意志的

---

[1] Е. М. Галкина-Федорук:《Суждение и Предложение》莫斯科,1936,стр. 32.

句子也不能不以逻辑的判断为基础,也不能不是逻辑判断的语言表达,不过它同时具有表达感情、表达意志的作用罢了。

有的语言学家又因为有各种不同性质的句子,我们不是拿"是"和"不是"之类的语法成分来构造所有的句子的,就认为句子不是判断的语言表达。他们认为逻辑的判断既然都属于主语——系词——谓语的公式;那么,我们就只能把语言中"中国是社会主义的国家"、"美国不是社会主义的国家"、"花是红的"、"花不是红的"之类的句子看成表达逻辑判断的句子,称之为判断句,其他的句子,就不表达逻辑判断。这种看法也是一种误解。当然逻辑学家们曾经给逻辑判断定出一个公式,认为逻辑判断都是主语——系词——谓语的公式,但是,一来这种公式是否正确已经有人提过疑问,例如系词到底是否逻辑判断所必得具备的,已经成为逻辑学家们的辩论的题目,二来这也不妨碍我们来把句子看成以逻辑判断为基础的语言表达。我们虽然不能切断句子和逻辑判断之间的联系或符合,但这不等于说句子就是逻辑判断,换言之,句子只是逻辑判断的表达方式;表达的方式可以不同,但其所表达的却可以是同样的逻辑判断。阿里斯多德虽然认为逻辑判断必得是主语和谓语的结合,谓语必得是动词,但是他却没有说,在语言里作为谓语用的动词必得是系词,不过认为有系词的句子是纯粹的判断的形式,而在分析没有系词的句子时,要把它解释为有系词的判断罢了。事实上,任何语言都有许多不用系词而用一般动词为谓语的句子,尽管波尔—瓦耶尔的语法学家们认为每一个句子都应当有一个系词,因之建议把 Louis XIV a régné("路易十四统治过")之类的句子改为 Louis XIV est ayant régné,但一般的情形,人们并不否认运用一般动词为谓语的句子的表达判断的作用,不过,为了符合逻辑判断的公式起见,人们在逻辑学的练习中,要把不用系词的句子改写成有系词的句子罢了。例如把"他昨天走了"改写成"他是昨天走了的"。要知道,这种改写本身就证明了这一类不用系词而用一般动词或具有动词作用的词作谓语的句子也是逻辑判断的语言表达,因为非常明显,不表达逻辑判断的句子绝不能在逻辑习题里被强制去表达逻辑判断,因之,也绝不能加以这样的改写。事实是,尽管句子是以逻辑判断为基础的,但句子却仍然是句子,因之,它有它自己的特点。因为语言不只是抽象思维的担负者,它还可以连带地表达人们的感觉、感情……等。句子的构造可以在同样的逻辑判断基础之上有所不同。因为语言的本质特点是抽象思维的担负者,因之,句子不能脱离逻辑的判断而存在。但句子可以运用不同的方式(可以兼表其他成分的方式)去表达逻辑的判断。如果是用纯粹理智的成分来对某一事物下个概念式的判断,我们就用"林老师是爱护学生的教师","毛主席是伟大的领袖"之类的句子。这是典型地表达逻辑判断的句子。如果我们是叙述我们的感觉所感受到的现象,我们就用"我看见他走了","他轻轻地敲了门","花一天一天地红了起来"之类的句子。在这一类的句子里,我们也同样地对客观的对象下了判断,但是我们同时也叙述了我们所感觉到的东西,我们是用叙述客观事物发生了什么事情的方式来对客观事物的情形下个判断的。我们甚至于可以拿"这朵花真好看","他的话真漂亮"之类的句子来表达逻辑的判断。这些句子也表明了我们对客观事物的情形所下的判断,不过是拿描写这些事物的特点的方式来对它下判断的。所以表达的方式可以不同,但是同样地表达了逻辑的判断。

有的学者认为逻辑的判断固然要有句子作为它的语言表达,

但是句子却不见得都要有逻辑判断作为它的基础。例如达凡涅茨（П. В. Таванец）就在他的《判断及其种类》里提出这样的主张。他认为语言中的询问句和祈使句并不表达肯定或否定，而逻辑的判断总得是肯定判断或否定判断，因此，这种句子并不表达逻辑判断。[1] 他并且作出断语说："然而，如果说判断是在句子里被表现的，这却不是说，所有句子的任务都是在于表达判断。"[2]其实，这是一种误会。波波夫曾经在他的《判断》里提出相反的见解，他认为询问句的直接任务固然不在于说出"是"或"不是"，但它包含有一种隐蔽的判断，它总指明某种判断，例如在"谁来？"这个句子里，它已经包含有"某人来"这个可真可伪的判断；我们在提出"谁来？"这个问题时，事实上已经有了两个判断，一个是出发点的判断："某人来"，一个是回答的判断："甲来"。所以，"虽然和判断比，询问句有它特殊的任务，但是它却总指出一个作为出发点的判断"，[3]"它事实上是指明某一判断的隐蔽的判断。"[4]祈使句也是同样的情形，虽然它有特殊的任务，但是它也在它身上包含有一个隐蔽的判断。例如，当我们说"消灭敌人"的时候，这句话总有一个作为出发点的判断，即"有敌人存在"，所以"虽然祈使句本身不是判断，它却在身上包含有一个隐蔽的判断。"[5]波波夫的话不见得都正确，但是值得我们参考。在我们看来，询问句和祈使句不但在它们身上包含有判断，而且事实上就是用不同的口气说出的判断。我们不

---

[1] П. В. Таванец：《Суждение и Его Виды》，莫斯科，1953，стр. 24—29.
[2] П. В. Таванец：《Суждение и Его Виды》，стр. 24.
[3] П. С. Попов：《Суждение》. стр. 21.
[4] 同上书.
[5] 同上书.

但可以有肯定的询问句,同时也可以有否定的询问句,我们不但可以有肯定的祈使句,我们还可以有否定的祈使句。例如"这是红花吗?""这不是红花吗?""去!""不要去!"我们只是对我们所要下的肯定判断或否定判断没有能够做出决定而用询问的口气把它说出来罢了,我们只是希望我们的肯定判断或否定判断成为事实罢了。这正是主观态度和判断混在一起的一种特殊的语言表达,但这种表达却没有能够脱离判断的表达而存在。① 当我们说出一个询问句的时候,我们仿佛自己并不作出判断,只要求听话的人作出判断。其实,只要我们看到听话的人是怎样回答的,我们就知道询问句已经包含有判断。询问句固然是要求听话人做出判断,但听话人并不要说出整句话,只说出"是"或"不是"也可以满足说话人的要求。例如当我们问:"你是党总支书记吗?"只要人们回答"是",我们就知道这个逻辑判断是"我是党总支书记"。可见,逻辑判断已经由说话人于发出"你是党总支书记吗?"这句问话时表达出来,不过说话人对"你是党总支书记"这个判断有疑问,所以才用疑问的态度把它说出来罢了。当然,有的时候,人们可以发出这样的问话:"你是谁?"仿佛什么也没有判断。其实情形并不是这样的。我们所以要发出这种问话,正因为在进行思维下判断的时候,没有能

---

① 虽然加尔金那—费多卢克对某些祈使句是否表达判断抱怀疑的态度,但对询问句的表达逻辑判断的作用却说得非常肯定。加尔金那—费多卢克说:"但是我们认为询问句是表达判断的,不过,这是不同于普通的抽象判断的判断。很遗憾,逻辑学家们很少注意询问句的问题。要知道,询问句是人的认识要求的表达形式之一,向别人提出问题是渴望清除思想中的某种不明确的东西。询问句是表达不明确的问题的语言形式。在询问句中,往往问到判断的不明确的谓语,因为谓语在判断中是不明确的。可是,在回答中,它往往将被表达出来。在询问句的语法地位中,我们不但能够找到和叙述句一样的谓语的本质,并且能够找到和叙述句一样的任何的句子成分——主语、谓语、定语、宾语、状语。"(参阅 Галкина-Федорук《Суждение и Предложение》,стр. 65.)

够断定你是谁,才说出这句话的。这只是"你是甲","你是乙","你是丙"……等判断之中不能做出决定而用询问的态度把它表达出来的,而这个命题本身也符合逻辑判断的公式"甲是乙"的,不过"乙"是不确定的问题罢了。何况这种句子也可以表达肯定和否定,例如"谁来?""谁不来?"我们只能说它所表达的是未成熟的判断,而不能说它不表达判断。这种询问所要求的是听话人对说话人所具备的可能的判断之中替说话人做出决定,如是而已。祈使句的情形虽然有所不同,但是仍然是判断的语言表达。不论在说祈使句的时候用不用主语,祈使句有个逻辑上的主语,则是不成问题的。我们在祈使的时候可以只说"来!"但是把这句话说成"你来!"也无不可。事实上,许多在动词里有"命令式"的语言里可以不用主语,但这不等于说它没有逻辑上的主语。正如一般动句可以不用主语,只用词尾变化来表达逻辑主语似的(例如意大利语的canto 的词尾-o 表达了逻辑主语,虽然这个句子在语法上并没有主语),祈使句也可以不用主语。但这不等于说它没有逻辑判断中的主语。比方说,法语 dites-moi("告诉我!")虽然没有语法上的主语,但 dites 这个动词变位已经告诉我们这是第二人称的命令式,指的是"您告诉我!""你告诉我"和"你看见一个人"一样,都是以动词为谓语,拿叙述主语所指明的事物发生什么事情的方式来表达主语的。它显然是逻辑判断的语言表达,不过是用祈使的方式说出来罢了。祈使句并且也有肯定和否定的说法,例如"来!""别来!"有的人所以怀疑它是逻辑判断的语言表达,因为他们认为"您告诉我!"这个祈使句并不是对客观事物所下的判断,"您告诉我"还没有成为事实,只是说话人的愿望而已。这其实也是一种误会。在说出一个具有将来时动词的句子时,句子里所说的事实也还没有成为事实；然而没有人会怀疑"他将来要成为一个作家"，"世界将来都将是共产主义的社会"这一类的句子是判断。因为尽管他还没有成为作家，尽管共产主义还没有在全世界范围成功，说话人却可以预先加以断定，这已经是个判断。可见，我们不能因为祈使句中所说的还没有成为事实，就认为它并不表达判断。问题只在于，这种判断是说话人所预先做出的，说话人不但预先做出这个判断，并且企图用自己的祈使使这判断能兑现。所以，祈使句也是逻辑判断的语言表达，不过是带有祈使的主观态度罢了。

这其间还有一个问题，即语言中有运用感叹词的情形。这些感叹词是不是也表达了逻辑的判断呢？严格地说，感叹词是专门表示感叹的一些词，例如汉语的"噢！""哎！""嘘嘘！"，俄语的ой! ox!，英语的 ah! oh! alas! ……等。这些词在语言结构中，都是独立存在的，于是，有的语言学家就认为它是独词句之一种。这些感叹词并不包含概念；如果把语言中运用这些词的情形看成感叹句，那么，至少这种句子是不表达逻辑判断的。然而这也是一种误解。第二信号系统既然是和第一信号系统交织在一起的，语言中就可能有只作为第一信号系统用的成分。感叹词就是这种成分。它只表示感情，而不表达概念或判断。它只是和第二信号系统的语言交织在一起的第一信号系统的成分，因此，它其实是语言中的非语言成分。加尔金那—费多卢克说："为了认识作为交际工具的语言，就必须区别语言中感觉和感情的表现和表达。假定说有一个人感到强烈的头痛，他一点也没有想到它，而只是叫喊着痛：ой-ой-ой，ox-ox-ox，这里是不是判断呢？不是。这些叫喊不是句子，也没有表达判断。沙哈马托夫无根据地把同样的感叹看成感叹句。在感叹中得以表明的人的反射,可以列入第一信号系统。"[1]这个见解是正确的。要知道,感叹词这个术语的来源是拉丁语的interjectus。拉丁语这个词的原意指的是"孤立的插在里头的东西"。原来感叹词是从外面孤立地插进言语里头来的东西,不是语言范围内的东西,因此,它总是孤立的,自成单位的,甚至可以插在句子里的任何地方,不受句法规则的限制。这一类的东西既不是句子成分,也不是句子。所以,我们不能拿它们来证明句子可以不表达判断,因为它们根本上就没有构成句子。

(3)句子是语法结构的最大的统一体。句子一方面是逻辑判断的语言表达,一方面又是语法结构的最大的统一体。我们知道逻辑学的研究对象,除了判断之外,还有推理,这种推理是由许多判断组合而成的,然而语法学所研究的语言结构却以句子为最大的统一体,超出句子的言语结构,例如整篇文章的结构,就不是语法学的研究对象。句子虽然表达逻辑判断,但它本身却只是逻辑判断的语言表达,是一种语言的结构或语言结构的具体表现(即言语结构)。言语结构不同于逻辑结构,虽然它是以逻辑结构为基础的。因此,作为言语结构的完整的最小单位的句子却有其在语法上的结构特点,要依照某一时代的某一语言的句法规则组织起来,成为一个统一体。词组也是依照句法规则组织起来的一种统一体,但是词组可以被包含在句子里,而句子却不被包含在其他的统一体内。在所谓包孕句或复合句的场合里,句子仿佛是被包括在其他的句子里,但实际的情形,它只是复杂的判断或以简略的推理的资格表现为复合的判断的语言表达,而它本身也只是一种复杂

---

[1] Е. М. Галкина-Федорук:《Суждение и Предложение》,58页。

的句子或复合的句子,我们只能把这些被包括在其他言语结构里的类似句子的东西称为句子形式或分句,①而不能把它看成句子,只有最大结构的语法上的统一体才可以称为句子。整个包孕句或复合句其实只是一个语法上的统一体,一个句子。

句子既然是语法上的最大的统一体,它就必须具备一种句法的特点。因为各种语言的语法都有其特殊的特点,尽管各种语言的句子都是以逻辑判断为基础的,但其句法结构却可以各不相同。然而尽管各不相同,却不能没有语法上的特点,语法上的规则。我们曾经批评过布龙菲尔德对句子所下的定义是形式主义的,但这不等于说我们否认他所说的"句子是最大的形式"这个说法的任何价值。布龙菲尔德的错误在于他抹杀了句子的表达判断的作用,不在于他提到句子是语法上的最大的形式。另一方面,在承认句子是言语结构的完整的最小单位,句子是逻辑判断的语言表达的同时,我们也有必要注意到句子在语法上的特点。麦叶曾经对句子下过一个定义,他说:"从语言学的观点来看问题,撇开了一切逻辑学或心理学的考虑,我们可以给句子下个定义,说:句子是由语法关系联系起来的一组发音的总和,这种发音的总和并不附属于其他的任何一个发音的总和而能自足地存在。"②这个定义显然是形式主义的。麦叶犯了一个错误,因为他以为从语言学的观点来给句子下定义可以撇开逻辑学或心理学的考虑。但是,他考虑到句子在语法上的结构则是值得注意的。他所说的"由语法关系联

---

① 在语言学的术语中,分句并不等于句子,外国的语言往往把句子和分句用不同的术语来加以表示,例如英语的 sentence 是"句子",clause 是"分句"。

② A. Meillet:《Introduction à l'étude comparative des langues indoeuropéennes》, Paris, 1912, p. 339.

系起来的……不附属于其他任何一个发音总和"的"一组发音的总和"就是我们所说的在语法上的最大的统一体。叶斯柏森也有类似的说法。他说:"句子是一个(相对的)完整的和独立的人类发言(utterance)。"[①]他并且解释说,一般的情形,"发言"指明是对另外一个人交谈时所说出的话,但这不是必要的,因为一个人可以对自己进行独白;不过,要使一个发言的片段被认为是句子,它总得是一段仿佛有人在听似的交谈。[②] 这里,叶斯柏森也同样地犯了形式主义的毛病;不过,他就语言的特点来说明句子,他的解释可以提示我们句子在语言结构中的地位。维诺格拉多夫院士也在他所下的句子定义中提醒我们注意句子的语法特点的重要性,他说"句子是语法上根据某一语言的规律,在语法上组织起来而成为形式的、表达思想和述说思想的主要工具的一个完整的言语单位。"[③]尽管维诺格拉多夫院士没有说清楚在语法上组织起来的言语单位是否在语法上组织起来的最大的统一体,也没有说清楚句子所表达的思想是否判断,但是,他提醒我们要注意句子的语法组织特点,则是他的重大的贡献。加尔金那—费多卢克也对句子作了类似的解释。他说:"因此,在这样理解的基础上,句子可以规定为:句子是为了报导给别人的思想、感情和意志在语法上完整的、定型的表达。"[④]马露佐对句子所做的解释也着重了这一点。他说:"句子是由语音、语法、心理的关系联系起来的发音的系统,它在语法

[①] O. Jespersen:《Philosophy of Grammar》, p. 307.

[②] 同上书。

[③] В. В. Виноградов:《Некоторые задачи изучения синтаксиса простого предложения》,见《语言学问题》1954 年第 1 期,3 页。

[④] Е. М. Галкина-Федорук:《Суждение и Предложение》, стр. 34.

上并不附属于其他任何的结合,而对听话的人提供说话人所有的某一意义的完整的发言。"[1]可见,语法上的完整性,亦即语法上的最大统一体的特点也是理解句子的必要的条件。

由于上面的叙述,我们可以说,句子是由某一时代某一语言的语法规则组织起来的、以表达逻辑判断为基础的、人们在交际场合中表达思想、感觉、感情和意志的完整的言语单位和语法上最大的统一体。句子一方面具有表现逻辑判断的完整的意义的作用,一方面又具有表达这种完整的意义的语法规则,特殊的语法形式。

---

[1] J. Marouzeau:《Lexique de la Terminologie Linguistique》, p. 143.

第十一章 句子的结构

第一节 主语和谓语

句子既然是由语法规则组织起来的最小的言语单位,我们就要研究句子的组织方式,换言之,就是句子的结构方式。句法学对句子的兴趣不在于具体的句子所表达的具体的意义,而是句子的结构方式。

一般的情形,句子是由两个部分组织而成的,即主语部分和谓语部分。例如:

> 我国大跃进。
> 昨天来看我的老同志曾经领导过生产队的工作。
> 美帝国主义是纸老虎。
> 志愿军是最可爱的人。

在这些句子里,分析起来,我们首先就发现它们都是由两个部分组织而成的:

> 我国/大跃进。
> 昨天来看我的老同志/曾经领导过生产队的工作。
> 美帝国主义/〔是〕/纸老虎。
> 志愿军/〔是〕/最可爱的人。

前一部分,如"我国大跃进"之中的"我国"是主语部分,后一部分如"我国大跃进"之中的"大跃进"是谓语部分。主语部分和谓语部分之中都有一个主导词。这个主导词就称为主语和谓语。比方说,上面所举的例子"昨天来看我的老同志曾经领导过生产队的工作"之中的主语部分有个主导词,这个主导词就是"同志",因此,"同志"就是主语;这个句子之中的谓语部分也有个主导词,这个主导词就是"领导",其他的是附带说明"领导"的情形的,因此,"领导"就是谓语。

句子结构中的主语部分(或主语)和谓语部分(或谓语)的结合,仿佛是极其自然的事,然而语言学家们对主语部分(或主语)和谓语部分(或谓语)的理解却还没有一致。有的人甚至于认为"主语"和"谓语"这个术语根本上是没有必要的。例如朱查特(Hugo Schuchardt)就认为我们可以从语法学中取消"主语"和"谓语"这两个术语,他之所以还在运用它们,只是为的方便;[1]斯维德里乌斯(Svedelius)认为"人们只能够在废除人们自逻辑学借来的名称'命题'(即逻辑判断)、'主语'、'谓语'当中,了解到这个(即语言的实际的本性)";[2]塞留斯也说:"主语并不是判断的一个成分,作为语法范畴来说,它也是语言中的一个偶然的现象。"[3]在这种情形之下,我们有必要解释清楚主语和谓语的特点。

尽管语言中存在有无主语的句子,但典型的句子的结构是由主语和谓语两部分组织起来的,则是无疑的。未必有人会同意赛伊斯的虚无主义的主张。赛伊斯所说的"把句子分成两部分,主语

---

[1] Hugo Schuchardt:《Brevier》,p. 2250.
[2] Svedelius:《L'analyse du langage appliquée à la langue française》,1898,p. 6.
[3] Ch. Serrus:《Le Parallélisme logico-grammatical》,p. 167.

部分和谓语部分，完全是偶然的事情"；①不能令人信服。每一个人都可以在词组和句子的区别中一目了然地看到句子结构中的主语部分和谓语部分的区别。然而主语是什么呢？谓语又是什么呢？这倒是值得讨论的问题。

不同的语言学家对主语有不同的解释。贺昌英认为"主语是句子的主体"。② 黎锦熙曾经把主语解释为句子中的主脑。③ 有的语言学家甚至于把主语理解为题目、主题或话题。④ 这些看法都是极其模糊的。什么叫做句子的主体？主语和谓语都是句子的主要部分，其中谓语的重要性要在主语之上，如何可以说主语是句子的主体？把主语说成句子中的主脑，也有同样的缺点。按道理，句子的主脑应当是谓语，不是主语。至于说主语是句子的题目、主题或话题，更是令人不可捉摸。"题目"、"主题"、"话题"原是文艺学和修辞学的术语，不能说明语法的现象。有的语言学家对主语有比较明确的解释，但也不能把主语的特点解释清楚。比方说，乌沙科夫在他的《俄语详解词典》里解释主语说："主语是句子的主要组成部分，它指称事物，这事物发出行为，而这行为是由句子的第二个主要组成部分——谓语——表示出来的。"⑤乌沙科夫把主语理解为指称发出行为的主体的事物，这说明了主语的一些特点；但这种理解显然还不够全面，因为句子里有不表述行为的谓语，像俄语 эта——книга 之类的句子并没有指称行为的谓语，难道说它就没

---

① Sayce:《Zur Psychologie der logischen Grundtatsachen》,p. 52.
② 贺昌英:《关于主语宾语的若干问题》,见《汉语的主语宾语问题》,中华书局,1956,136页.
③ 黎锦熙:《变式句的图解》,见《语文学习》1953年3月号,47页.
④ 参阅向若《有关主语定义的一些问题》,见《汉语的主语宾语问题》,163页.
⑤ Д. Н. Ушаков:《Толковый Словарь Русского Языка》,Ⅲ,1948,399页.

有主语吗？奥热哥夫在他的《俄语词典》里对主语所做的解释要明确一些,但也不能令人满意。他说:"在语法上,主语是句子的主要组成部分,它指称事物,而谓语所指称的行为或标志是属于这一事物的。"[1]这里,奥热哥夫指出主语可以是谓语所指称的行为或特征所属的主体,他的解释比较地全面,但是他也同样地不能解释俄语 эта——книга 之类的句子之中的主语。苏联科学院的《俄语语法》对主语所做的解释是这样的:"主语是双部句的主要组成部分,它在语法上不依存于句子的其他部分,它通常是由名词、代词或其他变格的词,用主格(第一格)的形式表现出来,而它所指的是事物(广义的),这种事物的特征(行为、状态、特性、性质)是在谓语里确定的。"[2]这里,《俄语语法》是就俄语的特点来论述俄语语法中的主语的,它把俄语语法中的主语的特点解释得很清楚,但是它的解释只着重于区别主语的语法标志,而不是主语本身的特点。其实,要了解主语是什么,首先就要注意主语是语法意义学的问题,不是语法形式学的问题,虽然在辨别主语的时候,语法形式的标志是重要的。主语显然是句子结构中有特殊的意义成分的。一个不认识俄语的人,不必了解句子中的词的变格,只要明白各词的意义及其在句子中和其他的词的意义的关系的情形,大体上就可以认出哪一个词是主语,而只认识俄语的词的变格却不见得就能断定其为主语,因为在 эта——книга 这一类句子里,作为谓语的 книга 也是主格名词,然而却不是主语。同样的语法形式可以表示不同的语法意义,因此,必须了解语法形式所表示的语法意义确是主语的意

---

[1] С. И. Ожегов:《Словарь Русского Языка》,1952,487 页。
[2] 苏联科学院:《俄语语法》(俄文本),第 2 卷,上册,370 页。

义时,我们才能看出哪一个词或词组是主语。那么,主语到底是什么呢?传统的语法学家对主语曾经下过一个明确的定义,认为主语是句子中被表述的对象。这个定义虽然还有一些缺点,但基本上是正确的,因为它是从主语在句子结构中所起的语法意义的角度来解释主语的。有的语言学家反对这种定义,认为这是把语法和逻辑混为一谈。其实,这种批评是不能令人信服的。这个定义把主语说成"表述的对象","表述"已经是语言的问题,不是逻辑问题,我们不能因为这个定义是从意义方面来解释主语,就认为它是把语法和逻辑混为一谈。其实语言中的"意义"已经是逻辑思维在语言中的表现,不是逻辑思维本身。从语法意义学的角度来讨论语法问题,并不等于把语法和逻辑混为一谈。我们已经说过,句子的一个特点在于它是逻辑判断的语言表达。逻辑判断通常是有主语和谓语的,句子中的主语,一般的情形,就是逻辑判断中的主语的语言表达。语言既然是一种述说,在述说中,我们总是要拿某些语言成分(词或词组)来表述某个语言成分所指称的事物的。这也正是句子所以不同于词组的一个特点。除了在言语中加入一些感叹词之类的东西之外,我们的言语都是要表述某些知识的,而这些知识也总要反映客观事物中的某些情形或关系的。正因为这个道理,作为表达思维的工具的语言,以表达逻辑判断为基础的句子总是要对某些词所指称的某些事物加以表述,不这样就不成其为句子;而在表述的过程中,总得有个被表述的对象和对这对象的表述。主语正是人在言语活动中对别人说出他对客观事物中某种关系所做的表述里的被表述对象。比方说,当我们说"人民公社真好"的时候,我们显然是对"人民公社"加以表述的,说明人民公社是怎么样的事物。正因为这个道理,企图只用形式上的安排来解释主语的,只能令人莫名其妙。例如,马露佐曾经在他的《语言学词典》里给主语做出解释说:"主语是包含言语片段的第一部分成分的句子部分和言语片段的出发点。"[1]这种解释只能使人对主语产生模糊的印象。什么是言语片段的第一部分呢?"昨天我进城"之中的"昨天"难道不是言语片段的第一部分吗?谁承认它是主语呢?"快哉此风"之中的"快哉"难道不是句子的第一个部分吗?谁承认它是主语呢,然而为什么我们要认定"昨天我进城"之中的"我"是主语,"快哉此风"之中的"此风"是主语呢?因为它们是表述的对象,我们是在告诉人家关于"我"做了什么事情,关于"此风"如何如何的情形的。所以,主语只能是句子中的被表述的对象。我们平常说汉语或其他的语言存在有无主语句。为什么这样说呢?是不是因为这种句子里没有一个在前、一个在后的词或词组呢?显然不是的。无主语句可能是几个词的结合,例如:"端午斗龙舟",其中有在前的词"端午"(它并且是指称事物的),有在后的词"斗"和"龙舟",然而我们却说它是无主语句。为什么呢?因为我们找不到被表述的对象,只找到表述。可见,主语是被表述的对象。把主语理解为在句子里被表述的对象,这种提法是明确的。我们不能把主语理解为句子的主脑、主题、话题等,因为所谓"主脑"之类可以由于"逻辑重音"的不同而随之改变,然而主语却不因此而有所变动。加尔金那-费多卢克曾经告诉我们同样的一句话,例如"她又到阿尔巴去了",可以由于不同的"逻辑重音"而改变其所谓着重点,亦即所谓的"主脑"、"话题"之类:"她又到阿尔巴去了","她又到阿尔巴去了","她又到阿尔巴去了","她又到阿尔巴

---

[1] J. Marouzeau:《Lexique de la Terminologie Linguistique》, p, 174.

去了"。[1] 句子的主脑或主题可以改变,但主语却不改变,因为无论由于感情的不同对句子里的哪一个词加以特别的注意,改变了句子的"主脑"或"话题",说话的人却总是对"她"有所表述,"她"却总是被表述的对象。

正因为主语是句子中被表述的对象,所以句子里的主语必得是指称事物的词(名词或具有名词功能的词)或词组。麦叶曾经说过:"由于它本身的性质,'主语'必定是一个名词。"[2]萨皮尔也说:"言语中的主语是一个名词。"[3]桑德曼也在他的《主语与谓语》里说:"主语不是常常都得在语言里被表达出来,但是如果被表达出来的话,它就是由一个名词或和名词等价的词表达出来的,或者是由它自己(按即名词或和名词等价的词)或者是由它和其他的词结合成在语法上和定式动词相一致的词群来表达的。这正是在语法里,'给动词以规则'[4]的名词或名词性词群被称为语法主语,定式动词或和它相等的词群被称为语法谓语的缘故。"[5]上面所说的苏联语言学家们对主语所作的解释也同样地指出这种论点。苏联科学院的《俄语语法》说得很清楚,主语通常是由名词、代词或其他变格的词,用主格(第一格)的形式表现出来的,而它所指的是事物。

---

[1] Е. М. Галкина-Федорук:《Суждение и Предложение》,стр. 69.

[2] A. Meillet:《Remarques sur la théorie de la phrase》,见《Linguistique historique et linguistique générale》,T. II. p. 5.

[3] E. Sapir:《Language》,p. 126.

[4] 这是桑德曼引证勒·比都瓦兄弟(G. Le Bidois 和 R. Le Bidois)所说的话。勒·比都瓦兄弟认为"根据古老的一句非常幼稚而真实的说法,主语只是给动词以规则的词,即规定动词在人称和数方面要如何和它相一致的词"。(见其所著《Syntaxe du français moderne, ses fondements historiques et psychologiques》,Paris,1935,p. 382.)

[5] M. Sandmann:《Subject and Predicate》,Edinburgh,1954,p. 102.

乌沙科夫和奥热哥夫都说主语所指称的是事物。[1] 在语法上,指称事物的词就是名词或和名词等价的词或词组,从这一个角度来看,许多人认为汉语的主语可以是名词、动词、形容词……等的看法[2]是不正确的。事实是,在汉语里用作主语的词并没有像俄语似的那种变格或动名词的特殊形式作为外部标志,我们不但不能从这些词的形态来说明它们是否为主语,我们反而要用它们之作为主语来说明它们的词类特点,因为作为主语用的词都指称事物,都具有名词的性质。所以,在汉语里,作为主语用的词都具有名词的作用。我们之所以认为汉语的实词不能区别词类,其中的一个理由正因为汉语的词都可以当作主语用,它们既然都各有各的作用,我们就不能说,汉语的实词有各不相同的特定的词类。诚然,印欧语中也有用某种特殊形式的动词或形容词来作为主语用的,但这特殊的形式却正好是使动词或形容词变成名词化的形式,或把动词、形容词当作名词用的形式。可见主语必得是名词或具有名词功能的词或词组,不能是别的东西。在有名词变格之类的语法标志的语言里,这种变格之类的语法标志既是主语的语法标志,又是词类的语法标志。在没有名词变格之类的语法标志的语言里,主语要由其他的语法标志来加以表明,而主语的语法作用本身却成为名词或具有名词功能的词的语法标志之一。换言之,只要一个词能够用作主语,我们就可以断定,至少在这种情形下,这个

---

[1] 认为主语必定是由名词(或和名词等价的词)及名词性词组(或和它等价的词组)来表达的,是一般语法学家的公认的论点,上自柏拉图、阿里斯多德,下至最近的苏联的语言学家们都是如此。我们也无需在这里多引证。这种情形其实是容易了解的;无论人们对主语加以何种的定义,名词指称事物,却是一般人所公认的。

[2] 例如徐仲华就有这样的说法。参阅徐仲华《句子的基本成分》,见《语法与语法教学》,人民教育出版社,1956,208页。

词具有名词的功能。

谓语是什么呢？关于这个问题,语言学家们的意见也不一致。这里有两个问题是大家所争论的:第一,系词是不是属于谓语部分的？第二,谓语是否都是动词？

谓语是句子里的表述部分,这意见是一般人所公认的,虽然各语言学家所说的话可能是不一样的。比方说,葛莱伊认为谓语是"对某种话题所做的陈述";[1]麦叶认为谓语是"被说出的东西";[2]李希特(Elise Richter)认为谓语"是被表达出来的东西(der Gegenstand der Aussage)";[3]塞留斯认为"谓语是说话的目的,被说出来的东西"。[4] 这些语言学家尽管用了不同的说法,其实他们所要表明的意思是一样的:谓语就是我们说话时所要说出的内容,也就是句子中"有所谓"的部分,因此,我们说话时总要对某种事物加以表述,我们所说出的东西或内容就是对这事物(即主语所指称的事物)所加的表述。

然而,语言学家们尽管对谓语的解释是一样的,但是他们对什么是句子中表明"有所谓"的部分的意见却不一致。有的语言学家认为,谓语既然是对主语所指称的事物的表达,那么,在句子里,除了主语部分之外,其他的就是谓语部分了。换言之,在主语部分之外,包括系词在内的部分称为谓语。比方说,在汉语"共产党是中国人民的救星"这个句子中,除了主语部分"共产党"之外,"是中国

---

[1] H. Gray:《Faundations of Language》,p. 228.

[2] A. Meillet:《Rermarques sur la théorie de la phrase》,见《Linguistique historique et linguistique générale》,T. II.,p. 20.

[3] 见《Zeitschr. f. Roman. Philologie》,XI,p. 20.

[4] Ch. Serrus.《Le Parallélisme logico-grammatical》,p. 134.

人民的救星"就是谓语部分,其中包含系词"是"和"中国人民的救星",因为它是对主语"共产党"的表述。有的语言学家则认为系词不是谓语部分,而是联系主语和谓语的语言成分。关于这个问题,我们应当如何地理解呢？"谓语"这个术语原是希腊语法学家所发明的。因为希腊的语法学家看到系词是用同动词(verb to be)来表示的,而在句子中,一般的情形,不是用一般的动词就是用同动词,因此,就认为动词是句子中的谓语部分的主导词。系词既是同动词,它就应当被理解为动词,因之,也就应当被理解为谓语部分的主导词,即谓语。这么一来,系词不但被认为是属于谓语部分的,并且被认为是谓语部分中的主导词。希腊语法学家的这种看法对后来的语法学家有很大的影响。有的语言学家,例如基洛尔—杜维威埃(Girault-Duvivier)甚至于认为"动词总是同动词"。[①] 也正是在这种观点的影响之下,波尔-瓦耶尔派的语法学家们才建议,要把所有的句子改写成带有系词的句子(例如把 il marche〔他走〕改写成 il est marchant〔他是走着的〕);他们认为动词都应当是同动词和其他的词的结合。然而,系词是什么呢？波尔—瓦耶尔学派的语法学家们尽管都把系词看成动词,他们却不能不在事实面前暴露出他们的矛盾,因为把系词解释为"两项之间的联系"(la liaison entre les deux termes)的也正是他们。其实,就是在逻辑的判断中,系词也不是逻辑谓语的一部分,而是联系逻辑主语和逻辑谓语的成分。如果我们说"这朵花是红的",我们只是拿"红的"来对"花"加以判断,不是拿"是"来对"花"下判断的,因为"是"是任何一个判断所具有的,如果"是"是逻辑判断的谓语或

---

① Girault-Duvivier:《Grammaire des grammaires》, ed. 21, p. 440.

谓语的主要部分,不同的判断将是没有多大区别的,因为不同判断的主要部分都是这个"是"。在语言里,系词更不是属于谓语部分的。要知道,系词只是在许多语言中后期出现的东西。语言学家们在具体事实的研究中告诉我们,在存在有系词的语言里,系词都是晚期出现的东西,它并且不是普遍被应用的。就是在希腊语和拉丁语里,情形也是这样的。在这些语言里,运用定式动词的句子并且都不用系词(或同动词)。世界上有许多语言根本上就没有系词,然而它们也能够很好地表达逻辑判断。葛莱伊说:"等于 is(按:英语同动词)的这种系词最初并不存在;它的创造和演变是后起的。像*ese-这一类动词的最初的含义(例如,梵语的 asti,阿尔明尼亚语的 ē,黑特语的 eszi[esṭi],希腊语的 ἐστι,拉丁语的 est,古爱尔兰语的 is,峨特语和古高地德语的 ist,德语的 ist,英语的 is,立陶宛语的 ēst〔i〕,古代教会斯拉夫语的 jestŭ)是不明确的,但似乎指的是'存在'。在梵语里,值得注意的是 as-的不定时完成体的残缺式是由动词 bhav-(变成)〔bhavati'他变成'〕转来的。……这个 bhav-是和希腊语的 Φῡαομαν(我成为……),拉丁语的 fuī(我曾经是),mā-bam,amā-bō(我曾爱恋,我要爱恋),奥斯干—温布利安语的 fust(他将成为),古爱尔兰语的 bie〔i〕d,bóiø(他将成为,他曾经成为),近代爱尔兰语的 bionn(他总是),……古代高地德语的 bim,近代高地德语的 bin,盎格罗—撒克逊语的 béo(我是),英语的 be,立陶宛语的 búti,古代教会斯拉夫语的 byti(成为)等相关联的。"[1]葛莱伊还告诉我们,另外还有一些从别的动词变来的系词,例如西班牙语的 estar,意大利语的 stare……是从原始印欧语

---

[1] H. Gray:《Foundations of Language》,pp. 232—233.

*stha-(站立)变来的,近代高地德语的 werden(变成)是从原始印欧语*u̯orte(转动)变来的,峨特语 wisan,盎格罗-撒克逊语、古代高地德语的 wesan,英语的 was,were 是从原始印欧语*u̯ese(居住)变来的,古爱尔兰语的 fil(是)是从原始印欧语的*u̯ele(看见)变来的。古代的印欧诸语言普遍地不用系词,只有现代的印欧语,除了波罗的—斯拉夫诸语言之外,大部分的情形才运用系词。①但是就是在现代的印欧语中,系词也只存在于某种句子里,不是所有的句子都用系词。现代印欧各语言应用定式动词的句子都不用系词。可见,没有系词也可以有谓语,因为尽管没有系词或不用系词,人们也还同样地在言语里对主语所指称的事物加以表述。

系词并且不是真正的动词。我们在言语中往往要以叙述某一事物的动作的情形来表述主语的,例如汉语的"春到人间",拿"到人间"来表述"春",来说明"春"怎么样了。我们并不在这一类的句子里用"是",正如各印欧语并不在这一类的句子里用系词(例如法语的 le soleil se lève〔太阳升起来〕,英语 the dog runs〔狗跑〕)。要拿叙述动作的方式来表述主语时不用系词,而用系词时却并不叙述动作(例如汉语"今天是星期五","花是红的",法语 il est mon frère〔他是我的兄弟〕,英语 China is great〔中国是伟大的〕)。可见,系词并不是真正的动词,印欧语的系词只是动词来源的词经过虚化而成为虚词的一种语法工具;它并不是谓语的一部分,而是联系主语和谓语的语法工具。我们可以用它,也可以不用它,都无害于我们表达思维,都无损于我们构造句子。哪一种语言要在哪一

---

① 参阅 H. Gray《Foundations of Language》,p. 233.

种情形下运用系词,是由这一语言的语法规则来决定的。

有的人认为系词是动词,因为系词有动词的变位。这种看法是一种误会。系词的来源的确是一种动词;但是,这不足以说明系词就是动词,许多虚词都是从实词演变来的,并且也可能还保留实词的变格或变位。俄语的虚词,作为词的外部形态用的 буду, будешь, будет 等都还保留动词的变位;英语的虚词,作为词的外部形态用的 have, has, will, shall, would, should 等也都还保留动词的变位;法语的虚词,作为词的外部形态用的 ai, as, a, avons, avez, ont 等也都还保留动词的变位;然而我们却认为这些都是语法工具,是虚词。我们如何能够因为系词用了动词变位就否认它是虚词或语法工具呢?是否虚词,要看它是否用作语法工具。印欧语的同动词显然是用来表示主语和谓语的联系的;有的时候,人们甚至于可以不用它(例如,俄语并不随时都用系词,эта——книга 就不用系词),而没有变动句子所要表达的意义,例如汉语的"今天星期五"和"今天是星期五",从句子所表达的意义上说,没有两样。可见,系词只是帮助表明语法关系的虚词,并不是作为句子成分用的实词。谓语既是句子的主要部分(亦即主要的句子成分之一),如果系词是谓语中的主导词,它的去留就会影响到句子的形成,然而事实并不如此。可见,系词并不是实词中的动词。

系词不是动词,还可以从它所表示的意义来看。因为有的语言学家认为印欧语的同动词(系词之一种)是动词,他们就把动词理解为在语法上表示行为、存在、状态等意义的词。其实表示存在和状态并不是动词所有的一般特点。在语言里只有"存在"这一类的动词是表示存在的过程的,例如"这里存在着一个问题",但这并不是语法上的存在的意义,也不是动词所有的共同的特点。语言中的动词更没有表示语法上的状态的意义的。如果我们说：Эта——хороша，这里表示了语法上的状态，但是没有动词。系词更没有表示这种意义。如果我们说：The flower is red（花是红的），这里表示状态的是形容词 red（红），不是系词 is。其实，正如麦叶所说的，①动词只是在语法上表示过程的词，或如苏联语言学家所说的，②只是在语法上表示行为的词。吕叔湘曾经把汉语"我是中国人"之类的句子之中的"是"说成动词。③ 我们认为这种看法是不妥当的。"我是中国人"的"是"表达了什么动作或历程呢？没有人体会得出。汉语的"是"当然是系词，但它不但不是动词，就连同动词也不是，因为"是"是从指示词（例如古代汉语中的"是可忍，孰不可忍？"）演变来的。印欧语的系词是一种同动词，因为它们是从古代的某一动词虚化而来的，并且还保留其变位。但是世界上却有许多语言，它们的系词不是从某一动词虚化而来的，而是从指代词之类演变来的。非州的斯瓦希里语就是用代词来作系词用的，例如：mti u mkulu（这树是大的），其中的 u 是"它"的意思，就字说字，是"这树它大"，然而这 u 却在这里当作系词用。这个代词又往往用无定代词 i 去替代，而和指示词 n 结合在一起，成为 ni，当作系词用：mti ni mkulu。无论是汉语的"是"或斯瓦希里语的 u（或 ni），它都没有任何动作或过程的意义，它只在句子里表达一种语法意义，即把谓语和主语联系起来的语法意义。

---

① A. Meillet：《Sur les caractères du verbe》，见《Linguistique historique et linguistique générale》，T. I.，p. 177.

② 例如苏联科学院的《俄语语法》（Грамматика русского языка）I，第 29 页中所说的。

③ 吕叔湘：《语法学习》，中国青年出版社，1953，15 页。

原来印欧语所以发展出以同动词为系词的语法工具,为的是要附带地说明时间。我们已经说过,句子是表达逻辑判断的,而这逻辑判断则是反映客观事实的。因为客观的事物都存在于时间,并在时间中起变化,我们的判断所反映的客观事物可能指的是某一时期的情形,因此就有必要加以时间的说明。这种说明在不同的语言里可以用不同的语言成分去表达它,例如汉语就用时间词去表达它:"老林从前是个演员。"在这种情形之下,印欧语就用具有时制变化的同动词去连带地表达它;例如英语的 He was an actor(他曾经是个演员)。正因为这个道理,俄语的第三人称现在时直陈式的同动词一般是不被运用的,但在说明过去的情形时就要用同动词。

以上所说各点已经足够说明系词并不属于谓语部分,它只是联系主语和谓语的语法工具。有的语言学家把这一类句子说成是由三个句子成分组合而成的,例如塞留斯就认为这种句子是由主语、系词和谓语组合而成的。这种说法也是不妥当的,因为系词并不是句子的必要成分,不但古代的印欧语,就是其他的语言也有完全不用系词的情形;就是在用系词的语言里,例如现代汉语和俄语,系词也不是到处都用的;就是在应用系词的句子里,它也只是以虚词的身份出现的。[1]

系词既不是谓语的一部分,那么,每一个句子都得有个动词的说法,自然就是不正确的了。提出这种主张的人不但没有了解系词的性质,同时也没有了解句子的特点。我们已经说过,句子只是逻辑判断的语言表达,它并不等于逻辑判断,因此,同样的逻辑判

---

[1] Ch. Serrus:《Le Parallélisme logico-grammatical》, p. 156.

断,却可以有不同的句子来表达它。句子和逻辑判断的这种不同的情形,最明显的表现在一般用动词(或动词性的词)而不用系词的句子和用系词(或不用系词)而不用动词(或动词性的词)的句子里。我们并不否认在许多语言里,用定式动词作谓语的句子是占多数的,但是不用定式动词的句子也是相当多的,包括用系词或不用系词的句子。比方说,"共产党是工人阶级的先锋队","钢铁多得很","明天新年","语言是交际工具","帝国主义是纸老虎","这一张桌子长",我们在汉语里可以找到无数这类句子,这些句子的谓语显然不是指称行为或历程的,而是指称事物或性质的。我们也可以在俄语里找到许多同类的句子,例如:Он Русский(他是俄罗斯人),Таварищ Ма——новый ученик(马同志是新学生),Эта комната——наш класс(这间房子是我们的教室),Его карандаш длинный(他的铅笔长),等等。这些句子的谓语也并不指称行为或历程,而是指称事物或性质的,并且事实上并没有动词。可见,波铁布尼亚所说的"主语也许只是主格,而谓语却不能没有定式动词(verbum finitum)"[1]的说法是不妥当的。问题在于句子之表达逻辑判断,可以采取不同的方式,既可以拿叙述被表述的对象所发出的动作的方式来表达它,也可以拿说明被表述的对象是什么事物的方式来表达它。因此,在语言里,我们可以有不同类的句子,虽然它们所表达的是同样的逻辑判断。当句子拿叙述被表述的对象发

---

[1] 波铁布尼亚在解释他的主张时,接着说:"我们可以不用这个动词,但是我们却能感觉到它的存在,我们能够把谓语的关系(бумага белая'纸是白的')和限定关系(белая бумага'白色的纸')区别开来。"依照他所举的实例来看,他所说的定式动词就是作为系词用的定式同动词。我们既然了解这一类系词并不是真正的动词,只是虚词,也就可以了解他这种主张的缺点了。见 А. А. Потебня《Мысль и Язык》,стр. 119。

生什么动作的方式来表达判断的时候,这种句子就必须有动词谓语;当句子拿说明被表述的对象是什么或描写它是什么样子的时候,它就不必有动词谓语。所以,动词(或动词性的词)并不是所有的谓语都必须具备的。有的语言学家认为主语指明发出动作的主体,谓语指明这主体所发出的动作,这种理解只适用于拿叙述被表述的对象发出什么动作的方式来表达判断的句子,不适用于其他的句子。

在主语和谓语之中,到底哪一个是句子里最重要的部分呢?关于这个问题,语言学家们的意见是比较一致的。因为作为言语的最小单位的句子总是表达判断的一种表述,句子中担负表述作用的部分(即谓语)自然就是最重要的部分了。所以,桑德曼说:"没有疑问,谓语是判断中最重要的部分,如果把它表达出来的时候要着重说出其中的一个部分的话,这一部分应当是谓语。"[1]我们说一句说,总是"有所谓"的,如果无所谓,就用不着说话,谓语正是句子中有所谓的部分,它显然是说话目的所在,所以,谓语是最重要的。正因为谓语是最重要的部分,一般的情形,句子里可以没有主语,但是不能没有谓语。我们已经说过,在许多语言中都有无主语句的存在。无主语句的存在有种种不同的情形。有的时候是主语只存在于内部语言里,即没有说出,这就是许多省略主语的句子的情形。比方说,人们的问话"你喜欢不喜欢这本书?"在回答的时候,我们可以只说:"喜欢这本书",而把"我"省略掉,这是不是我们在表达思维的时候,根本就没有构成一个有主谓结构的句子呢?不是的。我们的句子仍然是"我喜欢这本书",只是我们没有把"我"说出来罢了。另外一种无主语句是把主语用语法成分的方式

---

[1] M. Sandmann:《Subject and Predicate》,p. 103.

和谓语结合起来,例如俄语的 читаю(我读书)。这里,主语是由语法成分 -ю 来表示的,但从句法的结构来说,这种句子并没有主语部分,我们有时也可以拿 я(我)加在 читаю 之前,使其成为有主语的句子:Я читаю. 还有一种情形就是在语法上根本没有可能加上主语的情形,即许多语言中所有的无人称句,例如俄语的 светает(天亮了),смеркается(将近黄昏了);这种句子的主语是加不上去的。此外,还有一种无主语句,就是以祈使或感叹的形式出现的句子,例如俄语的 постой!(站住!),бросьте!(扔掉!)марш!(前进!)мир!(和平!)之类。不能在语法上加主语的句子,多半是主语所指称的东西不明确的表现。比方说,俄语的 смеркается(将近黄昏了)说明一种历程,但这历程到底是由什么主体发出来的,却不明确。这种句子虽然也有一个语法成分指明被表述的对象是第三人称的某一东西,但是和 читает 之类的无主语句不同。читает 的词尾表示被表述的对象或发出动作的主体是"他",是一个具体而明确的事物,然而 смеркается 的词尾却没有指出被表述的对象或发出动作的主体到底是什么。这种句子和英语的 it rains(下雨),法语 il pleut(下雨)之类的句子相似,有个指明主语的语法成分(英语的代词 it 和法语的代词 il 也是一种语法成分),但是不指明一个明确的对象。有的语言学家因此就认为这种句子不表达判断,没有谓语。其实,这种看法也是不正确的。在这种句子里,主语虽然不明确,却不是没有谓语,因为它们显然也是对某种对象加以表述的,只是这种对象在人们看来还不明确罢了。像俄语 светает 或 смеркается 之类的句子,在汉语就有两种不同的说法:一是"亮了","黑了";一是"天亮了","天黑了"。为什么有这两种说法呢?因为我们还不知道到底是什么使天色亮了或黑了,但仿佛觉得这是"天"。所以,被表述的对象是不明确的,但是的确有此对象,只因为思想里还不明确,在语言里也就不能加以明确的指明。不过,尽管如此,我们却对这种情景下个判断,我们却拿谓语"亮了"、"黑了"来说明这对象。在 марш! мир! 之类的句子里,因为用的是既可作为主语又可以作为谓语的名词,问题就复杂了。有的语言学家认为在这种情形之下,我们只能说它是单部句,但却不能说它是无主语句,因为它可能是无谓语句,我们只说出作为主语用的名词,而没有说出谓语。这其实也是一种误解。当然在俄语里,主格名词往往是句子中的主语,但它也可以用作谓语。在这种情形之下,只有一个名词的句子显然是把名词当作谓语用的,因为它正是我们的表述的目的,它也是没有说出主语的句子。没有说出的原因可能是省略,可能是思维里还没有把它明确起来,还让它存在于感觉的状态中。例如,当我们说"和平!"的时候,我们的意思或者是"我们要的是和平!"或"这样才是和平!"之类,不过,更重要的是要表述"和平",因之,就只说出"和平"。换言之,"和平"仍然是说话的目的,表述的内容,它是谓语。可见,谓语是更重要的,一般的情形,它是不能缺少的。

当然,在某些特殊的情况下,例如回答人们的问话:"谁来了?"的时候,我们可以只说"老王",而不说整个的句子"老王来了"。这里,我们所省略的是谓语部分"来了",而不是主语部分的"老王"。这到底是什么现象呢?原来语言除了表达抽象思维之外,还连带地表达说话人的主观态度。在这种情形之下,人们所要表达的固然是逻辑判断,但是可以用不同的态度去表达它。在不同的心理状态里,句子的主语可以和心理的主语有所不同。在发问的时候,我们是拿疑问的态度来表达逻辑判断的,我们所要问的东西有不同的着重点,因此,心理主语也就不相同了。在"谁来了?"这个句子里,"谁"是语法上的主语,"来了"是语法上的谓语,但是在心理方面,着重点却落在"谁"上,我们问的是"谁",因此"谁"就成了心理上的谓语,或一般人所说的"心理上的主语"。可见,在回答人们的问话"谁来了?"而说"老王来了"的时候,"老王"是心理上的谓语,尽管它是语法上的主语,因为我们的目的是在于回答人们在发问的心理状态下所说的话,我们就不能省略心理上的谓语。这种情形也同样地说明了谓语是不可缺少的,不过在语法谓语和心理谓语发生不一致的时候,我们要在语言实践的具体目的中,不使心理谓语被省略。

第二节 语法主语和"逻辑主语"

由于语法主语和我们实际上所要着重表述的目的有不一致的情形,语言学家们曾经强调过逻辑主语和语法主语的区别。比方说,当我们说话的时候,如果我们把重音落在"老王来了"的"老王"上,我们的表述目的就是"老王",而不是"来了"。这样一来,"老王"虽然是语法上的主语,却不是逻辑上的主语,逻辑上的主语应当是"来了的人",而"老王来了"这句话的真实意思就指的是"来了的人是老王"。这种看法是许多语言学家所主张的,魏格纳尔(Wegener)、保罗(Paul)和葛定尼(Gardiner)都有这样的主张。[①]这也就是以所谓逻辑重音来规定逻辑主语,以语法上的形态学标志来规定语法主语的理论家们的观点。还有一部分语言学家也同

---

① 参阅 M. Sandmann《Subject and Predicate》,p. 103.

样地强调逻辑主语和语法主语的区别,不过,他们是用另一种标准来规定逻辑主语的。许多语言学家在阿里斯多德的逻辑学的影响之下,认为句子中,不论语法上的表现如何,只要其中的一个句子成分或词指明了主体,另外一个句子成分或词指明了这主体的属性,前一个句子成分或词所表明的就是逻辑主语,后一个句子成分或词所表明的就是逻辑谓语。比方说,当我们说"饭被猫吃了",尽管语法上的主语是"饭",逻辑上的主语却是"猫",因为"猫"所指的是发出"吃了饭"的动作的主体,而"吃了饭"这一动作则是猫所有的一种属性,它是猫的某一行为。许多语言学家甚至于对这种逻辑关系做出许多解释。比方说,巴里(Bally)就认为逻辑主语所指的总是逻辑谓语所指的属性的地点(lieu)。[1] 例如,当我们说"花是红的"的时候,我们的意思就是说,"红"这个属性是被发现在"花"里的,"花"是"红"的存在的地点。有的语言学家则认为逻辑主语所有的概念总是比较具体的,逻辑谓语所有的概念总是比较抽象的。比方说,"中国是伟大的","伟大的"是个比较抽象的概念,世界上有许多东西都可以具有"伟大"这个属性,但是"中国"却是比较具体的,人间只能找出一个"中国"。根据这些语言学家的意见,如果在句子里,由语法标志所指明的语法主语不是属性存在的地点或不是比较具体的概念,这个语法主语就和逻辑主语不一致。例如俄语的 у меня книга(我有书),尽管在语法上,книга 是主格名词所构成的主语,但是在逻辑上,меня 的主格形式 я(我)才是主语,因为 я(我)是发出动作的主语,"占有书"是这个主体所有的属性。应当指出,语法主语和逻辑主语的区别,是语法学中根深

---

[1] Ch. Bally:《Linguistique générale et linguistique française》, p. 43.

蒂固的一种观点,然而这种观点却是不正确的。把语法主语和逻辑主语断然切开的语言学家们实际上都没有正确地了解逻辑现象和语法现象。自从阿里斯多德建立逻辑学以来,传统的逻辑学家都在阿里斯多德的影响之下,把逻辑和本体论混为一谈。这是许多对逻辑主语的错误看法的来源之一。阿里斯多德认为逻辑判断中的主语等于客观世界中的本体,逻辑判断中的谓语等于客观世界中的本体所有的属性,客观世界中"本体—属性"的关系就是逻辑判断中"主语—谓语"的关系。在这种理解之下,逻辑主语就被认为一定是指明客观世界中的本体的,而逻辑谓语就被认为一定是指明客观世界中的本体所有的属性的。比方说,在"地球是圆的"这个判断里,"地球"指的是客观世界中的"本体","圆的"指的是这个本体的某种性质。因此,在某种语言里,例如英语,如果我们说:Mr. Lin is Wise(林先生是聪明的),Mr. Lin 既是语法主语,又是逻辑主语,但是如果我们说:Wisdom is in Mr. Lin,这句话的字面上的意思是:"聪明是存在于林先生身上的。"尽管语法主语是wisdom,逻辑主语却仍然是 Mr. Lin,因为 Mr. Lin 是本体,wisdom 是这本体所有的属性。这种说法事实上是把逻辑和本体论混为一谈。本体论是哲学上的问题,它是人们对世界的认识的成果,各派哲学家所主张的也不一样,但是逻辑却是人们的抽象思维的规律,它并不包含抽象思维的具体内容,只是抽象思维所遵守的规律或形式。逻辑判断所说出的内容属于各种各类的知识范围:我们既可以下一个本体论的判断,也可以下一个物理学的判断。我们所下的判断可能由于某种原因而产生错误;但是在下判断的时候,我们却必得遵守逻辑的规律。逻辑的规律当然也是客观规律在人脑中的某种反映,但这反映并不是某一具体知识的反映,而是事物之间的某种关系的反映。本体论知识之是否正确,物理学知识之是否正确,并且不能专靠逻辑来决定,还要依靠事实来证明,虽然违反逻辑规律的抽象思维是不可能正确的。即就逻辑判断来说,"四是二加二","鲁迅就是周树人"等也是判断,我们却不能因此而说"二加二"是"四"的属性,"周树人"是"鲁迅"的属性。实在的情形是这样的:世界上有许许多多的现象或事物,这些现象或事物当然都有属性,但是在下某一具体的判断时,我们却并不一定是就这些事物的属性来加以说明的,我们也可以把我们对某一事物的不同时期的不同反映所获得的知识之间的关系联系起来,下一判断。比方说,我们先知道"鲁迅"是一个伟大的作家,他写了《阿Q正传》等作品,后来我们又知道有一个名叫周树人的人,经过研究之后,知道周树人就是鲁迅,于是,我们就依照逻辑的规律,下了一个判断而说"鲁迅就是周树人"。尽管这一判断的内容并不表示本体与属性的关系,但它却是一个逻辑判断,因为它总得依照逻辑判断的规律对某一对象加以某种说明。所以,逻辑判断的主语并不一定是客观世界中的本体,但总是判断的对象,不过这种判断的对象也必得是客观的存在罢了。逻辑判断的主语既不是本体,那么,拿本体来规定逻辑主语的论点就不能成立了。事实是:在进行抽象思维的时候,我们总要对某一对象下个判断,但要就哪一方面来下判断,则要看具体的目的如何而定。因为语言中的句子所用的词总是概念被巩固在语言里的形式,只要这个词表达了我们所要加以判断的对象,这个词也就表达了逻辑主语,这个词事实上也就是句子中的语法主语。所以逻辑主语和语法主语是一致的,虽然两者并不相等。思维是人们的一种精神活动,这种精神活动在不同的情形下所下的判断,它的对象随时有变动;我们不能预先规定这个对象必得是本体,属性也可以成为判断的对象。比方说,在"属性是事物所有的特点"这一判断里,"属性"倒成了判断的对象。然而,无论在何种情形之下,这种判断的对象都是由句子中的主语来表明的。如果俄罗斯人在说 у меня книга 的时候,这个句子的语法主语是 книга 的话,俄罗斯人的逻辑判断也是以 книга 为判断对象的。汉人之所以说"我有书"和俄罗斯人之所以说 у меня книга,这其间的不同在于汉人和俄罗斯人的心理素质有所不同,不在于他们之间的逻辑规律有所不同。换言之,汉人和俄罗斯人在进行具体思维的时候,都是依照逻辑中"对对象下判断"的规律来下判断的,不过汉人的思维习惯在这种情形下要把"我"当做判断的对象,而俄罗斯人要把 книга 当做判断的对象罢了。思维是个复杂的活动,不同的判断之间,就其内容说,可以是相等的,但思维的方式却可以不同。比方说,同一个人可以下两次不同的判断:"二加二等于四","四等于二加二"。但是判断的对象却不相同,因为在"二加二等于四"的情况下,我们的判断是从了解"二加二"到底等于多少的方式进行的,而在"四等于二加二"的情况下,我们的判断则是从了解"四"等于多少的方式进行的。这种方式可能随着各族人民的心理素质的不同而不一致,但这不等于说各族的人民有不同的逻辑规律。习惯上经常要拿什么东西作为逻辑判断的对象,其实是心理的现象,不是逻辑的现象。

许多语言学家对逻辑主语和语法主语的区别,有另一种解释。例如霍夫丁(Høffding)就认为语法主语和逻辑主语并不一致,语法主语往往是逻辑谓语,人们可以由重音的改变来认识它。[①] 比

---

① Høffding:《Den Menneskelige tanke》,p. 88.

方说,"你就是这种人",这里重读的"你"在逻辑上是谓语,但是在语法上却是主语。语言学家们所建立的"逻辑重音"这一术语就是这一理论的具体实践。所谓"逻辑重音"确是语言中具有的现象,但这其实是心理现象,不是逻辑现象。这一学说的来源应当追溯到保罗(H. Paul)的理论。保罗曾经说过,心理的主语是最重要的成分,它是交际时应用句子的目的,它总是带着最强的重音。[1] 保罗所说的心理主语其实就是霍夫丁所说的逻辑谓语,也就是一般人所谓的"逻辑主语"尽管用的术语不同,主要的论点是一致的。但是术语的不同却表现出霍夫丁对问题的错误的看法。应当指出,在这个问题上,保罗的主张是比较正确的。语言中确有由于最强的重音落在不同的词上所产生的着重点不同的情形,例如"他来了","他来了",着重点各不相同。但这只是心理现象,不是逻辑现象。换言之,从逻辑的角度来看问题,无论说"他来了"或"他来了",其中的判断对象都是"他","来了"都是对"他"所做的说明,但在不同的情形中却有心理上的着重点的不同:在"他来了"这个情形中,说话的人要特别强调是他来了,不是别人来了;在"他来了"这个情形中,说话的人要特别强调他来了,不是他去了。如果在这种情形之下,我们可以依照一般人的说法,运用"主语"[2]这个术语来说明被强调指出的词语的话,我们也只能说它是"心理主语",不能说它是逻辑主语;"心理主语"指的是在心理上被着重指出的对象,不是被判断的对象。因为语言不仅是抽象思维的担负者,同时

---

[1]　H. Paul:《Prinzipien der Sprachgeschichte》,ed. 7,1909,p. 283.
[2]　其实,被强调说出的词语应当被理解为"谓语",正如霍夫丁所说的"逻辑谓语",但是因为一般语法学家都以所谓的"逻辑重音"为所谓的"逻辑主语"的标志,这里也只好说"主语"了。

又表达人们的心理状态(感觉、感情、意志等),又因为第二信号系统是和第一信号系统紧密地交织着,由于心理状态的不同,语法主语的确有和心理主语不一致的地方;但这却和逻辑主语无关。我们已经说过,句子是以逻辑判断为基础的,但是在这基础上,不同的说话人,不同的语言社会,不同的言语目的都可以使语法上的主语(即逻辑判断的语言表达的主语)和心理上的主语不一致。心理状态的范围很广,对客观事物的各种不同的态度,例如用确定的口气、怀疑的口气、命令的口气、感叹的口气、着重的口气等,可以使人们在表达同一个判断时具有各种不同的心理色彩。比方说,在回答人家的问话"谁在那儿?"的时候,我们可以省略"在那儿",而说:"他"。从逻辑或语法的角度来看问题,"他在那儿"这个句子的表述对象或判断对象(主语)是"他",然而从心理的角度来看问题,心理上的着重点也是"他",因此,就把"在那儿"省略去,而不省略"他"。其实问话就是一种心理状态,因为抽象思维所反映的客观事物并不发生问题,而是说话人心里有这问题,要对假定中的判断发出询问,因此"谁在那儿?"这个问话本身就表现一种心理状态,这句话已经是"在那儿的是谁?"这个判断的倒置的表达,因为逻辑的判断或语法的表述要对认识的对象加以说明,而"谁"却显然不是认识的对象,倒是"在那儿的人"是已被认识的对象;我们是对"在那儿的人"加以判断的。所以,语法主语或逻辑主语应当是"在那儿的人",而心理主语才是"谁?"——心理上要求人家对"谁?"加以回答。结果对这问题的回答"他"也就是心理主语,同时也就是语法上的谓语。在同样一个句子里,由于所谓"逻辑重音"的不同而有心理主语和语法主语不一致的情形更是司空见惯的。总之,心理主语的确可以和语法主语不一致,这正因为心理状态和逻辑思维①有所不同而又交织在一起的缘故。一般语言学家所说的逻辑主语和语法主语不一致的情形,其实是对心理主语和语法主语不一致的情形的误解。不过,正确的理解,我们应当把这里所说的"心理主语"理解为"心理谓语",因为被肯定说出的词语正是言语中的"有所谓"的部分,这也正是我们在上面把"谁来了"之中的"谁"说成"人"作谓语的原因。从语法和逻辑的关系来说,尽管我们可以用不同的语法结构来表达逻辑的判断,尽管逻辑的判断不等于语法上的句子,但语法上的主语和谓语总是要和逻辑上的主语和谓语相符合的,只是表现的标志各语言或同一语言在不同的时代、在不同的情况下有所不同罢了。比方说,俄语用名词的变格来作为语法主语的标志的地方,汉语就用词序或其他的方法来表现主语。可见,尽管我们认为语法上的主语要和逻辑上的主语相一致,但是,我们却不能认为逻辑主语和语法主语是同一个东西。

第三节 宾语、定语、状语和补语

因为在以叙述某一对象发出什么行为的方式来作谓语的时候,可能有另外一个指明事物而不是主语的词,于是,语法学中就有宾语的问题产生。一般的了解,人们把宾语理解为指明动词所指明的动作落在身上的人或事物的词。② 但是这个定义并不能很好地说明宾语的性质。首先,作为宾语的词并不一定要指明动作

---

① 广泛地说,逻辑思维也是一种心理状态,但它是特殊的心理状态,一般的情形,人们把逻辑思维和其他的心理状态区别开。

② 参阅 O. Jespersen《Philosophy of Grammar》,p. 157.

落在身上的词,"我受苦"之中的"苦"并不是"受"这个动作所落的地方,倒是"苦"落在"我"身上。其次,有的动作可以达及对方,但是不落在对方身上,比方说,"我看你","看"的动作达及"你"的身上,但并不落在"你"的身上,当我看着你的时候,你可以毫无感觉。所以宾语只能说是引导动作的目标:"我看你"之中的"你"是引导"看"这一动作的目标,"我受苦"之中的"苦"是引导"受"这个动作的目标,"我读书"之中的"书"是引导"读"这个动作的目标。动作只能落在一个事物身上,但却可以被两个目标所引导。例如"我赠你一本书"之中的"赠"既是"你"所引导的,又是"书"所引导的,有了"你",有了"书",我才有"赠你一本书"的动作。

句子中的主语和谓语是句子的主要成分,句子中的宾语是句子的次要成分。句子的次要成分,除了宾语之外,还有定语、状语和补语。定语和状语都是以限定关系中的限定者的资格出现在句子里的,但是定语所限定的是在语法中指明事物的词,即名词(或具有名词功能的词),而状语所限定的则是在句法中指明行为或性质的词,即动词(或具有动词功能的词)或形容词(或具有形容词功能的词)。例如,"这件好看的大衣是我父亲留给我的"之中的"好看"限定在句法中指明事物的词"大衣","这是王先生的主张"之中的"王先生"限定在句法中指明事物的词"主张","好看"和"王先生"都是定语。又如,"我国飞跃地赶上了英国"之中的"飞跃"限定在句法中指明行为的词"赶上","浅红色的颜色真好看"之中的"浅"限定在句法中指明性质的词"红";"飞跃"和"浅"都是状语。定语和状语没有引起什么不同的争论,但是补语到底是什么,学者们的意见就不相同了。"补语"原是我国语言学家翻译英语

complement 而来的,英语的 complement 本来指的是"补足"。《袖珍牛津词典》对 complement 所做的解释就是这样的:"具有补足作用的东西。〔语法〕谓语的补语(补足谓语的词)。"[1]因为一般语法学家把句子中的主要的动词或同动词都看成谓语,所以,补足实际上就指的是补足动词的宾语或补足同动词的名词谓语或形容谓语。例如,I love my country(我爱我的国家),my country 就是补足动词的补语,My father is a workman(我父亲是一个工人),workman 就是补足同动词 is 的补语,This boy is clever(这个孩子是聪明的),clever 也是补足同动词 is 的补语。这样的理解,补语事实上就是宾语,或名词谓语,或形容词谓语,用不着再另列一项。不过,在语法学中,"补语"这个术语还有更广泛的意义:凡是具有补足作用的,都叫做补语。叶斯柏森曾经在他的《语法哲学》中说:"关于这一点的另外一种情形可以从 he grows 和 he grows bigger 中看得出来,he grows(他长大了)之中的动词已经充足了,he grows bigger(他长得更大了)之中的动词有一个'表语'充作补语。"[2]这里,叶斯柏森所说的补语就是另外一回事了。就是根据"补语"这个术语的这种涵义,我国有些语言学家就认为汉语中的"走来"、"走去"之类的"来"和"去","洗干净"、"说明白"、"打倒"之类的"干净"、"明白"、"倒"等都补语,甚至于认为"走着"、"走了"之类的"着"、"了"等是补语。其实,这种理解并不完全正确。当然,我们既把作为目的语(object)解的 complement 译为"宾语",既把作为表语(predicative)解的 complement 译为"谓语",我们就无须

---

[1] 《The Concise Oxford Dictionary》,pp. 229—230.
[2] O. Jespersen:《Philosophy of Grammar》,p. 88.

再把宾语或谓语说成补语；但是，我们也不能够毫无标准地把所有的东西都叫做补语。我们必须首先弄清楚，"补语"既是"语"之一种，它就必得和主语、谓语、宾语、状语、定语等属于同一个范畴,换言之,它就必得是一种句子成分。"着"、"了"等显然不是句子成分,因为它们只是以词的外部形态的身份而出现在句子里的,它们属于词法的范围,与句法范围内的句子成分并无共同之处。"走来"、"走去"之类的"来"和"去"也不是补语,因为它们也并不是句子成分,它们是指明动作方向的一种虚词。要知道,句子成分必得是实词,句子成分并且是句子结构的成分,不是某些个别的词的语法变化。这里的"来"和"去"之类是指明和它们连用在一起的个别的词的语法变化的,它们是词法范围内的问题,不是句法范围内的问题。它们是虚词,不是实词。因此,不可能是作为句子成分的补语。正如主语、谓语、定语、宾语、状语等句子成分并不指具体的词,因此,语言词汇中的任何一个名词或具有名词功能的词都可以拿来作为主语,语言词汇中的许许多多同类的实词都可以拿来作为谓语、宾语、定语等用,但是"来"、"去"之类的东西却只能是为数极少的语言成分,它们只是表示语法作用的虚词,不是实词,因之,也不可能被理解为补语。补语必须是实词,因为它不是语法成分的添加,而是补充句子的基本意义的句子成分。"补语"并且是在句子里补充动词或具有动词功能的词的,因为这种词在句子里具有特殊的性质,在某种场合下需要加以特殊的补充。补语既然是实词,那么,在句子里,拿来补充动词或具有动词功能的词的实词,说道理,都可以是补语。不过,其中一部分的补充作用已经被划归宾语(直接宾语、间接宾语)之列,这一部分作为句子成分用的补充动词或具有动词功能的词的实词就不必算做补语。那么,怎么样才算是补语呢？对动词或具有动词功能的词起补充作用的名词性的实词（只要它不是宾语）、形容词性的实词、动词性的实词，都可以称为补语。例如汉语的"我叫他老王"，这里"老王"是补充"叫"的，它是一个具有名词功能的词；"请你把这一块布洗干净"，这里"干净"是补充"洗"的，它是具有形容词功能的词；"我买柴烧"，这里"烧"是补充"买"的，它是具有动词功能的词。

第四节　直接结构成分和间接结构成分

句子成分是句子结构的组成成分的单位，这单位既可能是单个的词，也可能是词组，也可能是句子形式。这些组成成分之间也有一定的组织关系。例如主语和谓语之间有主谓关系，定语既可以和主语发生限定关系，又可以和宾语或名词性谓语发生限定关系，宾语要和动词或具有动词功能的词发生支配关系，状语和动词或具有动词功能的词之间可以发生限定关系，补语和动词或具有动词功能的词之间可以发生补充关系。不过，由于句子的结构可能是复杂的，句子各成分之间可以产生复杂的结构关系。例如，在定语和主语之间可能还有一个定语（如"老林父亲的老朋友看我来了"），动词或具有动词功能的词和名词或具有名词功能的词之间的功宾关系可能插入一个或一个以上的定语（如"打这个不要脸的反动地主"）。再因为各句子成分之间的关系可以是直接的，又可以是间接的，句子结构的情形就复杂起来了。比方说，拉丁语的 filius domini bonus 和 filius domini boni 这两句话都是由三个词组成的，但其意义却不相同，前者是"先生的好孩子"，后者却是"好先生的孩子"。为什么呢？因为在 filius（孩子），bomini（先生）和

bonus(好)之间有定语和名词之间的限定关系,domini 和 bonus 都限定 filius,但因为在这种结构中,更直接和 filius 发生关系的是 bonus,而不是 domini,因此它的意思是"先生的好孩子",然而在 filius domini boni 的情形下,boni 是直接限定 domini,而不是直接限定 filius 的,因此,它的意思就变成了"好先生的孩子"。汉语中也有同类的情形,我们可以说:"好的长裤子",也可以说"好长的裤子",这两句话的意思很不相同。从句子成分的角度来看问题,"好"、"长"、"裤子"是这两句话所共有的建筑材料,在"好的长裤子"里,"好"和"长"都同"裤子"处在限定关系之中,在"好长的裤子"里,"好"和"长"也同"裤子"处在限定的关系之中,但情形却是不相同的。在"好的长裤子"里,"长"和"裤子"的关系更为直接,"好"是作为定语来限定这有直接关系的结构成分"长裤子"的,在"好长的裤子"里,"好"和"长"有更直接的关系,这整个的结构"好长"又和"裤子"发生比较间接的关系。这种比较紧密结合在一起的语言成分可以称为直接结构成分。在句子结构里,分别直接结构成分和间接结构成分,是十分重要的。任何一个句子,只要把它分析开来,就可以发现它总是由许多语言成分(词)组合起来的,但各词之间的组合情形并不相同,有的是由直接结构成分组合起来的结构,有的是由间接结构成分组合起来的结构。比方说,在"昨天来看我的老同学是非常勇敢的战士"这个句子里,我们显然可以加以这样的分析:

昨天 来 看 我 的 老 同学 ‖是‖ 非常 勇敢 的 战士。

整个的句子是由主语部分通过系词"是"和谓语部分的结合。主谓的结合是整个句子部分的结合。其中每一个部分都是由许多句子成分组合而成的。每一个句子成分和另外一个句子成分的关系各不相同,而构成各句子成分的结构(如果这句子成分不是单词,而是词组的话)又可以是直接结构成分,或间接结构成分。"老同学"就是直接结构成分"老"和"同学"的结合,"昨天来看我"和"老同学"之间的结构就不是由直接结构成分结合而成的。我们可以说,除了单词之外,句子成分是以直接结构成分所组成的结构为单位的。

第五节 汉语的主宾语问题

汉语的主语问题曾经引起我国语言学界的热烈争论;但问题的焦点不是在于区别汉语的主语和谓语,而是在于区别汉语的主语和宾语(当然谓语的问题也牵涉在内)。因为汉语的词缺乏变格的内部形态,没有这一内部形态来作为主语的语法标志,于是到底如何规定汉语的主语就成为了问题。又因为主语和宾语都是在语法上指明事物的词,都有可能被看做表述的对象,于是,在具体的句子里,如何区别主语和宾语就引起了人们的争论。像"饭我吃了","车他骑走了"之类的句子,到底"饭"是主语还是宾语,"车"是主语还是宾语,就成为了人们的争论题目。有的人认为"饭"和"车"在句子里都被安排在前面,根据汉语词序的重大作用,它们应当是主语,因为主语是言语的话题,"我吃了"和"他骑走了"是对这话题"饭"和"车"的说明。有的人则认为"饭"是"吃"的宾语,"车"是"骑走"的宾语,在这里不过是宾语提前而已。问题的发生在于句子里有宾语提前的可能性。如果句子里没有这种可能性,就不发生问题了。比方说,"真聪明,这个家伙","好看极了,这出戏",在这类的句子里,没有人会怀疑"这个家伙"、"这出戏"是主语。但是在"车他骑走了"之类的句子里,到底主语是"他",还是"车"就发生问题了。主张"车"是主语的人们认为语法上的主语必得根据一种语法形式来加以鉴定,而汉语并没有变格之类的语法标志,作为鉴定主语的语法标志的只有词序,并无别物,因此,在句子里,在前的名词性的词或名词性的结构就是主语。这原是叶斯柏森的说法。叶斯柏森认为把主语放在动语之前是汉语的不可变更的规则,虽然他又认为汉语里的某些句子可以用"有"来开头。① 在我国语言学界中,接受叶斯柏森这种理论的是邢公畹。邢公畹说:"总起来说,主语就是一句话里在前头的体词或体词结构。从汉语的习惯说,因为它要表现主题事物,所以是体词,而且在地位上是在前头的。……宾语是谓语中的体词或体词结构。动词谓语跟宾语之间的内部关系就叫做动宾关系。这一内部关系的外部表现,在次序上就是动词在前,宾语在后;在语音的强弱上就是把重音节安顿在宾语上。"②语法上的主语和宾语要有语法标志,这是不成问题的。但主语和宾语是语法意义学的问题,不是语法形式学的问题,要看句子里什么是主语,显然要看在语法形式的支持下句子里的哪一个语言成分具有被表述对象的语法意义。我们之所以要研究主语的语法形式,也正是为的要从这些形式的研究里去发现它们所表达的是否被表述的对象的语法意义。但是起决定性作用的还要看这些形式所表达的到底是否主语的语法意义。毫无疑问,词序是汉语语法的一个重要的形式,但词序之所以是语法形式也正因为它担负了表达某种语法意义的缘故,何况语调以及上下

---

① O. Jespersen:《Philosophy of Grammar》,p. 156.
② 邢公畹:《论汉语造句法上的主语和宾语》,见《汉语的主语宾语问题》,43 页。

文也还是形式之一种。因为语言里的形式部分和意义部分的结合是多样化的,同样的形式可能表达不同的意义,要了解什么形式表达什么语法意义就要看它到底是否有这种作用,它到底是在什么情况下表达了这种意义。的确,在一般的情形下,主语要比宾语早出现,但这却与邢公畹的主张无关。首先,我们不能同意邢公畹的说法,认为主语就是一句话里在前头的体词或体词结构。在前头的体词(按即名词)或体词结构可以表达各种不同的语法意义,视各语言的具体语法规则如何而定。汉语的情形,句子里在前头的体词或体词结构,往往可以是状语,不是主语。比方说,"今天进城",这里"今天"是名词性的词,它并且是在动词性的词"进"之前的,它正是所谓"句子里在前头的体词或体词结构"之类的东西,然而我们能够因此而把"今天"看成主语吗?为什么我们可以把"今天星期五"之中的"今天"看成主语,而不能把"今天进城"之中的"今天"看成主语呢?因为在前一种情形下,"今天"是被表述的对象,在后一种情形下,"今天"不是被表述的对象,谓语"进城"并不是拿来表述"今天"的,而是拿来表述在这里被省略的主语"我",或"你",或"他"之类的。可见,是否主语,关键的问题不在于是否放在前头,而在于是否在句子里当了被表述的对象。其次,我们也不能同意邢公畹把词序看成决定主语和宾语的唯一标准的看法。邢公畹以为词序是汉语的特殊特点,句法中的主语更应当以词序为鉴定的标准。这其实是少见多怪的表现。事实上,从一般的趋势来说,所有的语言都是把主语放在前面的,不只是汉语,然而这也只是一般的趋势而已,不是所有的主语都必得如此。我们知道句子是逻辑判断的语言表达,逻辑判断是反映客观的一种精神活动的过程。在这种精神活动的过程中,如果没有渗入其他的因素,先想到被表述的对象,再想到对这对象的具体表述,是自然的趋势。葛布莲兹(G. V. d. Gabelentz)对这个问题曾经有过论述。他认为从听者的角度来理解问题,听者总是首先听到一个词 A,然后等着听人们对 A 的种种表述。A 怎么样?然后他又听到第二个词 B,把第二个词 B 和第一个词 A 联结起来;他还可以继续下去,听到第三个词 C,拿 C 来解释(A+B)。后来的词总是他所已经听过的前一个词的谓语。[1] 所以,无论在哪一种语言里(英语、法语、德语、俄语、汉语、日语……),一般的情形,主语总是在谓语之前的;就连有变格的语法标志的语言也是如此;不过,这不等于说,所有的主语都必得是放在谓语前面的。说话是个复杂的精神活动,语言也不只是抽象思维的担负者,在言语中渗入表达感情成分,表达主观态度成分的时候,心理状态或心理状态的表达往往会使主语的地位发生移动。比方说,一般的情形,英语的主语也总是放在谓语前面的,例如 China is great(中国伟大);但是在充满感情的时候,许多英国人就说 Great is China!(伟哉中华!)如果我们承认汉语也有表达感情意志的作用,那么,我们就得承认用主语位置的移动来表示某种感情作用是可能的。事实上,在非动词性谓语的句子里,汉语的词序的更换,或所谓倒装句,是谁也不能否认的事实,例如把"这个人真好"改为"真好,这个人!"把"这个坏人该死"改为"该死,这个坏人!"然而,为什么,到了动词性谓语的句子,人们就认为主语一定在前,不能在后呢?保罗曾经告诉我们,虽然他同意葛布莲兹的看法,认为心理主语总是先出现在说话人脑子里的观念或观念群,心理谓语总是后来加上去的观念或观念群,但是

---

[1] G. V. d. Gabelentz:《Die Sprachwissenschaft》,1891,p. 348.

他却提醒我们,就是在主语先出现在说话人脑子里的情形下,这个主语有时也可以被放在后面,因为在说话的时候,更重要的谓语会逼着说话人把它先说出来,特别是在有强烈感情冲动的时候。[1]我们是不是也可以考虑一下这种情形也可以产生在汉语的具有动词性谓语的句子里呢?让我们分析一下汉语的这种句子的情形。邢公畹的主张是建筑在主语即主题这个理解的基础上的。因为把主语理解为主题,于是,他所说的主语事实上已经不是语法主语,而是心理主语,然而他却把它理解为语法主语。比方说,在说"车他骑走了"这样的句子里,说话人的着重点当然是在于"车",但是在这个句子里,"车"是被表述的对象吗?许多赞同邢公畹的说法的人说"车"是被表述的对象,因为这句话的意思是在于说明车怎么样了。这种解释未尝不可以,问题在于我们说这句话的时候,的确是在说明车怎么样了吗?如果我们的确是在说明车怎么样了,对车加以表述,那么,这一类的句子就不是具有动词性谓语的句子:"骑走了"并不是"车"这个主语的谓语,只有"他骑走了"这个整个的句子形式才是"车"这个主语的谓语,这种谓语并且是形容词性的。汉语的规则,一般的情形,形容词性的谓语之前要加"是"。如果这个句子的谓语是形容词性的,这个句子就应当说成"车是他骑走了的"。然而我们在说"车他骑走了"的时候,却没有认为可以把它说成"车是他骑走了的"。"车让他骑走了"是我们平常可能说的话。在这种说法里,"车"当然是主语,但这种说法却和"车他骑走了"不同。"车他骑走了"既没有说成"车是他骑走了的",而要把"车"当做主语来表述的时候,又用的是另一种方式(即"车让他骑

---

[1] H. Paul:《Prinzipien der Sprachgeschichte》, p. 283.

走了"），可见，在这种句子里，"车"并不是主语，而是"骑走"的宾语，不过，为了着重起见，把它提前来说罢了。当然从心理的角度来看问题，我们可以说"车"是"心理主语"（或更正确地说，心理谓语），但从语法的角度来看问题，它是为着表达某种心理状态而被提前来说的句子中的宾语。至于大家所争论的"台上坐着主席团"，"树林里有一个人"之类的句子，我们显然不能把这些句子里的"台上"和"树林里"看成主语。主张这种说法的人认为主语是主题或话题，因此，认为我们讲的既是"台上"和"树林里"这些词就是主语了。其实，正如王力所说的，[①]主题或话题不是语法问题，可以随着着重点的不同而随时变动。尽管我们说话时可能把"台上"和"树林里"看成话题，这也只是心理上的着重点，不是语法主语，因为我们显然不是把"台上"或"树林里"看成被表述的对象。有的人认为在说"台上坐着主席团"的时候，我们是拿"坐着主席团"来表述"台上"的。这也未尝不是一种说法，可惜这种说法不能令人信服。"坐着主席团"既不能是"台上"的性质，也不能是"台上"所发出的动作，更不能是说明"台上"是什么东西的。如果我们认为"坐着主席团"是形容"台上"的，那么，根据汉语的一般语法规律，在这种情形下，我们就要说"台上是坐着主席团的"。然而我们所说的并不是"台上是坐着主席团的"，而是"台上坐着主席团"，因此，不能把这一类的句子理解为形容句。没有人会怀疑"台上"、"树林里"这一类的结构所指明的是动作或历程发生的地点。当然我们也可以把"地点"当做对象来加以表述。但是，在这一类的句子里，它显然是用来说明某种事情发生的地点的，而不是用来表明

---

① 王力：《主语的定义及其在汉语中的应用》，见《汉语的主语宾语问题》，171页。

被表述的对象的。"台上坐着主席团"指的显然是在台上这一地点发生了"坐着主席团"这一事情,不是"台上"会成为"坐着主席团"这个动作的主体,或发出用叙述其发生某种动作的方式来加以表述的被表述的对象。至于主语是什么呢?我们认为主语也不是"主席团",因为如果"主席团"是主语,我们就应当能够转过头来说:"主席团坐着台上",然而事实上我们并不能这样说,而只能说"主席团坐在台上"。可见,它不一定是倒装句。如果在"坐着"之后有个停顿,像"真不错,这家伙!"之类的倒装句之中的停顿,我们就可以说"主席团"是倒装句("台上坐着,主席团")之类的句子的主语,但不巧得很,我们不能这样说。可见,"主席团"是"坐"的宾语,虽然它具有使动的意义("坐着主席团"有点像"车子能坐五个人"一样,也指的是可以使主席团坐着)。这显然是一个无主语句,它虽然是以一个逻辑判断为基础的,这个逻辑判断也有它的判断的对象(尽管这对象还没有被抽象地认识,还没有形成概念),但却没有语法上的主语。这一类句子之中的方位词(例如"台上"、"树林里"等)在任何情形之下,都不能被理解为宾语提前,因为它根本上就不可能被理解为引导动作的目标,就是把它放在动词性的词的后面,例如"坐在台上"(我们已经不可能说"坐着台上"),或"坐着在台上",也不可能这样地理解。

第十二章　句子的类别

第一节　不同性质的句子分类

　　句子虽然都是由某一时代某一语言的语法规则组织起来的，以表达逻辑判断为基础的，人们在交际场合中，表达思想、感觉、感情和意志的完整的言语单位和语法上最大的统一体，但是由于表达方式的多样化，句子的组织有许许多多的式样。作为言语单位的句子，随着人们运用它的时候所有的不同需要，随时可以不相同。人们在具体的交际场合中，很少重复同样的句子，但是，尽管如此，不同的句子之中总还有其共同之点，根据各句子之间的共同之点，可以把句子分成类别。因为语法学所研究的"不是指某种具体的句子，例如具体的主词、具体的宾词等等，而是指一般的句子，是与某个句子的具体形式无关的。"[1]语法学家的任务不是在于列举许多个别的具体的句子，而是在于寻找各具体句子之中的共同之点，把它们归成类别，整理出各不同类别的句子的组织规则。所以，句子的类别是句法学中的一个重要的问题。

　　当然，各语言都有各语言的特殊情形，各语言的句子组织都有

---

[1] 斯大林,《马克思主义与语言学问题》,中文本,人民出版社,1953年版,22页。

其特殊的规则,同一个语言在不同时代里也有不同的句子组织的规则。但是,这些不同的组织规则或组织方式之中也总还有其相同的地方,虽然这种相同的地方并不见得都是一切语言所具备的。

　　语法学家们对句子的类别曾经提出种种的看法。麦叶曾经提出一种看法,他说:"根据谓语是名词或是动词,句子可以是名句或是动句,这就是说,它可以用来说出一个概念或是说出一个过程。"[①]名句是否用来说出一个概念,我们暂且不去管它,这里,麦叶把句子分为名句和动句两种,则是明确的。方德里叶斯也有同类的主张,他说:"尽管有的语言并没有名词和动词的形式上的区别,所有的语言都同样的区别名句和动句。"[②]然而,叶斯柏森却有另外一种主张,他说:"也许更好的办法是把句子分为下面几种类别:(1)不把各部分联结在一起的句子:Thank! (Thanks very much|many thanks)|What! |off!;(2)半把各部分联结在一起的句子:Thank you! (Thank you very much)|What to do? |off with his head! (3)把各部分联结在一起的句子:I thank you|what am I to do? |you must strike off his head!"[③] 结构主义者哈里斯又有一种主张,他用不同的公式把句子分为下面几种类别,并且称之为句子的类型(sentence-type):

　　NV(Our best books have disappeared.)

　　NVP(The Martian came in.)

　　NVPN(They finally went on strike.)

　　NVN(We'll take it.)

---

　　① A. Meillet:《Remarques sur la théorie de la phrase》,见《Linguistique historique et linguistique générale》,T. II,p. 4.
　　② J. Vendryès:《Le langage》,p. 143.
　　③ O. Jespersen:《Philosophy of Grammar》,p. 308.

NV$_b$(He is.)

NV$_b$P(I can't look up.)

NV$_b$PN(The mechanic looked at my engine.)

NV$_b$N(He is a fool, I looked daggers.)

NV$_b$A(He's slightly liberal. They look old.)

这里,哈里斯所用的符号 N 指的是名词(noun),V 指的是动词(verb),P 指的是前置词(preposition),A 指的是形容词(adjective),V$_b$ 指的是和动词类似而能在形容词谓语前面出现的一些词,如 be,seem 之类。哈里斯认为不管这些符号之中的任何一个符号指的是一个词素或是更多的词素,例如两个同类的词素,I,you 及其附素(contour)and(I and you),在句子的结构里,都担任同样的句子成分的作用。I went 和 I and you went 是同样结构的句子。句子的结构总离不开这些公式,不是属于 NV(老林来了)这一类型,就是属于 NVN(老林打老王)这一类型,或其他任何一个类型。[①] 这里,哈里斯虽然用的是"句子的类型"这一术语,但是他的意思是说,句子可以分为这些类别。以形式的分析为中心的结构主义者,不可能也没有根据别的原则来把句子加以分类,是哈里斯的必然的态度。

由于上面的叙述,我们可以看出,语言学家们对句子的类别所持的看法是不一致的。大家都要把句子分成类别,但所分出来的句子的类别,却不相同。为什么有这种情形呢? 这显然是因为大家所根据的分类原则各不相同,因此,只依照自己所持的分类原则来进行分类,有的语言学家甚至于把几种不同的分类原则混在一

---

① 参阅 Z. S. Harris《Methods in structural linguistics》,pp. 349—352.

起，来对句子进行分类，结果，使人们头晕目眩，找不出头绪。布龙菲尔德就是一个例子。布龙菲尔德在他的《语言论》里主张拿语调来作为句子分类的原则。他说："在英语和其他语言里，句子是拿语调，即次要音位①的运用，来做为标志的。在英语里，声调这个次要音位标志着句子的结束，并且分别了三种主要的句子的类型：John ran away〔·〕John ran away〔?〕who ran away〔¿〕。我们还可以在这每一种句子的类型中，加上感叹的句子语调的干扰，因此，我们一共有六种句子的类型。"②这六种句子的类型即一般的叙述句（例如 John）和带感叹的叙述句（例如 John!），一般的是非式询问句（例如 Is that' John?）和加感叹的是非式询问句（例如 Is that John?!），一般的带有特殊询问词的询问句（例如 Who was watching door ¿）和加感叹的带有特殊询问词的询问句（例如 Who was watching the door ¡¿ ）③

然而，在详细解释句子的类型时，他却又说："也许所有的语言都有两种大的句子类型的区别，我们可以称之为完整句（full sentence）和小型句（minor sentence）。……某些形式是上选的句子形式（favorite sentence forms）；一个上选的句子形式被用作句子的时候，这就是一个完整句；其他的形式被用作句子的时候，这就是小型句。在英语里，我们有两种上选的句子形式。一种是动作者-动作（actor-action）句，它的结构是动作者-动作的组合。

---

① 布龙菲尔德所说的"次要音位"指的是不起区别词义或词法中的语法意义的音势、音长和音高的变化。例如在英语里，声调（即音高）就不起区别意义或词的语法意义的作用，然而却有标示句子界限的作用，所以是次要音位。

② L. Bloomfield:《Language》,pp. 170—171.

③ 同上，p. 115.

John ran away, Who ran away? Did John run away? 另外一种是命令句(command)——一个不定式动词加上或不加上附加语: Come! Be good!"[1]我们立刻看到,在这一段话里,布龙菲尔德所说的句子的类型已经不是根据句子的语调来划分的,而是根据所谓的上选的句子形式和不上选的句子形式的原则来进行划分的。我们暂且不批评布龙菲尔德的句子分类的主张是如何的形式主义的表现;语调当然是表达不同的句子的一种手段,但是只根据语调来划分句子的类别,显然是形式主义的了解问题。布龙菲尔德既拿所谓句子的语调来作为划分句子类别的标准,又拿所谓上选的句子形式和不上选的句子形式作为划分句子类别的标准,这就使人眼花目眩,无从捉摸;因为逻辑的规则只允许人们拿一个标准来对同类的现象进行分类,而布龙菲尔德却违反了逻辑规则,把两个不同的标准混在一起,来对句子进行分类,并且他也没有指明这是根据不同的标准来对句子进行的不同性质的分类的。

句子可以根据不同的原则来加以分类,例如我们可以根据句子之由主语部分和谓语部分组织而成,或只由主语部分,只由谓语部分组织而成,而把句子分为双部句或单部句;我们也可以根据句子之由一个命题或两个命题组织而成,而把句子分成为单纯句和复合句;等等。但是在进行分类的时候,我们必须明确地提出分类的标准,并且只能按照一致的标准来在同一个场合中划分句子的类别。不过这也并不是说,我们不能按照不同的标准来把句子分成不同性质的类别。问题在于分类的性质既有所不同,不同性质的分类就不要混在一起谈,更不要用同样的术语来表明不同性质

---

[1] L. Bloomfield:《Language》, pp. 171—172.

的分类。比方说,布龙菲尔德既根据句子的语调来把句子分为六种,称之为句子的类型(sentence-type),他就不应当再把他依照所谓上选的句子形式或非上选的句子形式的标准所划分的句子的类别也称为句子的类型。语言学家们所以把不同性质的句子类别混为一谈,或把它们都称之为句子的分类,因为不同的人有不同的分类标准,而没有注意到在不同性质的分类之中各有各的特点;在各不同性质的分类之中,有主要和次要的分类的不同,同时,又因为语言学家们还没有明显地认识到各种分类标准的不同性质,因之,还没有运用不同的术语来表明不同性质的分类。分类原是一般的科学方法,任何科学都可以对它的研究对象进行分类。但是到底用什么标准来分类,划分出来的到底是什么类别,却反映着人们对研究对象的理解的着重点。麦叶和方德里叶斯之所以把句子分为名句和动句,因为在他们看来,句子的分类应当根据谓语的性质来进行,换言之,他们是把句子看成主谓结构的单位的。哈里斯之所以把句子分为各类公式,因为他是结构主义者,他是把结构上的形式看成句子结构的中心问题的。大家都只看到自己所注意的句子分类,而忽略了句子的其他分类。事实是:句子可以有各种不同的分类,但这些分类的重要性并不相同,性质也不一样,我们有必要全面地观察各种不同的句子分类,认识其中的主要的和次要的分类,并给不同性质的分类规定范围。只要我们打开通常的语法书一看,我们就可以发现那里有许多名称,说明各种不同的句子。比方说,既说到双部句,又说到单部句;既说到简单句,又说到复杂句;既说到直陈句,又说到命令句;既说到名词谓语句,又说到动词谓语句;等等。这些不同的句子都是语言中所具有的事实上的归类,我们不能加以抹杀。所以,只根据一个原则把其中的某些事实加以归类,而抹杀其他的事实的片面的分类是有缺点的。但是,像布龙菲尔德那样,拿出几个不同的标准,对这些事实加以胡乱的归类,也只有令人莫名其妙,何况他的分类标准本身就是不合理的。布龙菲尔德以为可以只拿句子的语调来把句子分为类型,这完全是把句子的性质看错了。句子是语言中的具体言语的单位,它固然有个形式上的结构,但却表达出某种意义,句子的语调只是某种句子的体现形式之一,它既不能代表句子结构的全部情形,也不能代表句子形式结构的全面。句子的结构也是一个音义结合物,既有语音形式的一面,又有语义内容的一面,句子的结构显然不能只根据语调来进行分类,因为同样的语调可以是不同性质的句子所共有的,例如布龙菲尔德所说的感叹的语调既可以是他所说的一般的是非式询问句所有的(Is this John?!),也可以是他所说的一般的叙述句所有的(This is John!),而不同性质的句子所有的语音形式的标志也不见得只有语调,例如句子和句子之间要有一个停顿,不同性质的句子可以拿语音结构的地位的不同,甚至于语丛音变之类的东西来作为外部标志。正如我们上面所说的,句子是逻辑判断的语言表达,句子之所以能够存在,正因为它是逻辑判断的语言表达,然而它本身却不就是逻辑判断,而是语言中的言语单位。因此,要对句子加以分类,首先就要看句子在表达逻辑判断方面到底有哪些不同的表达方式,这些不同的表达方式是否可以归成类别。我们知道,句子所以是逻辑判断的语言表达,就表现在它有主语和谓语的结合(尽管有的句子可以缺乏主语),而在表达逻辑判断的时候,句子中的主语事实上就是逻辑主语的代表,所不同的是逻辑谓语可以有不同的语法谓语作为它的表达者。比方说,在"甲是乙"这一类逻辑判断中,"甲"是主语,"乙"是谓语,但是在句子中,表达这同类的逻辑判断的语法谓语却可以是下面的不同情形:"老王是领导者","老王领导着"。这里,"老王"表达了逻辑判断中所有的主语,在两个不同的句子里,主语是相同的,但是谓语却不同了,前一个句子的谓语用的是具有名词功能的词,它在语法上具有某个事物的意义,后一个句子的谓语用的却是具有动词功能的词,它在语法上具有某个动作或过程的意义。从语法的角度来看问题,前者是名词谓语句,后者是动词谓语句,因为两者的谓语性质上有所不同。但是从逻辑的角度来看问题,这两个不同的句子却表达了同样的逻辑判断,在逻辑的练习中,我们往往要把"老王领导着"改写成"老王是领导着的人",或简简单单地改写成"老王是领导者",和第一个句子完全相同。表达的方式尽管不同,其所表达的逻辑判断却是一样的,"老王是领导者"之类的句子是以表述主语(即被表述的对象)是什么事物的方式来表达逻辑判断的;"老王领导着"是以表述主语(即被表述的对象)发出什么动作的方式来表达逻辑判断的。因为在逻辑上没有什么区别,我们才可以把"老王领导着"之类的句子改写成"老王是领导者",而没有改变其逻辑判断的意义。然而尽管在逻辑上并没有什么区别,在语法上,这两个句子却是不同性质的句子:一种是名词谓语句,一种是动词谓语句。因为语言本质上是交际工具,是抽象思维(即逻辑思维)的担负者,在交际场合中,拿什么不同的语言表达方式来对对方进行交换思想,达到彼此了解的交际行为,来表达逻辑判断,就是分别各不同句子的主要的分类标准。正因为这个道理,除了结构主义者的语言学家之外,一般的语言学家,说到句子的分类时,首先注意到的就是这种由于谓语性质的不同而构成的不同种类的句子。麦叶和方德里叶斯就是依照这种精神把句子分为名句

(或称名词谓语句)和动句(或称动词谓语句)的。但这不是划分句子类别的唯一的原则。我们知道,尽管巴甫洛夫认为语言是抽象思维担负者的第二信号系统,但他却并不否认语言的表达感觉、感情、意志的作用。巴甫洛夫认为人类的第二信号系统是和第一信号系统交织在一起的,人类的第一信号系统甚至于由于语言的作用而和其他动物的第一信号系统有所不同,它是更丰富、更细致的。[1] 平常我们说语言是抽象思维的担负者,我们往往以为语言除了表达抽象思维之外,就不表达形象思维(感觉、感情、意志等),或以为表达感情、意志等不是语言的职能。这其实是看错了的。事物所有的本质特点也只是它的本质特点而已,它并不是不能具备其他的特点的。人的本质特点是能够进行社会劳动,能够创造劳动工具,能够运用语言,能够进行抽象思维,但这并不排斥人具有其他特点的可能性;人显然也可以具备其他动物所具备的某些特点,比方说,有生有死,内脏有呼吸器官和消化器官等。语言也是一样的,它除了有本质特点之外,也还有其他的特点,它也能表达感情和意志。因此,作为语言中言语单位的句子,除了表达逻辑思维之外,也能表达感情和意志。有的语言学家把句子分成感叹句、命令句,等等,他们的分类标准就是句子的表感情和表意志的作用。所以,像麦叶和方德里叶斯只根据表达逻辑判断的不同方式把句子分为名句和动句,是缺乏全面看问题的表现。但是,尽管如此,我们也应当理解,根据表达逻辑判断的不同方式来把句子分成类别和根据句子的表感情、表意志的作用来把句子分成类别,是两种极不相同的句子分类法。这两种不同的分类法所根据的既是

---

[1] 参阅马希尼科《巴甫洛夫关于两种信号的学说》,46—53页。

不同的标准,我们就不能把它们混为一谈,我们并且有必要在它们之间区别其重要性。当然,根据这两种不同的原则来对句子进行分类的结果,都可以让我们得出几种不同的句子的类别;但句子类别的性质却有所不同,一种是在谓语性质上有所不同的句子的类别,一种是表达主观的态度(包括表达感情和表达意志)的作用上有所不同的。我们应当拿不同的术语来说明这不同性质的句子的类别或分类。我们认为,我们应当把根据不同性质的谓语所划分出来的句子的分类称为"句类"。正如根据词的语法意义的归类而把词分成词的基本的类别被称为"词类",不是所有的词的分类都称为"词类"似的,句类也只指明根据谓语的不同性质而划分的句子的分类,不是所有的句子的分类都叫做句类。我们对事物的科学分类,如果不是说明这种分类是从某一特殊的角度来进行的话,那就都是依据事物的本质特点来进行分类的。语言的本质特点既然是它的担负抽象思维的职能,句子的本质特点既在于它的表达逻辑判断的作用,依照句子对同一个逻辑判断的不同的表达方式(它的不同的谓语)来对句子进行分类的,就应当被理解为最重要的句子的分类,因之,我们也就管它叫做"句类"。

因为人类的语言也具有表达感情和意志等主观态度的作用,语言中的句子也自然而然地具有表达感情和意志等主观态度的作用。我们可以并且应当根据句子在这一方面所起的作用,根据实现这种作用的句子的特殊的结构形式,把句子分成类别,但是这种类别既是次要的,同时也是不同于句类的一种句子的类别。我们说它是次要的,因为它不是根据语言的本质特点而被划分的。语言的本质特点既是抽象思维的担负者,不作为抽象思维的担负者的所谓"语言成分",事实上并不是语言成分,它只是和语言混杂在一起的第一信号系统的成分。正因为这个道理,加尔金娜-费多卢克才说"必须区别语言中感觉或感情的表现和表达",才认为人们感到强烈的头痛时所叫喊的 ой—ой—ой,ох—ох—ох 之类的感叹词只是第一信号系统范围内的东西,不是语言成分。凡是称得起语言成分的东西首先必得是个抽象思维的担负者。[1] 我们说语言也具有表达感情、表达意志的作用,这句话的意思指的是在表达抽象思维的同时,语言可以连带地表达感情和意志。要知道"表达"和"表现"是两个不同的概念,表现感情的时候,我们可以不表达抽象思维,例如我们可以喊叫一声"啊!"而"啊"并不表达抽象思维中的概念或判断。但是在表达感情的时候,我们就要听话的人了解或获悉我们的感情,因此,我们是把感情同时当做知识告诉给听话的人的。[2] 在这种情形之下,例如我们说:"他气死我了!"我们是通过用反映客观事实的"气死"这个概念及其所组成的"他气死我了"这个句子所表明的知识告诉给听话的人的方式来表达我们的感情的,离开了"他气死我了"这个表达逻辑判断的句子,我们就不能告知听话人我们的"心灵深处"的真正的感情。所以在语言里,表达感情的作用总是和表达概念或逻辑判断的作用交织在一起的,而词或句子的表感情或表意志的作用也总是附属于词的表达概念或句子的表达判断作用之下的。我们平常说一个词可能有表情色彩,这意思就是说,在词的表概念作用之下有个附带的表感情的色彩。比方说,我们说"无赖"这个词有表达厌恶感情作用的色彩,这意思就是说,它除了指明"无赖"(不讲理而瞎闹)这个概念之

---

[1] Е. М. Галкина-Федорук:《Суждение и Предложение》,стр. 58.
[2] 参阅 Е. М. Галкина-Федорук《Суждение и Предложение》,стр. 32.

外,还具有使人了解说话人有厌恶的感情的作用。就是像"恨"、"爱"这一类的词,它的中心意义就指明"恨"的感情,或"爱"的感情,也不能脱离它所指明的概念而有表达这种感情的作用。"恨"这个词首先指的是"恨"这个概念,不过它还可以表达说话人的恨的感情罢了。更应当注意的是:我们平常说"恨"的时候,甚至于可以不表达恨的感情,例如心理学家在研究人们的感情时,可以叙述"恨"这一感情的种种表现方式,然而在叙述的时候他却可以没有任何"恨"的感情。在整个句子里,情形也是一样的。句子首先要表达逻辑判断;如果句子带有表感情的作用,这也是通过把知识告诉给听话人的方式来表达感情的。当我们说"这朵花真美呀!"的时候,我们是在告诉听话人这朵花真美丽这个判断的同时,表达了我们的赞赏的感情的。萨皮尔对这个问题曾经有过一段解释。他说:"意识中的意志方面也在相当程度内为语言所明白清楚地具备。几乎所有的语言都有表达命令(例如运用动词的命令式),表达没有实现或不可能实现的意欲(would he might come! 或 would he were here!)的特殊手段。总的说来,感情似乎没有得到那么多的出路。当然,大家都认为感情趋向于无从由语言来表达的情形。大部分的感叹词(如果不是全部的感叹词的话)都被认为有表达感情的功用,也许一部分表达某种口气的语言成分,例如表达疑惑或可能性的形式也有这种功用,我们可以把这些形式解释为犹豫或疑惑(弱化了的恐惧)的感情状态的反映。这样说来,我们必须承认表达概念的作用在语言里是占统治地位的,表达意志和表达感情的作用很明显地只是次要的因素。"[1]他接着解释说,

---

[1] Ed. Sapir:《Language》,pp. 39—40.

形象和概念的世界,客观现实的无穷无尽的千变万化的图像是人类交际的不可避免的题材,因为大体说来,只有运用这些形象和概念才能够使人们的行为有效果。意志和感情只是人们对客观世界所有的个人的色彩。不过这并不是说,语言并不表达意志和感情。语言中的词当然也有感情色彩,但是它并不是词本身所具备的本质特点,毋宁说是词的概念部分的副产物。一个词的感情色彩不但可以因人而异,甚至于就在一个人身上也可以因时而异。当然我们也有全社会公认的词的感情色彩,但是就是这种感情色彩也是极其容易改变和消除的。[1] 当然,萨皮尔的解释也有不正确的地方,例如他把形象和概念并提,仿佛词的本质特点包括它的表达形象的作用,但是他所说的语言中的表达感情和表达意志的作用并不是语言的本质特点,则是值得参考的。正因为句子有表达感情和表达意志的作用,然而这种作用却并不是句子的本质特点,我们一方面可以根据句子在这一方面的作用把它们分成类别,一方面要认识这种句子的类别不同于句类,并且只是句子的次要的分类。这种句子的分类可以叫做"句型"。"句型"这个术语本来是传统语法学家所用的。马露佐就曾经在他的《语言学词典》里运用句型(type de phrase)这个述语去解释询问句。他说:"询问是一种句型,这种句型运用人们所给它提供的形式或语调表达出人们所说的话带有疑问,并且要求加以补足。例如:est-il venu? il est venu?"[2]询问句是一种句型,不是句类,因为它既可以是名句(或名词谓语句),也可以是动句(或动词谓语句),例如,"老林是党支

---

[1] 参阅 Ed. Sapir《Language》,pp. 40—42.

[2] J. Marouzeau:《Lexique de la Terminologie Linguistique》,p. 104.

书吗?""老王老练吗?"它并不是根据句子谓语的性质而被划分成句子的一种类别的,而是根据说话人对反映客观事物的逻辑判断的一种主观的态度,用询问的主观态度来对待"老林是党支书"或"老王老练"这个逻辑判断的,换言之,是把"老林是党支书"或"老王老练"这个逻辑判断改个型,把它说出来的。

我们已经说过,语言不但表达抽象思维,它还表达感情和意志。感情是什么呢?我们对感情的了解有广义的和狭义的两种。广义的理解,感情就是一种主观的态度,对客观事物所有的主观的态度就是感情。但是狭义的理解,感情就是精神受激动的状态,例如人们所说的喜、怒、哀、乐、爱、恶、欲等。这种感情包括意志在内,意志是一种特殊的精神受激动的状态。从广义的角度来理解感情,询问句就是一种表达感情的句子,因为它表达了人们对某一判断或可能的判断所加的怀疑。这也正是上述的萨皮尔所说的一段话所以把"表达疑惑或可能性的形式"解释为"犹豫或疑惑的感情状态的反映"的缘故。但是,因为狭义的理解,感情指的不仅是主观的态度,而是带有精神激动的主观态度,我们最好是用另一种说法来解释句型,即把句型解释为对判断所有的各种不同的主观态度的表达,包括狭义的感情(即感叹句所表达的感情)在内。人们在说话的时候,多少要表达一些自己的态度。加尔金娜—费多卢克说:"要知道,人在认识了自然和社会的时候,就永远表现了自己的态度——从理解和感情的各个方面来评价它们。任何的告知都包含有客观和主观两方面。"[①]正因为有这客观和主观两方面,句子里除了表达反映客观的逻辑判断之外,还带有主观的色彩,例

---

① Е. М. Галкина-Федорук:《Суждение и Предложение》,стр. 32.

如用确定的态度去叙述客观世界所发生的事情而说:"老林的确来了",用疑惑的态度对客观事物的反映提出疑问而说:"老林真的来了吗?"正因为这个道理,表达主观态度的句子总要以反映客观事物的逻辑判断为基础,并且不能离开它而存在。这也正是维诺格拉多夫院士所以把语言中各种不同现象解释为客观-主观特征的范畴的缘故。[①] 因为语言中表达主观态度的情形总是伴随着反映客观事物的逻辑判断而出现的,所以,我们不能把这一类的句子的类别和以谓语性质的不同为根据所划分的句子的类别混为一谈,它是表达逻辑判断的同样的句子(例如名句或动句)的各种不同的句型。句类和句型,一方面是联结在一起的,一方面又有所不同。布龙菲尔德首先依照句子的语调把句子分为一般的叙述句和加感叹的叙述句,一般的是非式询问句和加感叹的是非式询问句,一般的带特殊询问词的询问句和加感叹的带特殊询问词的询问句;虽然他所用的标准是语调,但也还没有能够脱离句子所表达的主观的态度,不过他竟在理论上否认了这个标准,而又把其他的标准混在一起,则是他的错误。

句子不只可以分为句类和句型,还可以分为句模(pattern)。依照句子成分的各种组织情形而把句子加以分类的,叫做句模。许多语言学家都把句型和句模混为一谈,例如上面所说的哈里斯对句子的分类就是这样的,他把这种分类称为"句型",但是他所据为标准的却不是不同的主观态度的表现,而是句子结构的不同情形,他所列出的 NVN,NVP 之类的公式都只涉及句子成分的结构情形。加尔金娜-费多卢克说,根据句子的结构,我们可以把句子

---

① А. А. Виноградов:《Русского Языка》,1947,стр. 725.

分为单部句和双部句。[1] 这种分类其实就是句模的分类。句模的分类既与句类的分类不同,也和句型的分类殊异,它是以句子成分的结构状态为标准来对句子进行分类的。同样的一个名词谓语句可以按照其结构的状态分为单部句和双部句。例如"星期五"是没有主语、只有谓语的单部的名句,"今天星期五"是有主语和谓语的双部的名句。同样的询问句也可以按照其结构的状态分为单部句和双部句,例如"来了吗?"是没有主语只有谓语的单部的询问句,"老林来了吗?"是有主语和谓语的双部的询问句。单部句和双部句既可以存在于不同的句类和不同的句型中,可见,它本身并不是句类或句型。正因为这个道理,我们有必要把句模和句类、句型区别开来,虽然这三者总是结合在一起的。

第二节 有关句类的问题

上面是把句子的不同性质的分类做出一般理论上的解释。现在让我们讨论存在于这些分类之中的一些问题。

根据句子的不同性质的谓语把句子分成类别,是一般语言学家们所关心的问题;但是根据这个原则所划分出来的句子到底有哪些类别,则是值得讨论的问题。一般欧洲的语言学家都根据这个标准把句子分成名句和动句。除了上面所提的麦叶和方德里叶斯之外,苏联的语言学家加尔金娜-费多卢克也有同类的主张。他说:"双部句可能是名句和动句,这要看在形态学上是被什么样的谓语表达出来的。在 мальчик музицирует 这个句子中,谓语是动

---

[1] Е. М. Галкина-Федорук:《Суждение и Предложение》, стр. 29.

词；在 мальчик——музыкант 这个句子里，谓语是名词；名句中的谓语可能是用任何的名词来表达的＝名词、形容词、数词，或者是那些从名词中形成起来的或实现名词功能的词类，例如代词、形动词。"[1]这里，加尔金娜—费多卢克把在谓语中出现的名词、形容词、数词等都称为名词，因此，认为这一类的句子是名句。欧洲的语法学家们只把句类分为名句和动句，不把形容句另列一项，正是因为他们把形容词也看成名词之一类。这种看法是有它的历史来源的。希腊的语法学家一向把形容词看成名词之一类，直到中世纪的时候，人们才把形容词另列一项，成为词类之一种。[2] 但是，尽管如此，许多语言学家还认为形容词和名词没有什么区别，或把名词（noun）分为体词（substantive）和形容词（adjective）两类，同属于名词项下。欧洲的语言学家所以有这种看法，因为印欧语的情形，名词和形容词没有显著的形态的区别。比方说，拉丁语的 eqnus（马）的词尾是-us，形容词 bonus（好）的词尾也是-us。他们既把形容词看成名词之一类，自然就把运用这种名词之一类的形容词作谓语的句子称为名句。然而这种理解是有缺点的。原因是形容词和名词事实上是有区别的。形容词和名词的区别不但表现在语法意义的差别上，同时也表现在语法形式的差别上。形容词所表达的是在语法上具有"性质"意义的词，和名词所表达的语法意义有所不同。我们就是从语法形式的角度来看，形容词和名词也不相同。在现代的印欧语里，形容词和名词就有不同的形式，例如英语的名词有"数"的变化：单数的说 book，复数的说 books，但

---

[1]　Е. М. Галкина-Федорук：《Суждение и Предложение》，стр. 30.

[2]　V. Brøndal：《Les Parties du discours》，《Résumé d'un ouvrage uanois institué Ordklasserne》，Copenhague，1928，p. 224.

是英语的形容词却没有这种变化;俄语的形容词虽然也有"格"、"数"、"性"的区别,但是所用的形式并不和名词的变化形式相同。就是在古代的印欧语里,形容词和名词的形式也不一样。拉丁语的形容词固然可以和名词用同样的词尾,但是形容词的词尾要随着它所限定的名词的词尾而起变化,例如名词的词尾是-us 的时候,限定名词的形容词的词尾就用-us,名词的词尾是-i 的时候,限定名词的形容词词尾就用-i,例如 filius domini bonus(先生的好孩子)之中的形容词 bonus(好)所以用词尾-us,因为它是限定 filius(孩子)的,filius domini boni(好先生的孩子)之中的形容词 boni(好)所以用词尾-i,因为它是限定名词 domini(先生)的。可见,形容词和名词是两种不同的词类,因此,以形容词为谓语的句子就应当被称为形容句,换言之,除了名句和动句之外,还应当有形容句。

那么除了名句、动句和形容句之外,是不是还有其他的句类呢?要回答这个问题就要看看句子里是不是可以运用名词、动词和形容词之外的词类。我们知道,语言中的词类可以分为两大类:一是实词,一是虚词;名词、动词、形容词之类是实词;冠词、前置词、连词之类是虚词。因为虚词不能用作句子成分,因之,也不能用作句子成分之一的谓语,除非起了词类性质的变化。可见,以虚词为谓语的所谓前置句、冠句、连句之类的句类是不能存在的。在虚词项下,也可以列入感叹词。然而我们已经说过,感叹词不能成为句子成分,不能用作谓语,因之,也就不可能有以感叹词为谓语的句子。问题在于词类之中还有指示词、代词、数词和副词等,不知是否可以用作谓语。指示词、代词和数词,甚至于形动词、动名词等可以用作谓语,是毫无疑问的;但是这些词类有特殊的性质,它们既可以起名词的作用,又可以起形容词的作用,我们可以在语法书中看到名词性指示词、形容词性指示词、名词性代词、形容词性代词、名词性数词、形容词性数词之类的术语，这就证明了这些词类在特殊的场合下不是属于名词之一类，就是属于形容词之一类；因此，以这些词为谓语的，事实上也就是以名词为谓语的名句，或以形容词为谓语的形容句。动名词和形动词之类的词类也是同样的情形，它或是带有名词性，或是带有形容词性，因此，以动名词或形动词为谓语的句子就是名句或形容句。所剩下的就只有副词。许多语言学家对副词没有明确的理解，结果目前的情形，往往把许多还没有明确被规定词性的词列入副词项下。这就表现在于许多语法书所列的副词既有实词，又有虚词。其实副词是实词，不是虚词，许多语法书中所举的虚词性副词应当归入虚词之列，不能被看做副词。[1] 所谓虚词性的"副词"不能作为谓语用，是显而易见的事实，因之，我们不可能有所谓虚词性"副词"作谓语的所谓状句或副词句。就是真正的副词（实词），情形也是特殊的。这种副词有的是名词性的，例如时间副词、方位副词等，把它们用作谓语的时候，这种句子事实上就是名句。另一种是限定动词或形容词的副词，例如英语的 particularly, probably…，法语的 respectivement, lentement…之类。但是，这一类的副词也同样地不能用作谓语，我们不能在英语或法语里找到 It is quickly 或 C'est lentement 之类的句子，除非是话还没有说完的不完整的句子。当然，英语或法语也还有 I am well 或 C'est bien 之类的句子。因为 well 或 bien 一般被认为是副词，有的人就以为这种句子是副词谓语句。这其实是

---

[1] 参阅 Е. И. 罗日捷斯温斯卡娅《关于汉语副词的转变为其他词类的问题》，见《中国语文》1959年3月号，122页。

一种误会。英语的 well 并没有副词的后缀-ly,它并不一定就是副词。《牛津词典》解释 well,认为它具有副词、谓语性形容词、定语性形容词和名词四种词类的作用,[①]I am well 之中的 well 显然是谓语性形容词的 well,不是起副词作用的 well。法语的 bien 也没有副词的后缀-ment,它也并不一定就是副词。《法兰西科学院词典》虽然把 bien 解释为副词,但它却加上解释说:"这种用法的 bien 有的时候在 verbe être(按:即系词)之后有谓语性形容词的作用。"[②]可见,作为谓语的 bien 所起的是形容词的作用。副词不能作为谓语是明显的道理。谓语是对主语所加的表达。主语必得是名词性的词语,对主语的表达不是对它是什么东西所加的说明,就是对它发生什么事情所加的叙述,或是对它是什么样子所加的描写。副词是对动词或形容词的限定,不是对名词的限定,因此不能对主语直接加以描写或形容。主语可能是在词汇意义上具有动作意义或性质意义的词,但是在语法意义上却是名词或具有名词作用的词;例如英语的 development(发展)、redness(红)、speaking(说话)、to hope(希望)等,它们都是名词或具有名词功能的词,对这些词加以表达的时候,不能用副词;例如,我们只能说 his speaking astonish me(他说话惊动了我),或 his speaking is too quick(他说话太快),或 his speaking is a kind of art(他说话是一种艺术),而不能说 his speaking is quickly。由此看来,副词谓语句或状语句这个术语是不能成立的,我们因之也不能在句子里分出副词或状句这一个句类。

---

① 《The Concise Oxford Dictionary》,p. 1404.
② 《Dictionnaire de l'Académie Française》,T. I. ,p. 162.

和其他的语言一样,汉语也有名句、动句和形容句。汉语的"今天国庆"就是一个名句,"这朵花真红"就是一个形容句,"这个人走了"就是一个动句。问题在于:我们既然认为汉语的实词没有固定的词类,为什么又说汉语句子可以分为名句、形容句、动句等句类呢?这其实是不难理解的。我们说汉语的实词并没有固定的词类,我们的意思只是说它具有多种的词类作用,我们并不否认汉语的实词在具体的场合中,由于上下文的制约,能够具有某一特定的词类的功能。我们大家都知道语言中的许多词都可能具有多义性。汉语的实词没有固定的词类也不过指的是在词类的意义方面,汉语的实词具有多义性而已。我们都知道词尽管具有多义性,但在具体的场合中,由于上下文的制约,只有其中的一个意义被实际地运用。同样的情形,汉语的实词尽管在词类的意义方面具有多义性,但是在具体的场合中,由于上下文的制约,亦即句法关系的制约,只要其中的一个词类的意义被实际地运用。这原是极其平常的道理,没有什么值得奇怪的。词是词汇系统的一个成员,它只是语言建筑材料的单位,要了解一个词的特点是把它看成语言建筑材料的一个单位来理解的,不是把它看成在具体的场合中所有的一个特殊的作用来了解的。我们说词有多义性,正因为我们把它看成语言建筑材料的一个单位,不然,我们就不可能有词的多义性这一概念,因为在具体的场合中,词都只有一个意义,或应当只有一个意义。同样地,当我们说词在词类意义上具有多义性的时候,我们是把词看成语言建筑材料的一个单位的。作为一个语言建筑材料的单位(也就是作为一个词)的汉语的实词并没有一个固定的词类,而具有词类意义上的多义性。但是在具体的上下文中,即在具体的句法结构中,汉语的实词在这个具体场合中却发挥了某一特定的词类功能。如果我们说汉语的实词"锯"既可以是名词,又可以是形容词,又可以是动词,这意思就是说,作为一个词汇的单位,"锯"可以在各不同的具体场合中发挥不同的词类作用,例如在"我有一把锯"这个具体的上下文中,它发挥了名词的作用,在"这是个锯把子"这个具体的上下文中,它发挥了形容词的作用,在"你替我锯几下这块木头"这个具体的上下文中,它发挥了动词的作用。语言是个系统,在这系统之中,各组成员之间都是彼此影响的,彼此制约的。句子是语言中的言语单位,它也是一种组织,一个系统。因此,在各组成员之间也有彼此互相影响、互相制约的作用。这种互相影响、互相制约的作用正是一个多义(一个在词类意义上多义)的词能够使其在所包含的许多意义之间只有一个是被实际运用的原因。汉语的词尽管在语法上具有多种词类意义,但是在具体的上下文中,即在具体的句法中,只有一个确定的词类意义被实际地运用,只发挥一个固定的词类功能,则是明确的。有人以为我们既说汉语的实词没有固定的词类,又说汉语的句子可以分为名句、动句和形容句,是矛盾的。这其实是误解了我们所说的汉语的实词没有固定的词类的含义,同时是没有理解词类和词类功能的不同的缘故。我们所说的汉语实词没有固定的词类,指的是汉语里作为语言建筑材料的词汇单位的实词在语法意义上具有多义性,我们所说的汉语的实词可以发挥某一特定的词类作用,指的是在上下文的制约下,或在句法的结构里,具有词类多义性的汉语的实词只发挥一个特定的词类作用。

各语言所以都有名句、动句和形容句,因为语言是抽象思维的担负者,句子是逻辑判断的语言表达,而抽象思维或逻辑判断是人们对客观世界的反映,受到客观事物的决定。客观世界的现象都是事物,这些事物也都在运动,都有某种性质,因此,在反映客观世界的时候,我们不是说明它是什么东西,就是叙述它发生了什么事情,或描写它有什么性质,而运动和性质也可以被视为事物。这种情形反映在语言里,就是各种不同的句类。每一个句子的主语都得是名词或具有名词功用的词语,因为在进行思维的时候,我们是对客观世界中的各种事物(包括被视为事物的动作或性质在内)加以表述的。当我们叙述运动的时候,我们只把运动看成某一事物发出的活动或行为,因之,指明这种活动或行为的词是谓语中的动词或具有动词功能的词。当我们把运动看成一种事物而对它加以说明、叙述或描写的时候,指明这种被视为事物的运动的词就是名词或具有名词功能的词。用作主语的正是这种词。

第三节 有关句型的问题

尽管我们说,句型是次要的句子的类别,但这不等于说,我们否认了句型的重要性。主要和次要只是程度的问题,只是从句子的本质特点和句子的一般特点来着眼的。事实上,语言或句子在表达说话人的主观态度方面或表达感情和意志方向所起的作用也是很大的。有的时候,词或句子所起的表达感情、表达意志的作用反而超过了它的表达抽象思维的作用(例如在文学作品中),不过,无论在何种情况下,它都得以抽象思维的表达为基础,都离不开抽象思维的表达罢了。

句型的分类也是语言学家们所关心的。加尔金娜—费多卢克说:"看来,正像作为句子的每一个类型的基础的结构的思维形式的特征不同那样,句子的类型毕竟也是不同的。首先,句子分成为直陈句、疑问句、祈使句和感叹句。"[1]加尔金娜—费多卢克把直陈句、疑问句、祈使句和感叹句归成一类,认为是句子类型的"首先"的一种。他所说的句子类型就是我们所说的句子的类别,他所说的句子的类型之中的直陈句、疑问句、祈使句和感叹句这一类,事实上就是我们所说的句型。他所说的"首先"并不意味着这种分类是主要的,因为他接着认为在上面所指明的、每一种句子中必须揭露作为句子的基础的思维形式,而在揭露作为句子的基础的思维形式中,他从句子的结构出发讨论了主语和谓语,单部句和双部句,并在说明主语和谓语的过程中讨论了名句和动句。[2] 和作为句子的基础的思维形式有关的名句和动句,显然是更重要的。

为什么我们把直陈句、疑问句、祈使句和感叹句都看成句型呢?句子既是以逻辑判断为基础的,人们在交际场中,表达思想、感情和意志(即主观的态度)的言语单位,任何句子既都包含有客观的和主观的两方面,我们就可以根据句子在表达思想的同时所具有的各种不同的主观态度来把句子分成类型。我们在运用语言的时候,都要随着我们的各种不同的主观态度,运用不同的"型"来构造我们的句子。这是我们划分句型的原则。如果我们是用横铺直叙的态度来把我们对客观现实的反映所构成的逻辑判断表达了出来(尽管这同样的逻辑判断的语言表达可以有名句、动句和形容句的不同)的时候,这种句子就是直陈句(或称陈述句)。如果在说话的时候,我们运用疑惑的态度来表达我们对客观现实的反映所构成的逻辑判断,我们所用的句子就是疑问句。如果在说话的时

---

[1] Е. М. Галкина-Федорук:《Суждение и Предложение》,стр. 29.
[2] 同上书,29页以及后面两页。

候,我们运用感叹的态度来表达我们对客观现实的反映所构成的逻辑判断,我们所用的句子就是感叹句。人类的语言到底有哪些句型呢?关于这个问题,语言学家的意见并不一致,例如上面所说的加尔金娜-费多卢克认为句型有四种(直陈句、疑问句、祈使句和感叹句),然而波波夫却认为句型只有三种(直陈句、疑问句和祈使句),而把感叹句排斥在外。[1] 因此,我们有必要加以讨论。

首先,我们要讨论到底直陈句是不是一种句型。因为直陈句是横铺直叙的句子,有的人就认为它并不能被列入句型,[2]因为他们认为横铺直叙不能算是主观的态度。这种看法我们认为是不正确的。要知道从语言和客观现实的关系来说,语言总是客观现实的一种反映,但是并不等于客观现实。语言是人类所创造的,是人类所运用的,同时又是人类拿来表达他的抽象思维和其他精神活动的。抽象思维本来就是人类的主观的精神活动。客观事物并不判断自己,抽象思维的逻辑判断一方面是客观现实的人脑中的反映,一方面也是人们反映客观现实时所有的精神活动的主观过程。作为抽象思维的表达工具的语言也同样地具有客观和主观的两方面。只要我们说出一句话,哪怕这句话只是纯粹的客观现象的叙述,它也已经具有主观的态度,即用横铺直叙的态度,而不是用怀疑或其他的态度来说话。至于用着重的口气或用拒绝的口气来说话,就更是主观态度的表达了。问题只在于主观态度有所不同,同样的主观态度也还有程度强弱的区别。加尔金娜-费多卢克说:

---

[1] П. С. Попов:《Суждение》,стр. 16.
[2] 例如黎锦熙把句子就"心理的"方面分为决定句、商榷句、疑问句、惊叹句,和介乎决定句与商榷句之间的祈使句,不列直陈句一项。见其所著《新著国语文法》,306页。

"要知道,人在认识了自然和社会的时候,就永远表现了自己的态度——从理解和感情的各个方面来评价它们。"[1]人们在说任何一句话的时候,至少是抱着对他所要反映的客观现实有某种关心的态度来说它的。所以,横铺直叙的直陈句也具有一种主观的态度,它也有资格被列入句型。

我们在说话的时候,可能具有肯定或否定的态度。那么,肯定和否定是不是可以作为构成某一特殊的句型的条件呢? 肯定和否定有两种不同的性质,一种是表达肯定的逻辑判断的和表达否定的逻辑判断的,一种是表达对某一判断所加的着重的肯定的或着重的否定的;换言之,一种是逻辑上的肯定和否定,一种是心理上的肯定和否定。人们在做出一个逻辑判断时,尽管也有主观态度的表现,但是他所做出的却是反映客观事物的肯定的逻辑判断或否定的逻辑判断,这种肯定和否定属于逻辑问题的范围。但是,在运用语言来表达肯定或否定的判断时,我们还可以对它表示我们心理上的主观态度,即对肯定或否定的逻辑判断表示确信或怀疑,用横铺直叙的主观态度或用强调的肯定态度、强调的否定态度来说出肯定的逻辑判断或否定的逻辑判断。比方说,在认识客观事物的时候,当然有主观态度的存在,对它下判断或不下判断,对它下肯定的判断或下否定的判断,例如判断我们所看到的一朵花是红的,或不是红的。但这是属于逻辑问题的范围,不属于心理的范围。然而在用语言来表达我们的判断时,我们还可以在表达这逻辑判断的同时只用横铺直叙的主观态度来说它:"这朵花是红的","这朵花不是红的",也可以用强调肯定或强调否定的口吻来说它:

---

[1] Е. М. Галкина-Федорук:《Суждение и Предложение》,стр. 32.

"这朵花的确是红的","这朵花的确不是红的","这朵花绝不是红的","这朵花绝不是不是红的"。可见,在逻辑的肯定判断或否定判断之上还可以加上心理的肯定或否定。这种表达心理上的肯定或否定的句子才是句型的问题。我曾经在《汉语语法论》里把所有的否定句都说是句型,[①]现在研究起来,应当承认那种看法是错误的。因为我没有分别清楚逻辑判断上的肯定或否定与语言表达中的心理上的肯定或否定。其实仅仅表示肯定判断或否定判断的句子还是根据逻辑判断的性质来进行的,它应当被列入句类的范围,即肯定名句和否定名句,肯定动句和否定动句,肯定形容句和否定形容句;而表达心理上的肯定或否定的句子才是句型的问题。一般语言学家只把句型(不管是否称它为句型)分为直陈句、疑问句、祈使句和感叹句四种。例如马露佐在他的《语言学词典》里就是把句型分为四种的。[②] 我们认为尽管表达否定逻辑判断的否定句(如否定名句、否定动句)不属于句型的范围,但我们却有必要列出确定句一种,即用确定的口吻来说肯定或否定句的,因为这种句子显然是和直陈句有所区别的,而这种句子也显然是某种心理上的主观态度的表达。总而言之,句型可以分为直陈句、确定句、疑问句、祈使句和感叹句五类。

在这五类中,有的还可以根据不同的角度再分为小类,比方说,确定句还可以分为确定肯定句(即上面所说的用强调肯定的口吻所说出的句子)和确定否定句(即上面所说的用强调的口吻所说出的否定句)两小类;疑问句还可以分为询问句和疑惑句两小类;

---

① 高名凯:《汉语语法论》(修订本),426—440页。
② J. Marouzeau:《Lexique de la Terminologie Linguistique》,p. 143.

祈使句还可以分为祈句和使句两小类;感叹句还可以分为表喜、表怒、表哀、表乐、表惧等小类。

疑问句,一般语言学家统称之为询问句,其实询问和疑惑还有加以区别的必要。询问是发出一个问题,要求人家回答的,疑惑是对某一句子所表达的逻辑判断用疑惑不相信的主观态度说出来的。比方说,当我们看见一朵花的时候,我们的思维进行了判断,但这种判断可能还没有成熟,我们知道这朵花是花中之一类,我们也想判断它是什么花,但是我们还得不到结论,于是我们就问别人"这朵花是什么花?"我们总要等待别人的回答。但是当我们说"这朵花真的是玫瑰花吗?"或"这朵花恐怕不是玫瑰花吧?"的时候,我们是用疑惑的态度来说出我们自己对这客观事物的判断或是对别人所说出的判断有所疑惑。这种疑惑不一定是别人的回答所能消除的。听话的人也许会回答说:"这的确是玫瑰花",然而我们却不见得就相信。我们的疑惑并且可以不是用问话的方式(例如"这真的是玫瑰花吗?")表达出来的。也可能是用"这恐怕不是玫瑰花吧"这一类非问话的方式表达出来的。因此,我们认为疑问句可以分为两小类,一是问句或称询问句,一是疑句或称疑惑句。

有的语言学家统称祈使句为命令句,其实命令句只是祈使句之中的一种。祈使句虽然都表达了主观的态度,都是主观说话人希望听话人听了他的话之后,要依照说话人的话去实现某种逻辑判断所代表的客观事物,即听话人的某种行为的,但是这种主观态度却在不同的情况下有所不同:一种是用强制的方式,用命令的口吻要求听话人有所行为;一种是用祈求的方式,用请求的口吻要求听话人有所行为。比方说,我们可以说:"你必须马上就来!"这就带有强制的口吻要求听话人来;我们也可以说:"请你来!"这就带有祈求的口吻要求听话人来。带有强制的口吻的是命令句,带有祈求的口吻的是祈求句。因为一般人把这两种句型都称为命令句,他们所说的命令句与我们所说的命令句并不一样,我们就不再用命令句这个术语,而称之为"使句","使"即指使(亦即命令)之意。总而言之,祈使句可以分为两小类,一是祈句(即祈求句),一是使句(即命令句)。

感叹句可以依照所表达的不同感情(狭义的)分成各小类,是显而易见的,不会引起什么争论。但是,怎么样的结构才算是感叹句,却有不同的意见。有的语言学家把"哎!""唷!""哈哈!""嘘!"之类的独立存在的感叹词称为感叹句,有的语言学家把"真好!""出去!""成功!"之类的结构称为感叹句。其实"哎!""唷!""哈哈!""嘘!"之类是感叹词并不是感叹句,而"真好!""出去!""成功!"之类的结构也不是感叹句。"哎!""嘘!""哈哈!""唷!"之类的感叹词并不构成句子,它们既不是主语,也不是谓语,并且不是任何的句子成分。它们是独立于句子之外的,并且只是表现感情,而不是表达感情。它们事实上是非语言成分。"真好!""出去!""成功!"之类的结构所以不是感叹句,因为它们都是十足的实词,都在上下文里发挥某一词类(名词、动词或形容词)的作用。但是,尽管如此,这些结构都具有表达感情的作用。问题在于:这些结构是一方面用感叹的口吻说出来的,一方面又是某一判断的语言表达,换言之,它们一方面是表达逻辑判断的名句、动句或形容句,一方面又是这种句类的感叹句,即从句型的角度来看是感叹句,不过是缺乏主语的单部的感叹句罢了。任何一个句子,无论是单部句或双部句,无论是哪一种句类的句子,只要用感叹的主观态度来说它,就是一个感叹句。

第四节 有关句模的问题

句模不是从句子之如何表达逻辑判断、句子之如何表达主观态度的角度来把句子分成类别的,而是从句子结构的各种可能的规模来把句子分成类别的。尽管句子要表达逻辑判断,尽管句子要表达主观态度,但是句子本身却不是逻辑判断所组成的,也不是主观态度所组成的,而是语言建筑材料所组成的,而是句子成分所组成的。在表达逻辑判断的主观态度的时候,句子可以依照语言的规律把各句子成分依照一定的规模组织起来。这种规模就叫做句模。比方说,在回答人家的问话"你喜欢谁写的小说?"而说"我喜欢赵树理写的小说"或"赵树理写的小说"的时候,前后两种不同的回答代表了两种不同的句模,一种是有主谓结构的双部句,一种是只有谓语结构的单部句。双部句和单部句是两种不同的句模,但却可以是同样的名句、动句或形容句,也可以是同样的直陈句、确定句、祈使句、疑问句或感叹句。构成句子的时候,我们要表达的思想和意志、感情等,要依照一定的句模把句子组织起来。正如我们上面所说的,句子是以表达逻辑判断为基础的,主观态度的表达是和逻辑判断的表达同时出现在句子里的。当然,由于运用语言的具体目的的不同,主观态度的表达在具体的场合中可以占重要的地位;但是主观态度的表达却总不能脱离逻辑判断的表达这一基础而存在,因为句型是把句类改了型来说的,不同句型的句子事实上在结构上是一致的,不过是换上表示句型的同类的句子成分或加上表示句型的语言成分罢了。比方说,"台尔曼是谁?"和"台尔曼是共产党人"是两个不同句型的句子,一是询问句,一是直陈句。但是它们在句子结构上都是相同的,两个句子都是以名词性的词语为谓语的双部句;不过在第一句中用表示询问型的词"谁"来替换第二句中的名词性谓语,使句子成为询问句罢了。又如,"这是我的祖国"和"这是我的祖国啊!"是两种不同句型的句子,一是陈述句,一是感叹句。但是它们在句子结构上却是相同的,两者都是以名词性词语为谓语的名词,不过在第二句中加上表示感情作用的语调和表情的语法工具"啊"罢了。可见,句模的分类是以句类的不同结构为根据的,同一句类的不同句型只是同样结构的句类的不同型的表现。

我们可以把句子分为哪些句模呢?首先,我们要把句子分为单部句和双部句两种句模,单部句是缺乏主语部分,只有谓语部分的句子,双部句是具有主语部分和谓语部分的句子;单部句有两种不同的情形,一是省略主语部分的单部句,一是不能有主语的绝对式单部句。例如,在回答人家的问话"《罗汉钱》是谁的作品?"的时候,我们可以说:"《罗汉钱》是赵树理的作品",也可以只说"赵树理的作品"。后一句就是省略主语的句子,不是根本上不能有主语的句子。但是俄语的 Светает(天亮了)则是根本上不能加主语的单部句,因为人们甚至于都不能说 Что светает?(什么天亮了?)然而我们也不要把省略式无主语句和省略句混为一谈。省略句子中的任何句子成分的,都可以称为省略句,但是,只有省略主语的句子才可以称为省略式无主语句。我们已经说过,一般的情形,谓语部分是句子中不能省略的部分,但是这不等于说谓语部分中的任何句子成分都不能在具体的场合中被省略。我们显然可以省略谓语部分中的宾语,例如,回答人家的问话"谁打破了这只花瓶?"我们就可以说:"我打破了";这显然是"我打破了这只花瓶"的省略宾语的句子。又如在回答人家的问话"你喜欢京戏呢,还是喜欢电影?"的时候,我们可以说"京戏",这显然是"我喜欢京戏"的省略谓语部分中的具有动词功能的词"喜欢"的省略句。但是我们却不能把整个的谓语部分省略掉,只能把整个的主语部分省略掉。因此,我们不但可以有绝对式的没有主语部分的单部句,我们还可以有省略式的没有主语的单部句,然而我们却不大可能有绝对式的没有谓语部分的句子,也不大可能有省略式的没有谓语部分的句子,只有省略谓语部分中的某一句子成分的句子。

单部句和双部句是从句子结构中之是否有主语部分和谓语部分的角度来划分句模的。从句子结构中之是否可以省略某些句子成分的角度来看,我们可以把句子分为完整句和省略句两种。完整句要有完整的主语部分和完整的谓语部分,省略主语部分或谓语部分之中的任何一个句子成分的句子,称为省略句。我们这里所说的完整句和布龙菲尔德所说的完整句并不相同。布龙菲尔德把他所谓的具有"上选的句子形式"的句子称为完整句,把他所谓的不具备"上选的句子形式"的句子称为小型句。[①] 这种分类法显然是根据一个错误的理论来进行的。他认为句子的结构中有一种是上选的,还有一种是非上选的;具有主谓结构的动作者-动作的形式(例如 John ran away)的句子是上选的句子形式,没有主语的祈使句(例如 Come! Be good!)是不上选的句子形式。其实这些句子形式都是依照语言的语法规律组织起来的,都是"上选的形式",我们不能从这个观点来划分完整句和非完整句(或他所说的小型句)。Come! Be good! 之类的句子所以不是动作者-动作的

---

① L. Bloomfield:《Language》,pp. 171—172.

结构形式,因为语言的语法规律要求它们这样,如果把它说成 You be good,反而是语法所不允许的;换言之,反而是不上选的结构形式。因此,我们只能从依照语法规律组织起来的句子之是否在特殊的场合中省略去其中的某些句子成分来划分完整句和省略句。如果语法规律根本上就不允许有主语,尽管这种句子没有主语或没有布龙菲尔德所说的"动作者",这种句子也仍然是完整句。有的语言学家把没有说完的句子称为不完整的句子或"半句话",与完整的句子不同。[①] 这也是一种分法,但是我们这里所说的完整句是个特殊的术语,不是一般所说的完整的句子。我们所以不说"完整的句子"和"不完整的句子",因为在我们看来,不完整的句子并不是句子结构的一种句模,而是在说话时由于外在的因素而没有把句子说完的。比方说,当我想说"你这个人太糊涂"的时候,因为怕说了出来,你会起反感,说到"你这个人——"或"你这个——"或"你这个人太——"或"你——"的时候,就把下面的话"吞下去",不说了。这种句子当然是"不完整的句子",但这不是省略句,甚至于不成其为句子。我们无妨把这种情形称为"残缺句",它根本上还不成其为句子,因此,就谈不到是句子结构中的完整句或非完整句。句模既是从句子的结构来划分句子的,句模中的完整句就指的是具有完整的句子结构的句子,而与此相对立的,则是在语法规律的允许之下,省略了句子结构中的某些句子成分的句子,即省略句。

从句子结构的简单性和复杂性着眼,我们又可以把句子分为简单句和复杂句两种句模。因为句子是逻辑判断的语言表达,句

[①] 参阅吕叔湘《语法学习》,13—14页。

子的主要成分应当是主语和谓语。句子的主语部分可以是由许多句子成分组织而成的组合物,例如"又红又专的无产阶级知识分子要为党的事业而献出自己的生命"之中的主语部分就是由许多句子成分组织而成的;句子中的谓语部分也可以是由许多句子成分组织而成的,例如上面所举的句子之中的谓语部分"要为党的事业而献出自己的生命"就是由许多成分组织而成的。但是句子也可以只简简单单地具备一个主语和一个谓语,甚至于只简简单单地具备一个谓语。换言之,尽管句子如何的只简简单单地具备一个主语和一个谓语或一个谓语,它却已经成为一个句子,不过它是简单的句子罢了。这种句子我们就称之为简单句。简单句也有两小类:一是没有主语的简单句,一是有主语的简单句。因为句子的主语可以不存在或被省略,而逻辑的判断也可以是无主语的判断,这种没有主语的句子仍然是逻辑判断的语言表达,因此,同样可以表达逻辑判断的无主语句也有资格被称为句子。如果这种句子的谓语部分没有其他的句子成分,只有一个谓语,这种句子自然也就是最简单的句子了。另外一种情形就是有主语的简单句。因为没有主语的句子只是在逻辑判断方面缺乏逻辑主语或主语被省略的情形下产生的,有主语的句子也仍然是表达逻辑判断的简单的句子结构,只有主语部分中的主语和只有谓语部分中的谓语的句子也应当被称为简单句。如果句子中除了主语和谓语之外,还在主语部分和谓语部分中具有其他的句子成分,这种句子的结构就是复杂的,因此,这种结构的句子就称为复杂句。例如,"他来"是简单句,"我多年的老同学金先生昨天夜里十点钟来看我父亲"是复杂句。复杂句之中有一种特殊的句模,称为包孕句。用句子形式来作为某个句子成分的句子称为包孕句。比方说,在"他昨天偷偷对我说的一句话其实并没有什么重要的意思"里,作为主语部分的"他昨天偷偷对我说的一句话"是由"他昨天偷偷对我说"和"一句话"组织起来的,其中"他昨天偷偷对我说"是一个句子形式,它有主语和谓语。从它本身的结构来说,句子形成相当于一个句子,不过,它的功用却等于整个句子的一个句子成分。句子里包含有句子形式的句子,所以称为包孕句,因为在它的结构里有个相当于句子的句子形式包含在内。包孕句中的句子形式甚至于可以包含另外一个句子形式,例如"他告诉我林老师昨天对他说的那句话你不必放在心里"之中的主语部分"他告诉我林老师昨天对他说的那句话"之中有个句子形式作为定语,即"他告诉我林老师昨天对他说",而这个句子形式之中又有一个句子形式包孕在内,即"他告诉我"。复杂句的结构尽管复杂,不过,它总还是在简单句的基本结构上加以扩充的结果。正因为这个缘故,有的人就管它叫做扩张句。

句子还可以是由两个彼此有联系的句子形式组织而成的结构,即由先后两个有联系的命题组织而成的结构。这种句子,语言学家称之为复合句。比方说:"如果你不改造思想,你就不能够过社会主义这一关"。在这个句子里,"如果你不改造思想"这一个句子形式和"你就不能够过社会主义这一关"这一个句子形式之间彼此有联系,"如果你不改造思想"是"你就不能够过社会主义这一关"的条件,"你不能够过社会主义这一关"是以"如果你不改造思想"为条件而得出的判断。应当指出,这种由两个句子形式组织起来的结构其实只是一个句子,并不是两个句子。有的人以为这是两个句子的联合,这种看法是不大正确的。正如两个词根组合而成的复合词只是一个词似的,两个句子形式组合起来的句子也只是一个句子,不过是复合的句子罢了。马露佐在他的《语言学词典》里称这种句子为 phrase complexe,[1]他所用的是单数形式的 phrase,不是复数形式的 phrases,可见,他也把这种结构看成一个句子,并不把它看成两个句子。语言学家把构成这种句子的两个或更多的句子形式称为分句,这当然是正确的。但是我们不要以为分句是一个句子,不要以为这种结构仅仅是两个句子的联合。"联合"并不等于"复合",所以这种句子是复合句。英语的术语把这种分句叫做 clause,并不称它为 sentence(句子),法语的术语把它称为 proposition(命题),[2]并不称它为 phrase(句子),德语的术语把它称为 Nebensatz,并不称它为 Satz,正如我国的术语称它为分句,并不称它为句子似的,都说明了它并不是一个句子,只是句子中的组成成分,不过这种组成成分不同于一般的句子成分所用的词或词组,而用的是句子形式罢了。这种句子和单纯句是不同的结构。单纯句是一个命题的句子,复合句是两个或更多的命题的句子。所以从句子之由一个命题或多个命题组织而成来看问题,我们可以把句子分为单纯句和复合句两种句模。单纯句和简单句是两个不同的术语:简单句指的是结构简单的,只有主语和谓语,或只有谓语的句子;单纯句指的是一个命题的句子。复杂句和复合句也是不同的两个术语:复杂句指的是在主语和谓语或谓语之外还有其他句子成分的结构复杂的句子;复合句指的是多个命题组织而成的句子。

各语言的句模还可以根据句子成分的各种结合的情形来加以

---

[1] J. Marouzeau:《Lexique de la Terminologie Linguistique》,p. 143.
[2] 同上书。

分类。例如汉语的询问句就有两种不同的句模:"你来了吗?""你来不来?"(或"你来不来呢?");前者是加询问句终虚词的询问句,后者是肯定否定式的询问句。各语言的句子成分的安排方式也不相同。例如汉语的状语,一般要放在它所限定的词之前(比方,"他慢慢地走来"),法语的状语一般要放在它所限定的词之后(比方 il vient lentement〔他慢慢地走来〕)。对某一具体语言的各种句模的详细的研究,是研究某一语言的语言学家们所要完成的重要任务之一。上面说的只是就各语言所有的共同的句模来说的。任何的语言都有单部句和双部句的区别,都有完整句和省略句的区别,都有简单句和复杂句的区别,都有单纯句和复合句的区别。

第十三章 句法形式学

第一节 句法形式学的意义

句子既是以逻辑判断为基础的表达思想、感觉、感情、意志的言语的最小单位,它就必然地具备有某些语法形式的特点。从语法形式学的角度来研究句法的这些形式标志,也是句法学所要完成的任务。

传统的语法学家对句法的研究缺乏足够的重视,他们不但没有注意到句法中的语法意义学和语法形式学的区别,甚至于不大谈论句法问题。一般的语法学著作只把句法看做一种附录来加以附带的叙述,而谈论句法的著作也都只从语法意义学的角度来处理问题,很少涉及句法的形式标志问题。这种研究显然是有缺点的,因为语言中的任何成分都是意义和形式的结合物,只研究句法的语法意义显然还没有完成句法学的任务,不研究句法意义和句法形式相结合的情形,也没有完成句法学的任务。现代的结构主义者一反传统语法的路向,主张从纯粹的形式结构方面来研究句法,这种形式主义处理问题的观点当然是错误的;但是他们注意到句法形式标志的研究则有其合理的部分,并且有其相当大的贡献。不过,结构主义者之间的意见也并不完全一致。因此,不能对他们作同等的评价。美国的结构主义者在这方面所犯的错误比较大。他们不考虑任何的语法意义,只从纯粹的形式下手来研究语法结构,特别是句法结构。费斯(J. R. Firth)曾经有过一段叙述,他说:"某些居于领导地位的语言学家,特别是在美国,认为有可能把对他们所说的'意义'的研究排斥于科学的语言学之外。"[1]卡罗尔(J. B. Carroll)也曾说:"今天美国语言学家们所实践的描写语言学的方法论的一个普遍的特点,就是努力分析语言的结构而不参考意义。"[2]美国结构主义者的这种观点可以从特拉志(G. Trager)和施密斯(H. L. Smith)的著作里找到证明。特拉志和施密斯在他们的《英语结构大纲》里说:"然而,有的时候,我们对一种语言的语言行为的关系并不了解,当我们遇到这种语言的时候,非常清楚,意义对我们来说,并不起任何的指导作用。分析的理论基础于是就变成明显的:认识同样模型和同样程序的重新出现和分布情形。"[3]美国结构主义者的这种观点显然是受布龙菲尔德的看法的影响所产生的结果。布龙菲尔德曾经说过:"所以,对意义的说明是语言研究的弱点……符号能够加以分析,但是符号所指明的东西是不能加以分析的。这加强了下面的原则:语言学的研究总必须从语言的形式下手,而不是从意义下手。"[4]然而布龙菲尔德本人等到人家批评他忽视意义的研究时,却抱怨说:"一般人说我或

---

[1] J. R. Firth:《General Linguistics and Descriptive Grammar》,见《Transactions of the philological society》,London,1958,p. 82.

[2] John B. Carroll:《A Survey of Linguistics and related disciplines》Cambridge, Mass,1950,p. 15.

[3] G. Trager and H. L. Smith:《Outline of English Structure》,1951,p. 54.

[4] 布龙菲尔德于1945年1月29日给他一位朋友的信,见 Ch. C. Fries《Meaning and Linguistic Analysis》,*Language*,1954,Vol. 30,№1,p. 60.

我在内的一群语言学者不注意意义或忽视意义,甚至于说我们所进行的是对没有意义的语言,仅仅是没有意义的语言所加的研究,……这是令人难过的。我所引的上面的话不只是涉及个人的问题,而且,如果让它发展下去的话,是对我们的科学的发展有害的,因为它毫无根据地建立起考虑意义和忽视意义的人们之间的鸿沟,这后一种人,就我所知道的,并不存在。"[①]布龙菲尔德这一段话说明了一味抹杀意义的美国结构主义者的观点是如何的经不起批评,也说明了单纯从形式来研究语法问题(包括句法问题)是如何的错误。但是在揭露形式主义的错误的同时,我们却并不否认句法形式学的研究的重要性,也不袒护传统语法的偏重句法意义的研究的错误。问题在于:研究句法和研究词法似的,既要注意意义,又要注意形式,既要研究某种句法形式所表现的句法意义,又要研究表现某种句法意义的句法形式,并注意两者之间的相互关系。

因为作为语法成分之一的句法也是意义和形式的结合物,除了研究句法在语法意义上的结构之外,我们还要研究在句法中表现这些语法意义的形式标志。丹麦的结构主义者叶尔姆斯莱夫(L. Hjelmslev)虽然割裂了语言和社会的关系,主张语言学必须设法把语言当做自足存在的整体,而不是当做非语言现象(物理学的、生理学的、心理学的、社会学的现象)来加以掌握;主张语言学必须把语言和语言之外的东西割裂开,专门研究语言自身的内部结构,但他也同样地说到音义结合物的符号,认为语言结构的基础是表达(expression)和内容(content)之间的区别及其相互作用。

[①] 布龙菲尔德于 1945 年 1 月 29 日给他一位朋友的信,见 Ch. C. Fries《Meaning and Linguistic Analysis》,*Language*,1954,Vol. 30,No 1,p. 60.

任何语言符号都包含有表达形式(expression form)和内容形式(content form)两部分,初步的分析应当是区别这两个部分,而再分析其在符号功能中所起的相互作用。[1] 叶尔姆斯莱夫所说的"表达"就是我们所说的"形式",他所说的"内容"就是我们所说的"意义",他发挥了德·苏胥尔的符号两极性的理论,认为语言成分都有表达(即形式)和内容(即意义)两个相互依存的"面"(plane 或 line 或 side),对语言结构进行分析的时候,不能有所偏废。传统的语法学在研究句法方面产生的缺点既在于忽视句法形式的研究,我们就有必要加以改进,除了研究句法所有的语法意义或如福莱斯所说的结构意义(structural meaning)[2]之外,还要研究表达这些语法意义或结构意义的句法的形式标志,并研究两者之间的联系。

第二节　作为句法形式的形态变化

各语言的语法系统都有其特殊的特点,各语言的句法形式各不相同,要研究一个具体语言的句法形式就要对该语言的所有表达句法意义的语法形式加以详细的分析。但是,尽管如此,从普通语法学的角度来看问题,我们也可以从各语言所有的特殊的句法形式之中归纳出其共同的特点,来叙述语言中应用句法形式的一般情形。

正如我们已经说过的,词法和句法有密切的联系,所以,许多语言的句法意义往往是拿词法形式来作为表现的手段或外部的标

---

[1] L. Hjelmslev:《Prolegomena to a Theory of Language》,1953,Baltimore,p. 87.
[2] Ch. C. Fries:《Meaning and Linguistic Analysis》,见 *Language*,Vol. 30,№1,p. 66.

志的。这种情形特别是富于词的内部形态的语言所有的。像俄语这样富于词的内部形态变化的语言,它的句法意义往往是拿词的内部形态来表示的。例如俄语中的主语通常是用主格名词或其他有主格词形变化的词来表达的：Студенты учатся（大学生在学习）,Он никогда не опаздывает на службу（他办公从来不迟到）之中的студент就是用主格名词来表达主语的,он就是用主格代词来表达主语的。[1] 俄语中的动句谓语要用定式动词来表达：Повсюду простые люди борются（人民大众到处为和平而斗争）,Десять человек голосовало за（十个人投票赞成）之中的борются和голосовало都是用定式动词来表达动词的谓语的。各句的谓语通常是用主格各词之类放在系词之后或省略系词的形式来表达的：Язык есть средство общения людей（语言是人们交际的工具）是前一种形式的实例,Дисциплина——великая сила（纪律是伟大的力量）是后一种情形的实例。形容句的谓语通常是用带系词或不带系词的主格全尾形容词或全尾形动词、带系词或不带系词的工具格全尾形容词或全尾形动词、带系词或不带系词的短尾形容词或短尾形动词来表达的：Мать моя была добрая（我的母亲是仁慈的）和Мать моя добрая,Мать моя уставшая（我的母亲是疲乏的）和Мать моя была уставшая就是用带系词或不带系词的主格全尾形容词或全尾形动词来表达形容句谓语的。Задание трудным（任务是困难的）和Задание было трудным,Все спорящие разгорячёнными（所有的争论者都是热烈的）和Все спорящие были разгорячёнными就是用带系词或不带系词的工具格全尾形容

---

[1] 参阅 Н. П. 卢勃廖娃《俄语句法》,1955,中华书局,41—47页。

词或全尾形动词来表达形容句的谓语的。Речка глубока（小河是深的）和 Речка была глубока, Она очень самолюбива（"她非常自傲"）和 Она была очень самолюбива 就是用带系词或不带系词的短尾形容词或短尾形动词来表达形容句的谓语的。[1] 俄语中的宾语通常是用带前置词或不带前置词的与格或役格的名词或其他变格的词来表达的：Дети радовались празднику（孩子们喜欢节日）, Наша работа приблизилась к концу（我们的工作已近结束）, Я читал книгу（我读过书）等就是这些不同情形的宾语的表达。[2] 当然由于句法关系还可以分为各种不同的更小的句法意义，所以俄语中的主语、谓语、宾语等在不同的情形下可以用不同的词的内部变化来表达。用词的内部形态变化来作为句法意义的表达手段是许多语言所具有的特点，不仅是俄语。

第三节 作为句法形式的虚词

用虚词来表达句法关系或句法意义，也是一般语言所常用的一种句法形式。在论述词法中的形态问题时，我们曾经说过，词的外部形态就是补助词形态，也就是虚词，但是虚词却不见得都是词的外部形态。事实是：作为语法工具用的虚词既可以在词法中发挥作用，也可以在句法里发挥作用。许多句法的关系或句法的语法意义是由虚词来表达的。比方说，各语言中所有的系词，在句法里都起着重大的作用。系词不但是联系主语和谓语的一种语法工

---

[1] 参阅 Н. П. 卢勃廖娃《俄语句法》，48—57 页。
[2] 同上书，73 页及以下各页。

具,同时也是区分名句、形容句和动句的语法标志。印欧诸语言的系词都是区别名句、形容句和动句的一种语法标志:俄语的名句和形容句可以运用系词,但是动句却不能运用系词;英语、法语、德语等亦莫不皆然。汉语的情形是:名句可以用系词,也可以不用系词,用系词的时候多,不用系词的时候少,但是用系词时,名词性谓语后面不能加"的"。例如"今天是星期五"和"今天星期五"都能说,但是不能说"今天是星期五的"。形容句的情形就有所不同,形容句也可以用系词,但有了系词时,谓语后面就要加上一个"的",例如"这朵花是红的","这是最好的"。但是动句却不能加系词,我们说"太阳从东边出来",而不说"太阳是从东边出来"而把"是"当做系词用。有的时候,我们也说:"太阳是从东边出来",但说这句话的时候"是"的上面可以加重读,这就说明了它已经不是系词,而是表示确定口气的虚词。虚词之中的连词,无论是属于哪一种性质的连词,也在各语言中被用来表现句法关系或句法意义。如果句子中有两个以上的同等句子成分时,许多语言就运用一种并列连词或选择连词来表现它,例如汉语中的"我和你都是中国人","今天我要到西城或东城去走一走",俄语中的 Ученик и ученица пишут(男学生和女学生正写着),Ты рядовой или офицер?(你是战士还是军官?)就是在联系分句的时候,各语言也往往拿连词来表现它,例如汉语中的"我希望你来,但不是勉强你来","如果你要提高你的业务,你就要多多实践","我不但看过这个电影,并且已经看过五次了";俄语中的 Если бы ты не помог,мне одному никогда бы не справится(要不是你来帮忙,我一个人绝对做不到),Воеводы не дремали,но никак не успевали(将军们没有合眼,但是怎么样也没有战绩)等都是拿虚词来作为句法意义的表现形式的。许多语言中的关系代词也是表现句法关系或句法意义的语法形式。英语的 He is the man who tried to persuade me yesterday(他是昨天设法说服我的人),俄语的 Вода——это такое вещество, и которое необходимо всем живым организмам, без которого жизнь на земле была бы невозможна(水是一切生物机体所必需的物质,没有它则地球上就不可能有生命了),法语的 C'est lui qui m'a prévenu de tout cela(告诉我这一切的就是他)都是拿关系代词来作为句法意义的表现形式的。汉语的"的"在某些情形下也是一种表现句法关系或表达句法意义的语法形式。例如"昨天来看我的那位先生是我的老师"之中的"的"是表示限定关系的虚词,不是一般人所说的词尾,它并不是"我"的词尾,而是表示"昨天来看我"和"那位先生"之间的限定关系的。这些虚词都不是词的外部形态,因为它们并不是用来说明某一个特定的词的语法作用的,而是拿来表示词语之间的某种句法关系的。

第四节 作为句法形式的词序

许多语言又拿词序来作为句法关系或句法意义的语法形式。汉语的词序是汉语句法形式的一个重要的部分,汉语的许多句法关系或句法意义都是拿词序来表现的。例如在汉语的句法中,限定关系之中的限定者一般的情形要放在受定者之前,"伟大的祖国"之中的限定者是"伟大",受定者是"祖国",而"祖国的伟大"之中的限定者则是"祖国",它的受定者则是"伟大",在这两种情形之下,限定者都是放在受定者之前的。有的人甚至认为汉语的词序只有一个规律,限定者一定在前,受定者一定在后,就连复合句中的分句与分句之间的次序也是以限定者在前,受定者在后为规律的;例如"如果我不自我改造,我就不能为人民服务"之中的限定性的分句"如果我不自我改造"一般都放在受定性的分句"我就不能为人民服务"之前。这种说法虽然是言过其实,在某些场合下,汉语词语的次序可以是受定者在前,限定者在后,例如我们也可以说"我不能为人民服务,如果我不自我改造";但是,一般的情形,汉语词语的次序是以限定者在前,受定者在后为规律的,则是无疑的,因为这后一种说法是偶尔存在的。又如在汉语的句法中,支配关系之中的支配者,一般的情形是放在前面的,它的受配者一般的情形是放在后面的,例如,"管理国家"之中的支配者是"管理",受配者是"国家"。现代汉语中,除了某种原因而有倒装的情形之外,一般的情形,支配者总是放在受配者之前的。英语和法语之类的现代印欧诸语言多半也着重词序的安排,拿词序作为句法关系或句法意义的重要表现形式之一。英语句法中的限定者既可以放在受定者之前,例如 red army(红军)之中的 red 是限定者,army 是受定者;又可以放在受定者之后,例如 speak slowly(慢慢地说)之中的 speak 是受定者,slowly 是限定者,然而在法语的句法中,一般的情形,则限定者要放在受定者之后,例如 l'armée rouge(红军),l'armée 是受定者,rouge 是限定者,parler doucement(慢慢地说),parler 是受配者,doucement 是支配者。只有在那些富有词的内部形态变化的语言中,词序的安排不是主要的句法形式,例如一般人都认为拉丁语的词序是自由的,限定关系的限定者和受定者可以自由安排,支配关系中的支配者和受配者也可以自由安排:Paulus bonus 是"善良的保罗"的意思,bonus Paulus,也是"善良的保罗"的意思,哪一个词放在前面都无关系,amat Petrum 是"他爱彼得"的意思，Petrum amat 也是"他爱彼得"的意思，哪一个放在前面，哪一个放在后面都无关系；甚至于 Paulus bonu amat Petrum, Paulus bonus Petrum amat, Petrum amat Paulus bonus ……等都是表达同样的意思"善良的保罗爱彼得"。这里，无论是限定关系之中的限定者 bonus 和受定者的 Paulum 或是支配关系之中的支配者 amat 和受配者 Petrum，它们的次序都是自由的，因为无论放在哪里，词的内部形态变化都可以表现词语之间的句法关系。然而就是在这种号称词序不起作用的拉丁语里，词序也并不是绝对不起作用的。方德里吐斯曾经在他的《语言论》里说："例如在拉丁语里，我可以说 Petrus caedit Paulum 或 Petrus Paulum caedit 或 Paulum caedit Petrus 而不至于怀疑哪一个词是主语，哪一个词是动词，哪一个词是宾语；逻辑的分析看不出其中有任何的区别。然而，这三种词序的选择却不是不关痛痒的。一个拉丁人不会弄错它。对最优秀的作家的拉丁语句的研究，事实上，告诉我们哪里的词序也是受严格的规律所约束的，虽然不容易区别其中的令人眩惑的变化；在每一个场合下，这多半是表情的问题，而不是逻辑的问题。其中有一个自发的精神上的习惯的、公用的次序"。[①] 一般人也把俄语看成词序自由的语言，这当然是实在的情形；不过，俄语在某种场合下也有用词序来表现句法关系的，姑不论在表情作用的场合下，俄语也有和拉丁语似的一定的词序规则，就是在所谓逻辑的关系上，俄语的句法也同样的在某种场合下要运用词序，例如 Дочь любит мать 是"女儿爱母亲"的意思，而Мать любит дочь，则是"母亲爱女儿"的意思，不过，这一类情形在

[①] I. Vendryès:《Le langage》, pp. 167—168.

俄语里比较少见罢了。① 许多语言又有拿词序来作为句型的表现手段的情形,例如英语和法语都有拿词序的改变来把直陈句改成询问句的情形:英语的 He did not come(他没有来),改了词序就成为了询问句的 Did he not come? 法语的 vous allez bien(您很好),改了词序就成为了询问句的 allez-vous bien,所以词序也是各语言拿来表现句法关系或句法意义的一般的语法形式。

第五节　作为句法形式的重音

　　重音也是句法表现手段之一。许多语言都有拿重音来作为句法形式标志的情形。布达哥夫说:"除了词中的重音(词的重音)以外,还有语句重音……。句中各词形成某一种统一体,在说统一体的系统内的部分(个别的词)在某种程度内是服从于整体的(句子)。当人们说 Сегодня прекрасная погода(今日天气很好)的时候,常常并不单独把重点放在每个词上:个别的词仿佛进入由一个重音所支配的句子范围以上。"② 俄语中的这种情形就是以语句重音为句子的形式标志的一个实例:每一个句子有一个语句重音。有的语言甚至于拿重音来作为词组的形式标志,每一个词组有一个重音。法语即其一例。法语的词平常都有一个重音,落在词的最后一个音节上。但是在句子里,当词进入句法结构,成为词组的一个成员时,其中的某些词就要失去它的重音,只有这词组里的最后一个词的最后一个音节上落有重音,这重音于是也就成为了词

---

① 参阅布达哥夫《语言学概论》,162 页。
② 布达哥夫:《语言学概论》,127 页。

组的一个形式标志,这样的把词组看成一个句子成分。此外,各语言还有利用所谓"逻辑重音"来表示所谓"逻辑主语"的办法。布达哥夫说:"但是,由一个语句重音支配的这个原则可以依照说话人的逻辑目的而变化。在所举的这个例子中(按即 Сегодня прекрасная погода)可以把重点放在定语 прекрасная(很好)上面,也可以把重点放在副词 сегодня(今天)上面,或者只是着重指出,所谈的首先是关于 погода(天气)。由此可见,句中各词在一个重音之下组合起来这一原则是决定于语言中有语句重音,而这种语句重音的不同体现,是由说话人的逻辑目的预先决定的。"[1]俄语的这种情形也是其他语言所有的,不过,正如我们上面所说的,一般语言学家所说的"逻辑重音"其实是心理重音,一般语言学家所说的"逻辑主语"其实是心理主语,或更正确地说,心理谓语罢了。当我们说汉语的时候,我们也可以利用心理重音来改变我们对句子里所有的某一特定的词的着重点。例如"我喜欢看话剧","我喜欢看话剧","我喜欢看话剧","我喜欢看话剧",四个句子有不同的心理重音,于是我们所说的话的着重点就不相同了。心理重音或"逻辑重音"的改变,由于着重点起了变化,句子中的其他各部分之间的关系可以产生变化。鲁德涅娃在她的《俄语表情朗读》里说:"每一个句子里也同样都有一个主要的词即重读词,这个词包含着句子的主要意思,同时也是听者注意力的集中点。……重读词是主要的意义中心,是听者的脑海里必然形成的具体形象,……在句子里如果把重音由一个词移到另一个词上,也同样会改变或者歪曲说话人的意思,比如 Вечером я лучше усну 这个句子,读的时候如果把重音

---

[1] 布达哥夫:《语言学概论》,127 页。

放在 лу́чше 一词上，即读成 Вечером я лу́чше усну，那意思就是说：一个患失眠症的人，傍晚要比夜里容易入睡，夜里他睡不着觉。读的时候如果把重音放到 усну́ 一词上，即读成 Вечером я лучше усну́，句子的意思也就变了，这时的意思就是说：一个贪睡的人，认为傍晚躺下睡觉要比看电影好。……切不可把作为句子主要意义中心的重读词的概念和句子的主要成分——主语、谓语的概念混淆起来。主语与谓语并不一定是表达思想的意义中心，句中任何成分都可以做句子的意义中心。"[①] 可见，主语和谓语的地位可以不变，但是由于这种逻辑重音（即心理重音）的作用，句子中的主要意义（按即着重点）就可以有所不同，因之，全句的意义，除了逻辑判断的一般的意义之外，就会受到影响。

第六节　作为句法形式的停顿

停顿也是句法表现形式标志之一。鲁德涅娃说："停顿在说话中表情达意的作用异常重大。"[②] 停顿是说话时声音的间断，暂时的休止。一般的情形，停顿是句子界限的形式标志之一。平常说完一句话，总要有个停顿。听话的人可以由说话的人的停顿里知道什么地方是句子的结束。《俄语语法》说："句子与句子之间都有停顿。"[③] 可知，停顿是句子界限的形式标志之一。例如，我们说："今天天气很好。我要到城外去走一走。"这时候在"今天天气很好"和"我要到城外去走一走"这两个句子之中，有个停顿，这停顿

[①] 鲁德涅娃：《俄语表情朗读》，1957，时代出版社，48—49页。
[②] 同上书，55页。
[③] 《Грамматика русского языка》，I, стр. 10.

就标志着第一个句子和第二个句子之间的界限。说话的时候如果把停顿弄错了,句子的界限就不清楚,因之,听话的人就会因弄不清我们所说的话到底到什么地方是一个句子,而误解了我们的意思。鲁德涅娃曾经举一个实例来说明这个问题。她说在学校里学生往往把停顿弄错了,因之,使人误解了原作品的意义。比方说,学生常常把普希金的《囚犯》(узник)按照下面的停顿来读它:

Сижу за решёткой в темнице сырой(没有句号,即没有停顿)

Вскормленный в неволе орёл молодой…

我——在束缚中长大的年青的雄鹰——

坐在阴湿的牢房的铁栏里……

其实,普希金在第一行诗的末尾加有一个句号(即表示停顿),而 вскормленный в неволе орёл молодой(在束缚中长大的年青的雄鹰)是和下面几行诗:Мой грустный товарищ……("我的忧郁的同志……")发生关系。这几行诗的意思是说一个囚犯坐在牢房里,透过铁栏望见了一只鹰——他的难友。诗里有两个形象:一个是囚犯,一个是雄鹰。按照学生的读法,这个囚犯和在束缚中长大的雄鹰却成为了一个形象、一个人物。[1] 可见,停顿是句子界限的一个重要的形式标志。停顿不但可以作为句子界限的形式标志,同时也可以作为句子成分的形式标志。一般的情形,作为句子界限的停顿要长些,作为句子成分的停顿要短些,但这只是相对的说法,在特殊的场合下,情形可以不一样。我们可以说,一般的情形,作为句子界限的形式标志的停顿是"全顿",作为句子成分的停顿是"半顿"。我国古代的学者有"句读"之说,其实指的就是停顿,不

---

[1] 鲁德涅娃:《俄语表情朗读》,56—57页。

是现代语法学上所说的"句子"。"句"就是我们所说的"全顿","读"就是我们所说的"半顿","句"是句子界限的形式标志,"读"是句子成分的形式标志。在句子里,作为句子成分用的词或词组往往可以拿半顿来加以指明,例如在主语和谓语之间,往往可以加上一个停顿(半顿):"这朵花——真好看","今天——星期六","老林——来了"。特别在句子里有复杂的句子成分的结构时,停顿往往是区分直接结构成分和非直接结构成分的形式标志。例如"反对老刘的意见"可以有两种不同的意义,一是老刘的意见受到人们的反对,一是人们反对老刘的那种意见。在前一种情形之下,"老刘的意见"是由直接结构成分组合而成的句子成分,把"老刘"和"意见"直接结合起来成为一个结构,"反对"是和这整个的"老刘的意见"发生支配关系的。在后一种情形之下,"反对老刘"是由直接结构成分组合而成的句子成分,把"反对"和"老刘"直接结合起来成为一个结构,这个"反对老刘"是以整个的结构和"意见"组成限定关系的结构的。然而这两种不同的结构如何地表现出来呢?要依靠停顿。如果我们说:"反对——老刘的意见",这就是第一种结构;如果我们说:"反对老刘的——意见",这就是第二种结构。可见,停顿在区别句子成分的作用上,是很重要的。苏联的语言学家鲁勉斋(М. К. Румянцев)曾经用实验的方法分析汉语的句法结构,在他所记录的汉语"他们佩服英美的科学和技术,到了迷信的程度"这个句子的浪纹计痕迹里,给我们指明了停顿的作用。下面就是鲁勉斋所记录的这句话的浪纹计痕迹:[1]

---

[1] М. К. Румянцев:《Некоторые экспериментальные данные по интонации предложений в современном китайском языке》,《Некоторые вопросы китайской грамматики》, АН СССР, М., 1957, стр. 97.

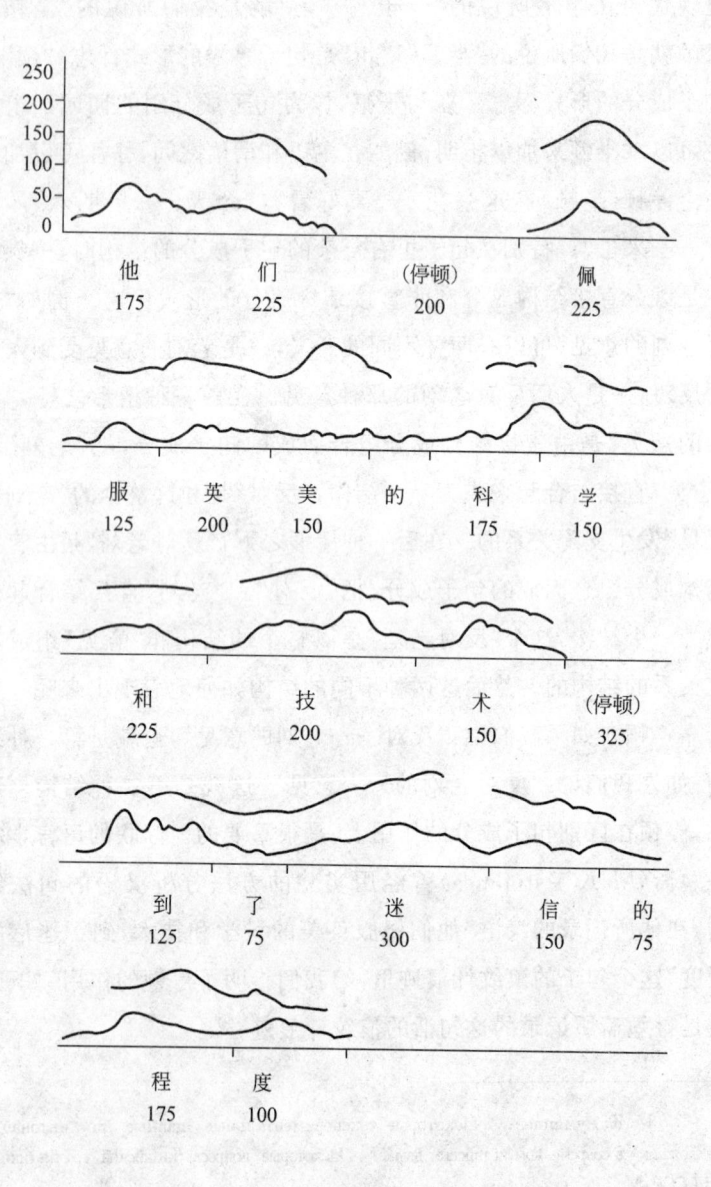

他　　们　　（停顿）　佩
175　225　　200　　225

服　英　美　的　科　学
125　200　150　　175　150

和　技　　术　（停顿）
225　200　150　325

到　了　迷　信　的
125　75　300　150　75

程　度
175　100

在这条浪纹计的痕迹上,我们可以明显地看出在"他们"和"佩服英美的科学和技术"之间有相当长的停顿(200),在"佩服英美的科学和技术"和"到了迷信的程度"之间有个更长时间的停顿(325),这些停顿清清楚楚地把这句话中的句子成分隔开来,作为不同的句子成分的形式标志。

句子当中的停顿(半顿)往往和心理重音有密切的联系,即在心理重音的前后往往有停顿出现。这是一般语言所共有的情形。例如,在俄语中,如果要用心理重音来重读某一个词的时候,说话的人往往要在词的前后有个停顿:стрелóк(停顿)веснóй(停顿)малиновку убил。[①]汉语也是这样的情形。如果我们要用心理重音来在"我们一定要解放台湾"里着重指出"要",除了把重音落在"要"上面之外,往往要在"要"的前后加上停顿:"我们一定(停顿)要(停顿)解放台湾。"

总之,停顿也是表现句法结构的一个形式标志。

第七节 作为句法形式的语调

语调是一个重要的句法形式标志。传统的语言学家对语调未加注意,是个重大的缺点。近代的语言学家们才认识到语调在句法中所起的作用,这是语法学中的一个进步。我们曾经说过声调在词法上所起的作用,现在再来叙述语调在句法中所起的作用。声调指的是一个词上所有的音高的变化,语调指的是一个句子中所有的音高以及音重、音长的变化,其中以音高的变化最为重要。

---

① 参阅鲁德涅娃《俄语表情朗读》,51页。

这种变化，在各语言中都有一定的规则，因之，可以作为句子的界限以及句子的类别、句子的结构的形式标志。《俄语语法》说："俄语句子在句末语调显然降低，在询问句或惊叹句中，句子的语调结构在某些场合下要用疑问语调或感叹语调。"[①]不但俄语这样，其他的语言也莫不皆然。在法语中，一般的情形，一个句子的语调可以分为两部分，前一部分的语调是上升的，后一部分的语调是降低的；每一个部分又依照以重读音节为结尾的节律群的数目分为多少成分。在前部的语调中，上升的趋势并不是渐进的，并不是由第一个音节起到最后一个音节止渐渐地往上升，而往往是：第一个音节说得相当低，接着就立刻到达了相当的高度，然后随着而来的许多成分就继续维持平衡的趋势，或高或低，都没有起过可以感觉到的这个音高的程度，到了最后一个音节时，语调要提高到水平或更高一些。这一部分的语调特点在于：在第一个上升和最后的上升之间，没有突然的变化，而是顺着一起一伏的波浪式的趋势进行的。后一部分的情形是：没有过渡的音高，而是突然的失落，整个地说，一般的情形，这一部分的音高是低的，要比前一部分说得低，除了最后一个音节以外，这一部分的各个成分之间的音高就像是前一部分的语调似的，第一个成分从很低的地方迅速上升，然后就顺着波浪式的趋势，一起一伏地进行着，不过平均起来，起伏时的音度要比前一部分的起伏时的音高低。它的特点是：尽管是波浪式的进行着，但却逐步地降低，每一个成分大约降低半个音阶，最后的音节比任何一个音节都要说得低。葛拉孟（M. Grammont）曾经拿 on avait vu│Paul Ⅲ│et Charles-Quint│causer ensemble│sur

---

① 《Грамматика русского языка》,I,стр. 9.

une terrasse ‖ et pendant leur entretien│la ville entiere│se taisait 这个句子为例,描绘法语的一般句子的语调如下:①

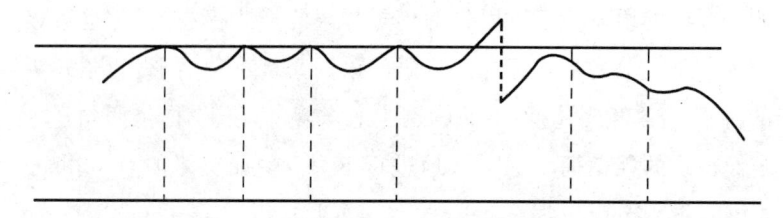

因为每一个句子都有一定的语调,这种语调就成为了法语句子的一个形式标志。每遇有这种前后两部分相结合的语流,就是一个句子。然而西班牙语的语调则是另外一种情形。葛拉孟也曾经拿西班牙语的 Andando por aquella Caverna adelante│habia encontrado al fin unas galerias subterráneas e inmensao│alumbradas con un resplandor dudoso y tantásticol producido por la fostorescencia de las rocos 这个句子为例,描绘西班牙语的语调如下:②

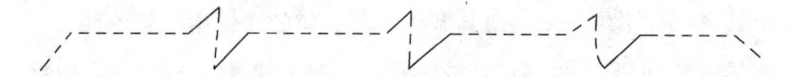

人们可以立刻看出西班牙语的语调和法语语调的差别。西班牙语的音高的成分并不和以重读音节为结尾的节律群的成分相符合,而是依照句子成分的数目来结构的,在每一个句子成分之后都有一个突然的失落,除了第一个句子成分的开头和最后一个句子成分的结尾,一个由低立刻上升到平均的音高,一个由平均的音高立

---

① M. Grammont:《Traité de Phonétique》,Paris,1933,p. 134.
② 同上书,154 页。

刻下降之外，其他的情形都是一样的：从低上升到平均的音高，继续维持同样的音高，到了句子成分的末尾，再往上升。这样一来，西班牙语的语调不但可以作为句子界限的形式标志，同时也可以作为句子成分的形式标志。英语的语调又是一种情形，句子开头的时候，音高相当地低，然而就迅速地降落，再往上升，依照句子中连续出现的摇荡而一起一伏地进行下去。例如英语的 A brilliant debater in Trinity college, | he was called to the bar, | but preferred journalism, | and bought a newspaper, / and still more newspapers and magazines 的语调就是这样的：[①]

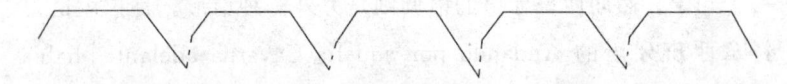

汉语的语调问题还没有经过详细的研究，最近苏联语言学家鲁勉斋的实验对汉语语调的问题具有很大的价值。[②] 虽然鲁勉斋的研究只是局部的，但他所用的精确的实验方法已经给我们带来了重要的结论，使我们了解语调在汉语的句法中起着重大的作用。鲁勉斋研究了汉语中简单句和作为复杂句的主语用的句子形式之间的区别，证明了语调在这种区别中所起的作用。[③] 比方说，他比较了"舜英送了我这件衣服"和"舜英送我这件衣服不是没来由的"两个句子，前一个是独立的简单句，后一个是以句子形式"舜英送我这件衣服"为主语的复杂句，得出了这样两种不同的语调：[④]

---

① 见 M. Sandmann《Subject and Predicate》, p. 133.
② M. K. Румянцев:《 Некоторые экспериментальные данные по интонации предложений в современном китайском языке 》,《 Некоторые вопросы китайской грамматики 》АН СССР, М., 1957, стр., 89—127.
③ 同上，pp. 90—94.
④ 参鲁勉斋《汉语的句子形式主语》中译本，商务印书馆，1960年。

第十三章　句法形式学　363

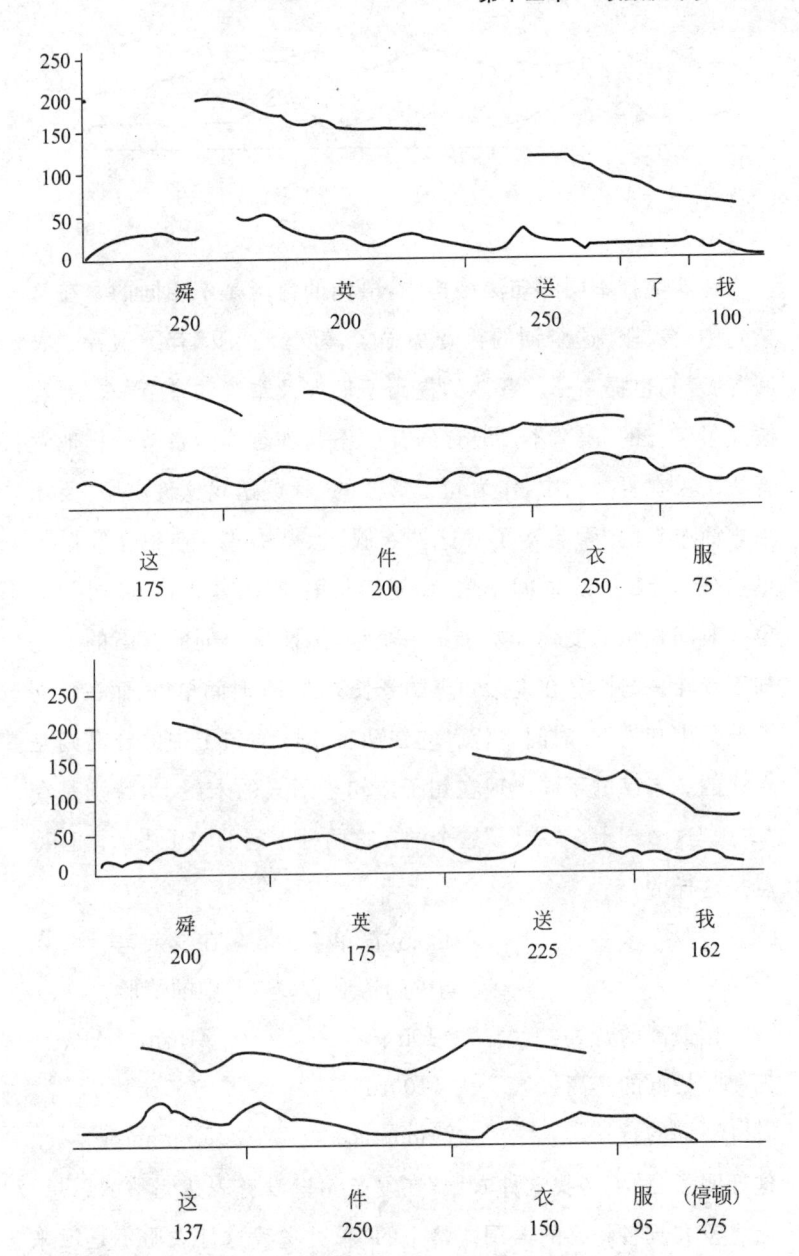

舜　　英　　　送　了 我
250　200　　250　 100

这　　　件　　　衣　 服
175　　200　　250　 75

舜　　英　　　送　　我
200　175　　225　 162

这　　　件　　　衣　服　(停顿)
137　　250　　150　95　275

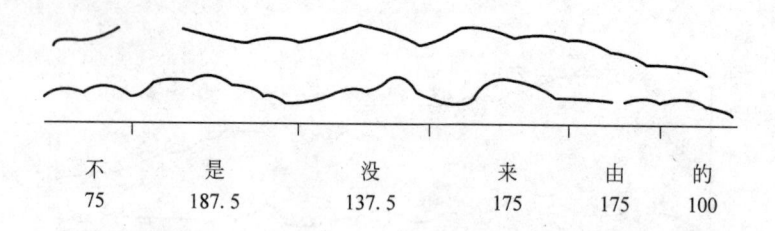

不	是	没	来	由	的
75	187.5	137.5	175	175	100

在这两种不同的句法结构中,语调的情况是不相同的。在复杂句中,"衣服"这个词的重音加强了,轻音的"服"有了重音,"衣服"的音高也提高了。音调的提高不但涉及重读的音节"衣"并且波及了轻音的"服",不过轻音的"服"不是和重读的音节一样地发音罢了。在复杂句中,作为句子形式的"舜英送我这件衣服"要比独立简单句的"舜英送了我这件衣服"念得快些。在独立简单句里,它的音长占 69 时间单位,在复杂句里,它的音长占 63 时间单位。时间长短的变化开始于第一个词,然而这个词的音高的变化却不存在。"舜英"在复杂句里的音长只占 15 时间单位,而在独立简单句中却占 18 时间单位。它在两种不同的句子中的音高则是一样的。音高的不同出现在句子或句子形式的末尾上,特别是在"衣服"这个词上。"衣服"这个词在这两种不同的句子中的语音特点是这样的:

	在独立简单 句中的情形	在复杂句 中的情形
1.最高的音重:	100 мм	15мм
2.最低的音高:	100гц	160гц
3.词的音长:	225мипписек	225мипписек

这证明了"舜英送我这件衣服"在复杂句里没有表达完整的思想,因之没有具备句终的语调。整个的"舜英送我这件衣服不是没来

由的"有个句终语调,这个句子分为两部分,第一部分是作为主语的句子成分"舜英送我这件衣服",第二部分是句子中的谓语,在这两个部分中间有个停顿,作为分界。所有的语言都有拿语调作为不同句型的表现手段的情形。上面所说的是各语言所有的一般的语调规则及其在一般句法中所起的作用。但是语调的作用却不只于此。在句型起了变化的情况下,所有的语言都有其特殊的语调的标志。比方说,法语的一般的语调是句终的音高降落,但是如果要把句子改成询问句的话,就有不同的情形了。不用特殊询问词的询问句(例如 Vous dinerez à Dijon?〔您要在迪庄吃晚饭吗?〕)音高就要落在句终上;用特殊询问词的询问句(例如 Mais enfin pourquoi a-t-il dit que je suis son père——〔可是,为什么他说我是他的父亲?〕)音高就落在这个特殊的询问词(pourquoi——〔为什么?〕)的上面。[1] 上面所说的布龙菲尔德的句子分类的学说,显然是不正确的,但是布龙菲尔德所说英语的句子可以按照六种不同的语调来分为一般的叙述句和带感叹的叙述句,一般的是否式询问句和带感叹的是否式询问句,一般的用特殊询问词的询问句和带感叹的用特殊询问词的询问句,其实也说明了语调在英语中所起的区别句型的作用。俄语的情形也是这样的。鲁德涅娃告诉我们,在俄语的 Библиотéка открыта(图书馆开着)可以用三种不同的语调去说它:在第一种说法中,声音在提高之后马上终止,停在表示疑问的高亢的音阶上,这是询问句;在第二种说法中,声音下降到句号(即停顿),这是叙述句;在第三种说法中,它的特点是

---

[1] 参阅 M. Grammont《Traité de Phonétique》,p. 133.

声音高亢,带有喜悦的感情,这是感叹句。① 汉语的情形也是这样的。一般的情形,汉语叙述句的句终要有个降调,汉语询问句的句终要有个升调。语调是语言中表情作用的重要表现手段之一,句型是语言中以表达不同主观态度(即广义的感情)为原则来给句子加以分类的,因此,语调就成为了句型的一个形式标志。因为人们的感情是非常复杂的,各语言的语调的情形也非常复杂,有的时候甚至于有互相抵消的情形。② 这种复杂的情形是研究某种特定的语言的人所要详细研究的,我们不过是在这里从原则上来讨论语调在句法表现上的作用罢了。

第八节　作为句法形式的语丛音变

由于词在句法中和别的词发生接触而产生的词的语音部分的变化叫做语丛音变。语丛既是语言成分之间的结构,如果这个结构是词和词的组合或词在句子中的组合,词的语音部分就会受到别的词的语音部分的影响,而生语音的变化。这种语音变化既是词在句法中的地位所产生的结果,它就可能具有句法的形式标志的作用。因此,语丛音变也就成为了句法形式标志之一。许多语言都有拿语丛音变作为句法的形式标志之用的。比方说,法语的连读(liaison)就是语丛音变的一种,它在某些情况之下,是句法的形式标志。葛拉孟曾经告诉我们,法语的规则,一般的情形,辅音的连续总是发生在一群节奏组合的中间,从来不发生在一群节奏

---

① 鲁德涅娃:《俄语表情朗读》,61—62页。
② 参阅高名凯《汉语语法论》(修订本),516—521页。

组合和后面的一群节奏组合之间。结果,一个语法结构的词群就给人们一个特殊的印象,视其组成成分的词的收尾辅音是否在元音之前读出声音并和元音连读。例如,在名词之前的形容词是和这个名词处在同一个节奏组合里的,它的收尾辅音就和名词的开首元音连在一起读;但是当形容词是在名词之后的时候,它就是属于另外一个节奏组合的,而名词的收尾辅音就不和这个形容词的开首元音连在一起读。正是这个规律使得人们能够区别清楚 un savant aveugle 和 un savan(t) aveugle,前者之中的 savant 的收尾辅音 t 读出声音并和 avaugle 之中的 a 连读,后者之中的 savant 的收尾辅音 t 不读出声音。这指明在第一个情况下,aveugle 是名词,savant 是形容词,而在第二个情况下,savant 是名词,aveugle 是形容词;第一个情形的意思是"一个知识丰富的盲人",第二个情形的意思是"一个失明的学者"。又如在法语 Les petils enfants qui vont à l'école ne deviendront pas tous des savants 这个句子里,qui vont à l'école 构成一个单位,其中的 t 要发音,要和后面的 à 连读,vont(aller〔走〕的第三人称复数)并没有"走"的意思,全句的意思是"到学校去读书的小孩子们将来不会都成为学者"。但是如果说 Les petits eufants qui vont à l'école, à la promenade, au Jardin de Plantes peuvent apprendre des choses utiles. 这个 vont 中的 t 就不发音,因为 qui vont 构成一个单位,而 à l'école 又是一个单位,vont 的意思是"走",全句的意思是:"走到学校去,走到散步场上去,走到植物园去的小孩子们能够学到有用的东西。"[①]这两个 qui vont à l'école,只因为一个连读,一个不连读,就标志着句

---

① M. Grammont:《Traité de Phonétique》,pp. 416—417.

法结构的不同,因之,意义也就不同了。

梵语也是以丰富的语丛音变为特点的语言。它的语丛音变在许多地方都担负了句法形式标志的职务。例如,单独一个词的 devaḥ(神)念为 deːˈvah,但是和其他的词结合成词组的时候,devaḥ的念音就改变成 deːvasˈtatra(神在那儿),deːˈvaç carati(神徘徊),deːˈva eːti("神走路"),deːvoːdadati("神给予"),甚至于可以改变后一个词的开首音,例如 deːˈvah ˈatra＞deːˈvoːtra(神在这儿)。① 这样,由于语丛音变,我们就知道一个词在句子里是和哪一个词结合在一起,构成词组。

汉语的语丛音变,还没有被详细的研究。有的人曾经就语音学的角度研究过汉语中的变调。但是变调(语丛音变之一)还只是语音学问题,它也可能是句法的形式标志;而语丛音变并不只是变调,元辅音的变化也可能是语丛音变,并且也是汉语所有的现象。比方说,汉语的上声词可以变成阳平词,但要在词和别的词联合在一起,构成词组或构成复合词的时候,才能有这种变调,单独一个上声词或不和后面的上声词结合在一起成为句法单位的时候,上声词就不起这种变化。例如,当我们说"林先生管体育"的时候,上声词"管"就变成了阳平词,但是当我们说"谁管?"的时候,上声词"管"就不变调,因为它没有和后面的上声词结合在一起构成支配关系的词组。可见,这种变调在这里起了句法形式标志的作用。汉语的元辅音也可以发生语丛音变。例如,"三"本来念为ṣan,但是在某种情形之下,它可以变成ṣam,不过也要有个条件:在和后面以唇音开首的词结合在一起,构成词组或复合词的时候,ṣan 才能

---

① 参阅 Bloomfield《Language》,p. 189.

变为ṣam。于是，在"一，不可无纪律；二，不可无组织；三，不可无领导"这个结构里，虽然"三"后面也是以唇音开首的"不"(pu)，但却不起语丛音变，而在"我不赞成他的三不主义"这个结构里，"三"的语音ṣan 就起了语丛音变，变成了ṣam(ṣam putṣuji)；其所以如此，因为"三"和"不"构成了限定关系的词组。可见，这种语丛音变也同样地成为了句法的形式标志，它让人们知道在这两个句子里，前一个句子中的"三"不是词组的组成员，后一个句子中的"三"是词组的组成员。汉语是缺乏内部形态变化的语言，它的句法形式标志并不表现在内部形态变化上，我们似乎不应当一脑子只想到内部形态，而应当从别的方面去寻找汉语句法的形式标志，语丛音变就是其中的一个。我们似乎应当对语丛音变在汉语句法中所起的作用做出详细的研究，使汉语的语法学能更进一步地发展。